AF828502

Cross-mediale Zusammenschlüsse

Studien zum deutschen und europäischen Medienrecht

Herausgegeben von Dieter Dörr und Udo Fink
mit Unterstützung der Dr. Feldbausch Stiftung

Band 64

Zur Qualitätssicherung und Peer Review der vorliegenden Publikation

Die Qualität der in dieser Reihe erscheinenden Arbeiten wird vor der Publikation durch die Herausgeber der Reihe geprüft.

Notes on the quality assurance and peer review of this publication

Prior to publication, the quality of the work published in this series is reviewed by the editors of the series.

Nadine Fiedler

Cross-mediale Zusammenschlüsse

Eine Analyse des Rechtsrahmens der Rundfunkkonzentrationskontrolle nach dem RStV und des Rechtsrahmens der kartellrechtlichen Zusammenschlusskontrolle nach dem GWB im Hinblick auf cross-mediale Zusammenschlüsse unter Beteiligung des privaten Rundfunks

PL ACADEMIC RESEARCH

Bibliografische Information der Deutschen Nationalbibliothek
Die Deutsche Nationalbibliothek verzeichnet diese Publikation in der Deutschen Nationalbibliografie; detaillierte bibliografische Daten sind im Internet über http://dnb.d-nb.de abrufbar.

Zugl.: Hamburg, Univ., Diss., 2017

D 18
ISSN 1438-4981
ISBN 978-3-631-72503-0 (Print)
E-ISBN 978-3-631-72598-6 (E-Book)
E-ISBN 978-3-631-72599-3 (EPUB)
E-ISBN 978-3-631-72600-6 (MOBI)
DOI 10.3726/b11310

Internationaler Verlag der Wissenschaften
Frankfurt am Main 2017
Alle Rechte vorbehalten.
PL Academic Research ist ein Imprint der Peter Lang GmbH.

Peter Lang – Frankfurt am Main · Bern · Bruxelles · New York · Oxford · Warszawa · Wien

Das Werk einschließlich aller seiner Teile ist urheberrechtlich geschützt. Jede Verwertung außerhalb der engen Grenzen des Urheberrechtsgesetzes ist ohne Zustimmung des Verlages unzulässig und strafbar. Das gilt insbesondere für Vervielfältigungen, Übersetzungen, Mikroverfilmungen und die Einspeicherung und Verarbeitung in elektronischen Systemen.

Diese Publikation wurde begutachtet.

www.peterlang.com

Vorwort

Die vorliegende Arbeit wurde im Wintersemester 2016/2017 vom Fachbereich Rechtswissenschaft der Universität Hamburg als Dissertation angenommen. Literatur und Rechtsprechung konnten bis April 2016 berücksichtigt werden.

Mein tiefer Dank gilt zunächst meinem Doktorvater, Herrn Prof. Dr. Reinhard Ellger vom Max-Planck-Institut für ausländisches und internationales Privatrecht, der mir die Möglichkeit zur Promotion eröffnete. Er gewährte mir während der Schaffensphase den nötigen wissenschaftlichen Freiraum und hatte immer ein offenes Ohr. Für die rasche Erstellung des Zweitgutachtens danke ich herzlich Herrn Prof. Dr. Hans-Heinrich Trute.

Bedanken möchte ich mich ebenfalls bei Herrn Prof. Dr. Dieter Dörr und Herrn Prof. Dr. Udo Fink für die Aufnahme in die Schriftenreihe „Studien zum deutschen und europäischen Medienrecht".

Dafür, dass sie an dem Gelingen dieser Arbeit nie einen Zweifel hatten, danke ich besonders meiner besten Freundin Julia Gehrke, meinen Schwestern Kim Fiedler und Yvonne Grimm sowie ihrem Mann Sascha.

Zum Schluss danke ich zwei ganz besonderen Menschen aus tiefsten Herzen: meinen Eltern Martina und Daniel Fiedler. Danke, dass ihr mich auf meinem Weg immer unterstützt habt. Diese Arbeit ist Euch gewidmet.

Hamburg, im März 2017 Nadine Fiedler

Inhaltsverzeichnis

Abkürzungsverzeichnis 15

Kapitel 1. Einleitung 19

A. Das Problem 19

B. Begriffserklärungen 22

I. Erscheinungsformen von Zusammenschlüssen 22

II. Begriff der cross-medialen Verflechtung 23

III. Digitalisierung und Konvergenz 24

IV. Unternehmensstrategien 26

V. Meinungsvielfalt und vorherrschende Meinungsmacht 27

1. Meinungsvielfalt 27

a. Verfassungsrechtliche Vorgabe und einfachgesetzliche Umsetzung 27

b. Maßstab „gleichgewichtiger Vielfalt" 28

c. Meinungsvielfalt in der Medienökonomie 29

d. Messgröße und Messbarkeit von Meinungsvielfalt 32

2. Vorherrschende Meinungsmacht 33

Kapitel 2. Publizistischer Wettbewerb – Die Rundfunkkonzentrationskontrolle 35

A. Notwendigkeit einer Rundfunkkonzentrationskontrolle 35

I. Meinungsvielfalt des Internets 36

1. „Long Tail"-Theorie 36

2. Gutachten von *Neuberger* und *Lobigs* 38

3. Stellungnahme 39

II. Das Fernsehen als Leitmedium 41

III. Zwischenergebnis 45

B. Medienspezifische Auswirkungen von Zusammenschlüssen 46

I. Homogenisierung der Inhalte 46

II. Mehrfachverwendung ... 47
III. Abnahme der Selbstreflexion ... 47
IV. Informationsquellen ... 47
V. Cross-Promotion ... 48
VI. Bedeutungszuwachs der Gatekeeper-Funktion ... 48
VII. Lebens- und Kulturwelt ... 49

C. Rundfunkkonzentrationskontrolle nach dem RStV ... 49
I. Die KEK ... 50
II. Der Begriff des Rundfunks ... 52
1. Der Rundfunkbegriff vor dem 12. RÄStV ... 54
2. Die Richtlinie über audiovisuelle Mediendienste (AVMD-Richtlinie) ... 56
3. Der Rundfunkbegriff seit dem 12. RÄStV ... 57
a. Linearität ... 57
b. Allgemeinheit ... 58
c. Veranstaltung und Verbreitung ... 61
d. Bewegtbild oder Ton ... 61
e. Elektromagnetische Schwingungen ... 62
4. Zwischenergebnis ... 62
III. § 25 RStV als programmrechtliche Vielfaltskontrolle und die Schwierigkeit der Durchsetzbarkeit ... 63
IV. § 26 RStV als konzentrationsrechtliche Vielfaltskontrolle ... 65
1. Das Zuschaueranteils-Mediennutzungsmodell ... 65
a. Das Zuschaueranteilsmodell ... 65
aa. Definition des Zuschaueranteils ... 67
bb. Messung der Fernsehnutzung durch die AGF/ GfK-Fernsehforschung ... 68
b. Mediennutzungsmodell ... 71
2. Das Verhältnis von § 26 Abs. 1 zu Abs. 2 RStV ... 72
a. Qualitativer Ansatz ... 73
b. Quantitativer Ansatz ... 75
c. Vermittelnder Ansatz: Regelbeispiele mit Leitbildcharakter ... 76

d. Stellungnahme ... 78
aa. Wortlaut ... 78
bb. Systematik ... 80
cc. Sinn und Zweck ... 81
dd. Entstehungsgeschichte ... 82
ee. Schlussbetrachtung ... 84
3. Medienrelevante verwandte Märkte ... 86
a. Definition ... 86
aa. Marktabgrenzung ... 86
bb. Marktbeherrschende Stellung ... 87
cc. Medienrelevanz und Verwandtschaftsgrad ... 88
(1) Suggestivkraft ... 89
(2) Breitenwirkung ... 90
(3) Aktualität ... 90
b. Medienrelevante verwandte Märkte und ihre Gewichtung im Verhältnis zum Fernsehen ... 90
aa. Konventionelle Massenmedien ... 91
(1) Hörfunk ... 91
(2) Presse ... 92
(a) Tageszeitungen ... 92
(b) Programmzeitschriften ... 94
(c) Publikumszeitschriften ... 95
(3) Fernsehwerbung ... 96
(4) Online-Medien ... 97
(5) Ballungsraumfernsehen ... 100
bb. Vorgelagerte Märkte ... 101
cc. Nachgelagerte Märkte ... 102
(1) Plattformbetreiber ... 102
(2) Elektronischer Programmführer ... 102
c. Kritische Würdigung der Gewichtungsfaktoren ... 103
aa. Kompetenzüberschreitung der KEK ... 104
bb. Marktanteil als Messgröße ... 105

cc. Missachtung methodischer und wissenschaftlicher Grundsätze bei der Marktanteilsberechnung 107
dd. Willkür: Programmzeitschriften meinungsrelevanter als politische Publikumszeitschriften 107
ee. Stellungnahme 109
d. Alternative Ansätze zur Berücksichtigung medienrelevanter verwandter Märkte 113
aa. Änderung der Gewichtungsfaktoren: Nutzungsdauer als Gewichtungsgrundlage 113
bb. 5%-Grenze als Bezugsgröße 114
cc. Vorschlag von *Kepplinger*: Grundlegende Modifikation der Messung 114
dd. Vorschlag von *Schulz/Held*: Maluspunktesystem 115
ee. Stellungnahme 116
4. Wachstum und vielfaltssichernde Maßnahmen 118
a. Externes und internes Wachstum 118
aa. Externes Wachstum, § 26 III RStV 119
bb. Internes Wachstum, § 26 IV RStV 120
b. Vielfaltssichernde Maßnahmen 120
aa. § 26 IV Nr. 1 RStV 121
bb. § 26 IV Nr. 2 RStV 121
cc. § 26 IV Nr. 3, §§ 30 ff. RStV 121
dd. Regionales Fensterprogramm 122
ee. Widerruf von Zulassungen 122
D. Verwaltungspraxis der KEK 123
I. Axel Springer AG/ProSiebenSat.1 Media AG, KEK 293-1 bis -5 123
1. Entscheidungsgründe 125
2. Kritik an der Entscheidung 126
a. Ungenaue und widersprüchliche Berechnungsmethode 126
b. Bertelsmann als Gegengewicht 128
c. Zweckentfremdung der Rundfunkkonzentrationskontrolle 129
d. Die Verhinderung der Verbindung von „BILD, BamS und Glotze“ 129

3. Stellungnahme 130
II. n-tv Nachrichtenfernsehen GmbH & Co. KG, KEK 309 131
III. RTL Television GmbH, KEK 711 135
IV. N24 Gesellschaft für Nachrichten und Zeitgeschehen GmbH, KEK 767 137
V. Stellungnahme 139

Kapitel 3. Ökonomischer Wettbewerb – Die kartellrechtliche Zusammenschlusskontrolle 141

A. Ökonomische Ursachen für Zusammenschlüsse 141
I. Fixkostendegression 142
II. Netzeffekte in zweiseitigen Märkten, Verbund von Rezipienten- und Werbemarkt 143
III. Reduktion des Beschaffungsrisikos 144
IV. Kontrolle der Vertriebswege und dadurch Sicherung des Zugangs zum Rezipientenmarkt 145
V. Unternehmensexpansion und Reduktion von Substitutionskonkurrenz 145
VI. Risikominimierung und Quersubventionierung 146
VII. Cross-Promotion 147
VIII. Rationalisierung der Ressourcen 147

B. Zusammenschlusskontrolle nach dem GWB 148
I. Anwendungsbereich der Zusammenschlusskontrolle 148
II. Eingreifkriterien 149
1. Marktbeherrschungstest als Regelbeispiel 150
a. Marktabgrenzung 150
b. Begründung oder Verstärkung einer marktbeherrschenden Stellung 151
aa. Allgemeine Kriterien zur Bewertung konglomerater Zusammenschlüsse 151
(1) Verlust von Randwettbewerb und potentiellem Wettbewerb 152
(2) Wettbewerbsbeschränkung durch Kopplung oder Bündelung 153

(3) Portfolioeffekte ... 154
(4) Stärkung von Ressourcen, insbesondere Finanzkraftzuwachs ... 154
(5) Verbesserte Verhaltenskoordination ... 155
(6) Markttransparenz ... 156
bb. Medienspezifische Kriterien zur Bewertung konglomerater Zusammenschlüsse: Cross-mediale Effekte ... 156
(1) Cross-Promotion ... 157
(a) Cross-mediale Werbung für Konzernprodukte ... 157
(b) Publizistische Cross-Promotion ... 159
(2) Cross-mediale Werbekampagnen ... 160
2. SIEC-Test als Generalklausel ... 161

C. Verwaltungspraxis des Bundeskartellamtes ... 164
I. Axel Springer AG/ProSiebenSat.1 Media AG ... 164
1. Fernsehwerbemarkt ... 165
2. Bundesweiter Lesermarkt für Straßenverkaufszeitungen ... 167
3. Bundesweiter Anzeigenmarkt für Tageszeitungen ... 169
4. Kritische Würdigung der Entscheidung ... 170
II. ProSiebenSat.1 Media AG / RTL interactive GmbH („Amazonas“) ... 171
1. Sachverhalt und Entscheidungsbegründung ... 171
2. Kritische Würdigung der Entscheidung ... 173
III. Stellungnahme ... 174

Kapitel 4. Reform der Rundfunkkonzentrationskontrolle ... 177

A. Verhinderung vorherrschender Meinungsmacht durch Anwendung der kartellrechtlichen Zusammenschlusskontrolle ... 178
I. Zielsetzung der publizistischen und kartellrechtlichen Konzentrationskontrolle ... 178
II. Gesetzgebungskompetenz ... 179
III. Korrelation zwischen ökonomischen Wettbewerb und publizistischer Vielfalt ... 180
IV. Cross-mediale Effekte und der SIEC-Test ... 183

V. Fernsehzuschauermarkt in der Zusammenschlusskontrolle ... 184
VI. Nichterfassung von internem Wachstum ... 186
VII. Stellungnahme ... 189

B. Reformvorschläge ... 189
I. Gesamtmarktmodell ... 190
II. Inhaltsregulierung ... 192
III. Beteiligungsmodell ... 193
IV. Vorschlag der KEK ... 196
V. Entwurf eines neuen § 26 RStV ... 197
1. Textvorschlag ... 197
2. Erläuterungen zum Textvorschlag ... 199

Kapitel 5. Zusammenfassung der Ergebnisse ... 207

A. Der rundfunkkonzentrationsrechtliche Kontext ... 207

B. Der wettbewerbsrechtliche Kontext ... 208

Literaturverzeichnis ... 211

Entscheidungsverzeichnis ... 225

Abkürzungsverzeichnis

A.A. / a.A.	A/andere Ansicht
a.a.O.	am angegebenen Ort
a.E.	am Ende
a.F.	alte Fassung
ABl.	Amtsblatt
AfP	Archiv für Presserecht
AGF	Arbeitsgemeinschaft Fernsehforschung
Alt.	Alternative
Art.	Artikel
AS	Axel Springer AG
Az.	Aktenzeichen
BayVGH	Bayrischer Verwaltungsgerichtshof
Beil.	Beilage
BGH	Bundesgerichtshof
BKartA	Bundeskartellamt
BLM	Bayerische Landeszentrale für neue Medien
BVerfG	Bundesverfassungsgericht
BVerfGE	Entscheidungen des Bundesverfassungsgerichts
BVerwG	Bundesverwaltungsgericht
bzw.	beziehungsweise
CR	Computer und Recht
ders.	derselbe
dies.	dieselbe
DLM	Direktorenkonferenz der Landesmedienanstalten
DRM	Digital Rights Management
Drs.-BT.	Drucksache des Bundestags
EPG	Elektronische Programmführer
etc.	et cetera
EuGH	Europäischer Gerichtshof
FKVO	Fusionskontrollverordnung
gem.	gemäß
GfK	Gesellschaft für Konsumforschung
GG	Grundgesetz
ggf.	gegebenenfalls

GRC	Charta der Grundrechte der Europäischen Union (Europäische Grundrechte-Charta)
GWB	Gesetz gegen Wettbewerbsbeschränkungen
i.d.S.	in der Sache
i.E.	im Ergebnis
i.H.v.	in Höhe von
i.S.d. / e. / v.	im Sinne der, des / einer / von
i.V.m	in Verbindung mit
IVW	Informationsgesellschaft zur Feststellung der Verbreitung von Werbeträgern e. V.
JuS	Juristische Schulung
JZ	Juristen Zeitung
K&R	Kommunikation und Recht
KDLM	Konferenz der Direktoren der Landesmedienanstalten
KEK	Kommission zu Ermittlung der Konzentration im Medienbereich
LMG	Landesmediengesetz
LfM	Landesanstalt für Medien Nordrhein Westfalen
LpA	Leser pro Ausgabe
LMK	Landeszentrale für Medien und Kommunikation Rheinland-Pfalz
M&K	Medien & Kommunikationswissenschaft
MABB	Medienanstalt Berlin-Brandenburg
MMR	Multimedia und Recht
m.w.N.	mit weiteren Nachweisen
n.F.	neue Fassung
NJW	Neue Juristische Wochenschrift
P7S1	ProSiebenSat.1 Media AG
RÄStV	Rundfunkänderungsstaatsvertrag
Rdnr.	Randnummer
RG	Reichsgerichtshof
Rs.	Rechtssache
Rspr.	Rechtsprechung
RStV	Rundfunkstaatsvertrag
SE	Societas Europaea (dt. Europäische Gesellschaft)
st.	ständige
u.a.	und andere
u.v.m.	und viele(s) mehr

Verw.	Die Verwaltung
VG	Verwaltungsgericht
VwGO	Verwaltungsgerichtsordnung
WRP	Wettbewerb in Recht und Praxis
W&V	Werben und Verkaufen
WuW	Wirtschaft und Wettbewerb
ZUM	Zeitschrift für Urheber- und Medienrecht

Kapitel 1. Einleitung

A. Das Problem

Cross-mediale Verflechtungen und cross-mediale Diversifikationsstrategien zwischen privaten Fernsehveranstaltern und anderen Akteuren der Medienbranche haben im letzten Jahrzehnt zugenommen.[1] Der Grund dafür liegt in der Digitalisierung und der damit einhergehenden Konvergenz der Medien. Insbesondere auch das Internet hat dieser Entwicklung einen enormen Schub versetzt. Unternehmen der Medienbranche, die während der analogen Zeit unterschiedlichen Medienteilbereichen zuzuordnen waren, weil sie unterschiedliche Übertragungstechniken nutzten und daher getrennt voneinander agierten, konfluieren nun im Digitalzeitalter. Anbieter von medialen publizistischen Inhalten schließen sich zu Medienunternehmen zusammen. Sie streben die Bildung von Medienkonzernen an, um möglichst viele Stufen der Wertschöpfungskette in ihrem Unternehmen zu vereinen. Die Abdeckung der Wertschöpfungskette von der Informationsbeschaffung bis hin zur Verbreitung bietet ökonomische Vorteile.

Es wird befürchtet, dass aus diesen Fusionen erhebliche Gefahren für die Meinungsvielfalt erwachsen können. Rundfunkveranstalter sind nicht nur Wirtschaftsunternehmen, die mit anderen Marktteilnehmern in einem ökonomischen Wettbewerb stehen. Sie führen auch einen publizistischen Wettbewerb. Dieser sei eine der grundlegenden Voraussetzung für die öffentliche Meinungsbildung und für eine Demokratie schlechthin konstituierend[2]. Im Jahr 1961 hat das Bundesverfassungsgericht in seinem ersten Rundfunkurteil für den Rundfunk die „Medium und Faktor-Formel" entwickelt. Als Medium informiere der Rundfunk die Zuschauer über gesellschaftsrelevante Themen und biete Einzelnen und gesellschaftlichen Gruppen eine Plattform. Durch seine Programmgestaltung wirke er als Faktor aktiv an der Meinungsbildung mit.[3] Als das Bundesverfassungsgericht im Jahr 1981 die Zulässigkeit der Veranstaltung privaten Rundfunks bestätigte, gab es dem Gesetzgeber auf, eine positive Ordnung zu schaffen. Sie solle sicherstellen, dass die Vielfalt der bestehenden Meinungen

---

1 Eine Übersicht der Verflechtungen bei *Landesmedienanstalten* (Hrsg.), Von der Fernsehzentrierung zur Medienfokussierung, S. 164ff.; Media Perspektiven Basisdaten 2014, S. 27ff. http://www.ard-werbung.de/media-perspektiven/publikationen/basisdaten/ (zuletzt geprüft am 17.01.2016).

2 BVerfGE 12, 112 (125); BVerfGE 12, 205 (259ff.).

3 BVerfGE 12, 205 (260).

im Rundfunk in möglichster Breite und Vollständigkeit Ausdruck finde.[4] Die Notwendigkeit einer positiven Ordnung wurde zu Beginn der Rundfunkveranstaltung noch mit der Knappheit von Frequenzen und dem hohen finanziellen Aufwand, den die Veranstaltung von privatem Rundfunk erfordert, begründet.[5] Heute baut die Begründung für das Festhalten an einer positiven Ordnung auf der Wirkungsweise des Rundfunks auf[6], die durch neue Technologien weiter verstärkt werde[7]. Im Gegensatz zur Presse, die ebenfalls unverzichtbar für die öffentliche Meinungsbildung ist, geht das Bundesverfassungsgericht für den privaten Rundfunk nicht davon aus, dass strukturelle Vielfalt Meinungsvielfalt bewirke.[8] Als Grund wird hierfür seine Finanzierung genannt. Abgesehen von den Pay-TV-Anbietern, stellen private Rundfunkveranstalter ihr Programm den Fernsehzuschauern kostenlos bereit. Ihre Finanzierung erfolgt durch Werbung. Sie bieten ihr Programm der Werbung treibenden Wirtschaft als Werbeplattform an. Diese bevorzugt Programme mit hohen Zuschauerreichweiten. Dementsprechend wird der Rundfunkveranstalter ein Programm veranstalten, welches möglichst viele Zuschauer anspricht. Das Bundesverfassungsgericht befürchtet, dass sich das Inhaltsspektrum und damit die angebotenen Meinungen auf ein massenattraktives Programm verkürzen. Kulturell wertvolle Sendungen, die nur wenige Menschen schauen und die in der Produktion teilweise hohe Kosten verursachen, würden nicht ins Programm aufgenommen.[9] Nicht allein die aufgrund der Finanzierung bewirkte Verkürzung des Programms auf ein massenattraktives Unterhaltungsprogramm könne die Meinungsvielfalt verringern. Die Meinungsvielfalt sei auch bedroht, wenn der Rundfunk einer oder einzelnen gesellschaftlichen Gruppen ausgeliefert werde.[10] Das Bundesverfassungsgericht betonte in seinem vierten Rundfunkurteil aus dem Jahr 1986, dass die positive Ordnung daher sicherstellen müsse, dass kein Rundfunkveranstalter im Rundfunk zu vorherrschender Meinungsmacht gelange. Solche vorherrschende Meinungsmacht könne insbesondere durch Konzentration der Anbieter erfolgen.[11] Diese Konzentration könne zum einen aus dem Zusammenschluss von Rundfunkveranstaltern resultieren. Sie könne aber auch aus der

4 BVerfGE 57, 295 (320).
5 BVerfGE 12, 205 (261); BVerfGE 57, 295 (322f.); BVerfGE 73, 118 (155f.).
6 BVerfGE 90, 60 (87).
7 BVerfG, Urteil vom 25.03.2014, Az. 1 BvF 1/11 und 4/11, Rdnr. 34.
8 BVerfGE 57, 295 (322f.).
9 BVerfGE 73, 118 (155f.).
10 BVerfGE 57, 295 (322).
11 BVerfGE 73, 118 (172).

Verbindung des Rundfunks mit anderen Medienunternehmen, die publizistische Inhalte anbieten, insbesondere mit Presseunternehmen, entstehen.[12]

Die Länder schlossen 1987 den ersten Rundfunkstaatsvertrag (RStV). Dieser enthielt erste Regelungen zur Sicherung der Meinungsvielfalt. Seit 1997 wird die Sicherung der Meinungsvielfalt und die Verhinderung vorherrschender Meinungsmacht in § 26 RStV als Konzentrationskontrolle normiert. Aufbauend auf einem Zuschaueranteilsmodell darf kein Rundfunkveranstalter im Jahresdurchschnitt mehr als 30% Zuschaueranteile erlangen. Mit § 26 II 2 RStV enthält die Norm auch Vorkehrungen zur Verhinderung vorherrschender Meinungsmacht, die aus einer Verflechtung des Rundfunkunternehmens mit einem oder mehreren Akteuren aus einem oder mehreren medienrelevanten verwandten Märkten erwachsen können. Verflechtungen zwischen einem privaten Rundfunkunternehmen und einem Unternehmen, das auf einem medienrelevanten verwandten Markt aktiv ist, darf nur erfolgen, wenn kein Zuschaueranteil von mehr als 25% erlangt wird und darüber hinaus entweder keine marktbeherrschende Stellung auf einem medienrelevanten verwandten Markt besteht oder die Kombination aus Fernsehaktivität und Aktivitäten auf medienrelevanten verwandten Märkten nicht zu einem Zuschaueranteil führt, der 30% oder mehr entspricht.

Zur Aufsicht über die Rundfunkkonzentration und Meinungsvielfalt wurde 1997 die Kommission zur Ermittlung der Konzentration im Medienbereich (KEK) ins Leben gerufen. Rund acht Jahre genehmigte sie jeden Antrag auf Lizenzerteilung und jede Anmeldung einer Veränderung von Beteiligungsverhältnissen. Im Jahr 2005 meldete die Axel Springer AG die Übernahme der ProSiebenSat.1 Media AG an. Diese 293. Entscheidung der KEK markiert einen Meilenstein in ihrer Spruchpraxis. Das erste und seit dem auch das einzige Mal untersagte sie ein Zusammenschlussvorhaben, weil dieses ihrer Ansicht nach zu vorherrschender Meinungsmacht geführt hätte. Mit dieser Entscheidung begann die konkrete Handhabung cross-medialer Verflechtungen in der rundfunkkonzentrationskontrollrechtlichen Praxis. Im Januar 2014 fand der nach der Entscheidung der KEK geführte verwaltungsrechtliche Streit zwischen der Axel Springer AG und der für den Zusammenschluss zuständigen Bayerischen Landesmedienanstalt (BLM), mit der Entscheidung des Bundesverwaltungsgerichts[13] ein Ende. Das Bundesverwaltungsgericht setzt in dieser Entscheidung Maßstäbe für die zukünftige Beurteilung cross-medialer Verflechtungen.

12 BVerfGE 73, 118 (175).

13 BVerwG, Urt. v. 29.01.2014, Az. 6 C 2.13.

Das Bundeskartellamt hat die geplante Übernahme kartellrechtlich ebenfalls untersagt. Auch diese Entscheidung beschreitet einen neuen Weg bei der Handhabung cross-medialer Verflechtungen im Zusammenschlussverfahren. Das Amt hat für Zusammenschlussvorhaben im Medienbereich so genannte cross-mediale Effekte als Bewertungsmaßstab[14] in ihre Prüfung aufgenommen.

Das Übernahmeverfahren hat in der Medienbranche und bei Medien- und Kartellrechtlern viel Aufmerksamkeit erhalten und viele Reaktionen hervorgerufen. Insbesondere das rundfunkkonzentrationsrechtliche Verfahren der KEK wurde zum Anlass genommen, den § 26 RStV auf den Prüfstand zu stellen. Diese Arbeit analysiert die rundfunkspezifische Konzentrationskontrolle (2. Kapitel) und die kartellrechtliche Zusammenschlusskontrolle (3. Kapitel) im Hinblick auf cross-mediale Verflechtungen und untersucht dabei den Reformbedarf (4. Kapitel) vor dem Eindruck der Verwaltungspraxis der KEK und des Bundeskartellamtes.

B. Begriffserklärungen

Diese Arbeit befasst sich im Schwerpunkt mit cross-medialen Verflechtungen zwischen einem privaten Fernsehveranstalter und mindestens einem anderem Medienanbieter. Für den Fortgang der Arbeit ist es notwendig vorab einige Begrifflichkeiten zu klären.

I. Erscheinungsformen von Zusammenschlüssen

Zusammenschlüsse von Medienunternehmen können unterschiedliche Erscheinungsformen haben. Allgemein werden diese als horizontale, vertikale und konglomerate (diagonale) bzw. cross-mediale[15] Zusammenschlüsse beschrieben. Ein horizontaler Zusammenschluss liegt vor, wenn sich zwei oder mehrere Unternehmen der gleichen Wirtschaftsstufe, also Wettbewerber, zu einer neuen wirtschaftlichen Einheit zusammenschließen.[16] Ein Beispiel ist der Zusammenschluss von zwei Rundfunkveranstaltern, die bundesweit verbreitetes Fernsehen veranstalten. Schließen sich Unternehmen zusammen, die auf unterschiedlichen Wirtschaftsstufen in einer Absatz-/Nachfragebeziehung stehen, also auf vor- und nachgelagerten Märkten agieren, spricht man von einem vertikalen Zusammenschluss.[17] Ein Beispiel ist der Zusammenschluss von einem Fernsehveranstalter und einem

14 Siehe dazu Kapitel 3. B. II. 1. b. bb.

15 Siehe dazu sogleich unter II.

16 *Lettl*, Kartellrecht, § 10 Rdnr. 49.

17 *Lettl*, Kartellrecht, § 10 Rdnr. 50.

TV-Produktionsunternehmen. In der dritten Zusammenschlussvariante, der konglomeraten bzw. cross-medialen, schließen sich Unternehmen zusammen, die sich weder als Wettbewerber auf dem gleichen Markt gegenüberstehen, noch auf unterschiedlichen Wirtschaftsstufen der Wertschöpfungskette agieren.[18] Ein Beispiel für diese Zusammenschlussform ist der Zusammenschluss eines Rundfunkunternehmens mit einem Presseverlag wie im Fall *Axel Springer/ProSiebenSat.1*[19]. Ein zweites Beispiel ist die Errichtung einer Video on Demand Plattform im Internet durch zwei Fernsehsenderfamilien wie im Fall *Amazonas*[20].

II. Begriff der cross-medialen Verflechtung

Für einen Zusammenschluss der eben genannten dritten Form, bei der Medienunternehmen aus unterschiedlichen Märkten beteiligt sind oder Wettbewerber eines Marktes auf einem anderen Markt ein Gemeinschaftsunternehmen gründen, haben sich im Schrifttum unterschiedliche Begriffe entwickelt. Diese gilt es einzuordnen. Diese Fusionsform kann zunächst als konglomerater oder auch diagonaler Zusammenschluss bezeichnet werden. Es handelt sich dabei um einen kartellrechtlich vorgeprägten Begriff. Bei einem konglomeraten Zusammenschluss wird wettbewerbsrechtlich nur der ökonomische Markt berücksichtigt. Publizistische Besonderheiten, wie insbesondere die Sicherung der publizistischen Vielfalt, bleiben bei der Bewertung außer Acht. Gerade der publizistische Wettbewerb darf bei Zusammenschlüssen im Medienbereich nicht ignoriert werden. Im Medienbereich sind im Weiteren Kombinationen aus den drei Zusammenschlussformen zu beobachten. Die einzelnen Zusammenschlussvorgänge lassen sich zwar in Horizontal-, Vertikal- oder Diagonalverflechtung einordnen. Damit kann aber die langfristige Unternehmensstrategie, die Bildung eines diversifizierten Medienunternehmens, nicht ausreichend berücksichtigt werden. Der kartellrechtliche Begriff der konglomeraten oder diagonalen Verflechtung ist deshalb für die Belange dieser Arbeit zu eng.

Teilweise werden solche Zusammenschlüsse auch als „Multimedia" bezeichnet. Multimedia ist ein Terminus, der aus dem Bereich der Computertechnik stammt. Es beschreibt in seiner Ursprungsbedeutung die „Kombination von Texten, Graphiken, bewegten Bildern und Tönen in einem Medium"[21]. Im allgemeinen

---

18 *BKartA*, Konglomerate Zusammenschlüsse in der Fusionskontrolle, S. 2; *Bauer*, Wettbewerbsbeschränkungen durch konglomerate Unternehmenszusammenschlüsse, S. 2.

19 Siehe dazu Kapitel 3. C. I.

20 Siehe dazu Kapitel 3. C. II.

21 *Fechner*, Medienrecht, S. 339 Rdnr. 2.

Sprachgebrauch sind bei der Verwendung des Begriffs Multimedia überwiegend aber die „Neuen Medien" im Internet gemeint. „Neue Medien" sind elektronische Kommunikationstechniken, die sich die Digitalisierung zunutze machen.[22] Die Bezeichnung Multimedia eignet sich nicht für die Verwendung in dieser Arbeit.

In den USA werden Verflechtungen von Unternehmen der Medienbranche, die auf unterschiedlichen Medienteilmärkten agieren, als „Cross-Media-Ownership" bezeichnet. Der Terminus „Cross-Media-Ownership" erfasst die ökonomischen und die publizistischen Aspekte eines solchen Zusammenschlusses.[23] In der deutschen Medienpraxis hat sich dieser Begriff bzw. die adjektivische Ableitung cross-medial etabliert. Die Arbeit wird somit den Begriff der cross-mediale Verflechtung verwenden.

III. Digitalisierung und Konvergenz

Die Digitalisierung hat zu einer weitreichenden Veränderung der Medienwelt geführt, denn durch sie hat ein Konvergenzprozess stattgefunden.

Bis Mitte der 1990er herrschte die analoge Technik vor. Die unterschiedlichen Wirtschaftsbranchen Rundfunk, Verlagswesen/Presse, Computer und Telekommunikation operierten separat voneinander. Eine Vermengung war nicht möglich.[24] Analogtechnik ist geprägt durch ihre Wert- und Zeitkontinuität.[25] Informationen können bei der Signalübertragung nicht komprimiert werden, sodass sich im Rundfunk ein Kapazitätsproblem ergab. Jedes analog gesendete Programm braucht einen Kanal.[26] Die Frequenzknappheit verschärfte sich weiter, als sich in den 1980ern nach dem dritten Rundfunkurteil[27] des Bundesverfassungsgerichts die Rundfunkveranstaltungsmöglichkeit für privatrechtlich organisierte Unternehmen öffnete. Weitere Nachteile der Analogtechnik sind ihre Störanfälligkeit und die Verzerrung bei der Übertragung.[28]

Die Digitalisierung ändert dies. Bilder, Texte und Töne können in digitale Informationen, einem binären Code bestehend aus einer Reihe von Nullen und Einsen, umgewandelt werden.[29] Dadurch werden die Daten erheblich

---

22 *Fechner*, Medienrecht, S. 7 Rdnr. 16.

23 *Bender*, Cross-Media-Ownership, S. 31; *Emmerich*, JuS 2011, 464 (465).

24 *Ulbrich*, K&R 1998, 100.

25 *Meyer*, Signalverarbeitung, S. 14 definiert „Kontinuität" als ein „Signal", das „zu jedem Zeitpunkt definiert ist und jede Stelle auf der Wertachse annehmen kann".

26 *Bartosch*, CR 1997, 517; *Zimmer/Büchner*, CR 2001, 164.

27 BVerfGE 57, 295.

28 *Meyer*, Signalverarbeitung, S. 225.

29 *Gounalakis*, Konvergenz der Medien, S. C 12.

komprimiert[30] und mehrere Informationsströme, im Bereich der Rundfunktechnik sind dies Rundfunkprogramme, können gleichzeitig übertragen werden.[31] Wegen der Digitalisierung findet im Bereich der Medien ein Transformationsprozess statt. Die verschiedenen Medienbereiche wachsen zusammen bzw. nähern sich zumindest an.[32] Diese Konvergenz findet auf zwei Ebenen statt. Das ist zum einen die technische, zum anderen die inhaltliche Konvergenz. Bei der technischen Konvergenz ist eine Verschmelzung der Endgeräte zu beobachten. Der PC ist beispielsweise in der Lage auch Fernsehen zu empfangen, während umgekehrt das TV-Gerät Informationen aus dem Internet darstellen kann.[33] Neben diesen sogenannten Smart-TVs, die einen Zugang zu den sendereigenen Online-Mediatheken, Internetseiten der TV-Sender und teilweise auch zum gesamten Internet schaffen, macht sich heute diese Art der Endgeräteverschmelzung besonders durch die Smartphones und Tablet-PCs bemerkbar. Von der Konstruktion und Funktion eines Mobiltelefons ausgehend, hat das Smartphone nicht nur eine PDA[34]-Funktion, es ist auch internetfähig und man kann mit ihm direkt über das Internet oder durch die Nutzung von Apps mobil fernsehen. Bei der Konvergenz der Endgeräte geht es also um die Hardware, mit der die Informationsinhalte für den Rezipienten empfangbar gemacht werden. Die Endgeräte sind in der Lage die verschiedenen Medien und Kommunikationsformen zu verarbeiten.[35] Demgegenüber beschreibt die Ebene der inhaltlichen Konvergenz einen Prozess bei dem Informationsinhalte aufgrund der Digitalisierung über multiple Kommunikationsplattformen verbreitet werden können. Ein klassisches Medienprodukt, sei es ein Zeitungsartikel oder eine TV-Reportage, kann online veröffentlicht werden. Genauso kann eine Fernsehsendung zeitgleich im Fernsehen gesendet und als Videostream im Internet angeboten werden. Dieser Konvergenzprozess hat dazu geführt, dass Medienunternehmen konvergenzindizierte Diversifikationsstrategien in den Onlinebereich verfolgen, um so die Rezipienten bestmöglich erreichen zu können.

---

30 *Zagouras*, Konvergenz und Kartellrecht, S. 9; *Gounalakis*, Konvergenz der Medien, S. C 13.

31 *Holznagel*, MMR-Beil. 1998, 12 (14f.); *Zagouras*, Konvergenz und Kartellrecht, S. 9.

32 *Latzer*, Mediamatik, S. 17.

33 *Bartosch*, ZUM 1998, 209 (211); *Holznagel*, MMR-Beil. 1998, 12; *Prodoehl*, MMR-Beil. 1998, 1 (2).

34 Personal Digital Assistant.

35 *Zagouras*, Konvergenz und Kartellrecht, S. 8f.

IV. Unternehmensstrategien

Unternehmen der Medienbranche verfolgen aufgrund der veränderten Bedingungen der Medienwelt die Strategie, möglichst viele Bereiche der Wertschöpfungskette abzudecken. Innerhalb der cross-medialen Verflechtungen gibt es drei übergeordnete unternehmerische Diversifikationsstrategien.[36] Eine Strategie ist betriebswirtschaftlich eine „langfristig orientierte Entscheidung über die Geschäftsfelder eines Unternehmens und die Art und Weise, wie der Wettbewerb in diesen Geschäftsfeldern bestritten werden soll"[37]. Bei der *extramediären Strategie* strebt das Medienunternehmen einen Markteintritt in einen medienfremden Markt an.[38] Die *intramediäre Strategie* beschreibt die Verflechtung innerhalb einer Medienteilbranche dem das Medienunternehmen angehört in horizontaler und vertikaler Richtung.[39] Bei der *intermediären Strategie* wird ein Medienunternehmen in einem anderen Medienteilmarkt aktiv.[40] Die intermediäre Strategie lässt sich anhand des Verwandtschaftsgrades zwischen Ausgangs- und Zielbranche in drei Subkategorien gliedern.[41] Die Subkategorien sind die *verwandte* Cross-Media-Strategie, die *nicht verwandte* Cross-Media-Strategie und die *konvergenzinduzierte* Cross-Media-Strategie. Bei der verwandten Cross-Media-Strategie wird der Markteintritt in einen technologisch verwandten Medienmarkt verfolgt. Das ist der Fall, wenn ein Zeitungsverlag im Zeitschriftenmarkt aktiv wird.[42] Wird ein klassisches Medienunternehmen in einem anderen, technologisch nicht verwandten klassischen Medienmarkt aktiv, ist das eine nicht verwandte Cross-Media-Strategie. Ein Beispiel ist, wenn ein Zeitungsverlag in die Rundfunkveranstaltung einsteigt.[43] Die konvergenzinduzierte Cross-Media-Strategie beschreibt die Tätigkeitsaufnahme im Internet und im Markt der

---

36 Siehe hierzu und im Folgenden *Sjurts*, Strategien in der Medienbranche, S. 419ff.

37 *Sjurts*, Strategien in der Medienbranche, S. 419.

38 *Sjurts*, Strategien in der Medienbranche, S. 422.

39 *Sjurts*, Strategien in der Medienbranche, S. 419 geht davon aus, dass es sich bei der intramediären Strategie nur um ein Diversifikationsstreben mit einer vor- oder nachgelagerten Stufe der Medienteilbranche, dem das Unternehmen angehört, handelt (vertikale Verflechtung). Ausgehend von der Bezeichnung *intra*mediär (d.h. *innerhalb* eines Medienteilbereichs) muss auch die horizontale Verflechtung erfasst sein.

40 *Sjurts*, Strategien in der Medienbranche, S. 421.

41 *Sjurts*, Strategien in der Medienbranche, S. 421.

42 *Sjurts*, Strategien in der Medienbranche, S. 421.

43 *Sjurts*, Strategien in der Medienbranche, S. 421.

mobilen Kommunikation. Ein Beispiel ist die Einrichtung einer sendereigenen Mediathek.[44]

V. Meinungsvielfalt und vorherrschende Meinungsmacht

1. Meinungsvielfalt

a. Verfassungsrechtliche Vorgabe und einfachgesetzliche Umsetzung

Der Begriff der Meinungsvielfalt ist ein verfassungsrechtlich geprägter unbestimmter Rechtsbegriff. Insbesondere durch die dritte[45] und vierte[46] Rundfunkentscheidungen des Bundesverfassungsgerichts hat der Begriff der Meinungsvielfalt seine inhaltliche Ausgestaltung bekommen. Das Bundesverfassungsgericht forderte in seiner dritten Rundfunkentscheidung, dass es aufgrund der Sondersituation, in der sich der Rundfunk befinde, zur Veranstaltung von Rundfunkprogrammen einer positiven Ordnung bedürfe.[47] Diese positive Ordnung habe sicherzustellen, dass die Vielfalt der gesellschaftlich relevanten Meinungen im Gesamtprogramm unverkürzt zu Wort komme, auf diese Weise umfassende Meinungsbildung geboten werde und dass der Rundfunk nicht von einer oder einzelnen gesellschaftlichen Gruppen beherrscht werde.[48] Das Bundesverfassungsgericht will damit den Rundfunk für alle Meinungen und Anschauungen öffnen. So könne der Rundfunk der Rundfunkfreiheit aus Art. 5 I 2 GG dienen[49] und seine Funktion als Medium und Faktor[50] erfüllen. Hinsichtlich der Umsetzung stellt das Gericht zwei Ordnungsmodelle – den Binnenpluralismus und den Außenpluralismus – zur Disposition. Bei einer binnenpluralistischen Ausgestaltung gewährleiste jeder Rundfunkveranstalter für sich ein Programmangebot, bei dem alle in Betracht kommenden gesellschaftlichen Gruppen zu Wort kommen. Dies werde durch pluralistisch, d. h. die gesellschaftlich relevanten Gruppen abbildenden, zusammengesetzte Entscheidungsorgane und -gremien jedes einzelnen Rundfunkveranstalters sichergestellt.[51] Bei der außenpluralistischen Ausgestaltung müsse sichergestellt sein, dass das Gesamtangebot aller inländischen Programme die bestehende Meinungsvielfalt

44 *Sjurts*, Strategien in der Medienbranche, S. 421.
45 BVerfGE 57, 295ff.
46 BVerfGE 73, 118ff.
47 BVerfGE 57, 295 (320, 322ff.). Unter Kapitel 2. A. wird diese Behauptung untersucht.
48 BVerfGE 57, 295 (320, 322) m.w.N.
49 Siehe zur Rundfunkfreiheit als „dienende Freiheit“ BVerfGE 57, 295 (320).
50 BVerfGE 12, 205 (260).
51 BVerfGE 57, 295 (325).

widerspiegelt.[52] In der vierten Rundfunkentscheidung konkretisierte das Bundesverfassungsgericht die Anforderungen an die gesetzliche Ordnung zur Gewährleistung von Meinungsvielfalt. In einer dualen Rundfunkordnung bilden der öffentlich-rechtliche und der private Rundfunk ein gemeinsames Rundfunksystem. Dieses Rundfunksystem müsse in seiner Gesamtheit Meinungsvielfalt gewährleisten.[53] Das Gericht geht davon aus, dass der werbefinanzierte private Rundfunk, der dem außenpluralistischen Modell folge, nicht in der Lage sei, eine Grundversorgung an Meinungsvielfalt zu erbringen, wie es der öffentlich-rechtliche Rundfunk aufgrund seiner binnenpluralistischen Ausgestaltung könne.[54] Solange und soweit der öffentlich-rechtliche Rundfunk eine Grundversorgung dahingehend biete, dass er die in Betracht kommenden gesellschaftlichen Kräfte in seinem Programmangeboten zu Wort kommen lasse, sei es verfassungsrechtlich legitim, vom privaten Rundfunk lediglich ein möglichst hohes Maß gleichgewichtiger Vielfalt zu verlangen.[55]

Normativ wurden diese Vorgaben im 1. RStV aus dem Jahr 1987 in Art. 8 I aufgenommen. Heute ist die Gewährleistung der Meinungsvielfalt weitgehend wortgleich aus Art. 8 I in § 25 I RStV als programmrechtliche Regelung[56] enthalten. Dort heißt es: „Im privaten Rundfunk ist inhaltlich die Vielfalt der Meinungen im Wesentlichen zum Ausdruck zu bringen. Die bedeutsamen politischen, weltanschaulichen und gesellschaftlichen Kräfte und Gruppen müssen in den Vollprogrammen angemessen zu Wort kommen; Auffassungen von Minderheiten sind zu berücksichtigen. Die Möglichkeit, Spartenprogramme anzubieten, bleibt hiervon unberührt".

b. Maßstab „gleichgewichtiger Vielfalt"

Mit dem unter a. Gesagten ist bisher nur herausgearbeitet, was sich das Bundesverfassungsgericht unter der „gleichgewichtigen Meinungsvielfalt" vorstellt und wie der Gesetzgeber diese Vorgaben in der Rundfunkordnung übernommen hat. Geklärt ist damit noch nicht, wann diese „gleichgewichtige Meinungsvielfalt" besteht, also ab welchem Maß ausreichende Meinungsvielfalt im Rundfunk abgebildet wird. Das Bundesverfassungsgericht äußert sich dahingehend, dass gleichgewichtige Vielfalt keine messbare, exakt zu bestimmende Größe sei. Die

52 BVerfGE 57, 295 (325, ebenso Leitsatz 2).

53 BVerfGE 73, 118 (157).

54 BVerfGE 73, 118 (157f.).

55 BVerfGE 73, 118 (158f.).

56 *Rossen-Stadtfeld*, in: Hahn/Vesting, Rundfunkrecht, § 25 RStV, Rdnr. 4.

zu erreichende Meinungsvielfalt sei vielmehr ein Zielwert, der nur annäherungsweise erreicht werden könne.[57] Aufgrund von Änderungen und Entwicklungen auf dem Rundfunkmarkt unterliege die Bestimmung der gleichgewichtigen Vielfalt Schwankungen und Störungen. Das Gericht will es daher ausreichen lassen, dass ein „möglichst hohes Maß gleichgewichtiger Vielfalt“ im privaten Rundfunk erreicht und gesichert wird.[58] Das Gericht meint, der Richtwert, ein „möglichst hohes Maß an gleichgewichtiger Vielfalt“ zu schaffen, gebe dem Gesetzgeber eine genügend klare und verbindliche Leitlinie.[59] Tatsächlich kann das Maß, das das Bundesverfassungsgericht benennt nur als unbestimmt bezeichnet werden. Es ist keineswegs nachvollziehbar, ab wie vielen unterschiedlichen dargestellten Meinungen im privaten Rundfunk dieses möglichst hohe Maß erreicht sein soll. Dies erkennt auch das Gericht[60] und bemüht sich einen Maßstab zu bilden. Den Maßstab, den es für das „möglichst hohe Maß an gleichgewichtiger Vielfalt“ im privaten Rundfunk herausarbeitet, ist ein „Grundstandard gleichgewichtiger Vielfalt“. Es fällt zunächst auf, dass begrifflich zwischen einem „möglichst hohen Maß“ und einem „Grundstandard“ ein qualitativer Unterschied besteht. Wertungsmäßig könnte damit eine Herabstufung bewirkt worden sein. Allerdings deuten die Ausführungen des Bundesverfassungsgerichts nicht darauf hin, dass dies von ihm gewollt war. Es geht bei beiden Umschreibungen von einem gleichen Ausmaß von Vielfalt aus. Es fragt sich daher, ob mit dieser Umformulierung viel in der Konkretisierung des Maßstabs gewonnen ist. Aus dem Verständnis des Bundesverfassungsgerichts von einem Grundstandard gleichgewichtiger Vielfalt lässt sich ein Maßstab herauslesen. Im Sinne des Grundstandards sollen alle Meinungsrichtungen im privaten Rundfunk die Möglichkeit haben, zum Ausdruck zu gelangen.[61] Den Maßstab den das Gericht somit ansetzt, ist ein Zustand im privaten Rundfunk, bei dem alle Meinungen grundsätzlich eine Chance haben, im Rundfunk verbreitet zu werden.

c. Meinungsvielfalt in der Medienökonomie

Die verfassungsrechtlichen Vorgaben zur Konkretisierung eines Maßstabs der Meinungsvielfalt bleiben letztlich wage. Ein Maßstab, der nur besagt, dass grundsätzlich alle gesellschaftlich relevanten Kräfte Zugang zum privaten Rundfunk

57 BVerfGE 73, 118 (156,159).
58 BVerfGE 73, 118 (159).
59 BVerfGE 73, 118 (159).
60 BVerfGE 73, 118 (159).
61 BVerfGE 73, 118 (160).

haben sollen, besagt genau genommen nichts über das Ausmaß oder die Zusammensetzung der Meinungsvielfalt aus. Einen Erklärungsansatz kann die Medienökonomik, eine Teildisziplin der Wirtschaftswissenschaften, bieten. Hier finden sich die Konzepte der meritorischen und konsumtiven und der horizontalen und vertikalen Vielfalt. Mit diesen Ansätzen lässt sich verdeutlichen, wie Vielfalt in den Medien ausgedrückt werden kann.

Meinungsvielfalt kann zunächst nach inhaltlichen Kriterien in konsumtive und meritorische Vielfalt unterteilt werden. Bei der konsumtiven Vielfalt wird ein Medienprodukt, wie zum Beispiel eine Fernsehsendung, als normales Konsumgut verstanden. Konsumtive Vielfalt liegt vor, wenn beispielsweise im Fernsehen eine große Auswahl besteht. Diese Auswahl orientiert sich an den Präferenzen der Konsumenten. Von einer optimalen konsumtiven Vielfalt spricht man, wenn die Angebotsauswahl die aktuellen Präferenzen der Konsumenten und das quantitative Maß ihrer Häufung (Präferenzdichte) widerspiegelt. Ignoriert die Angebotsauswahl diese Präferenzdichte und deckt vielmehr alle bestehenden und potentiellen Präferenzen ab, so dass es zu einer größtmöglichen Auswahl kommt, besteht maximale konsumtive Vielfalt.[62] Die meritorische Vielfalt[63] verlässt dahingegen die Betrachtung des Medienprodukts als Konsumgut und die Orientierung an die Konsumentenpräferenzen. Meritorische Vielfalt fokussiert

62 *Kruse*, Publizistische Vielfalt und Medienkonzentration zwischen Marktkräften und politischen Entscheidungen, in: Altmeppen (Hrsg.), Ökonomie der Medien und des Mediensystems, S. 28; *Kruse*, Konzentration und Regulierung privater Fernsehanbieter, S. 1; *Dewenter*, Crossmediale Fusionen und Meinungsvielfalt, in: Fechner (Hrsg.): Crossmediale Fusionen und Meinungsvielfalt, S. 50.

63 Meritorische Vielfalt ist eng mit dem Konzept der Meritorik verknüpft. Danach können Güter in meritorische und demeritorische Güter eingeteilt werden. Meritorische Güter sind solche, deren Produktion und Konsum gesellschaftlich erwünscht sind. Die Schulbildung ist ein solches meritorisches Gut. Produktion und Konsum von demeritorischen Gütern ist dahingegen gesellschaftlich unerwünscht. Ein demeritorisches Gut ist beispielsweise das Rauschgift. Bei meritorischen und demeritorischen Gütern entspricht das Ausmaß des Konsums nicht dem Ausmaß, das die politischen Entscheidungsträger oder das gesellschaftliche Referenzsystem für wünschenswert halten. Es werden daher Eingriffe in die Konsumentenpräferenzen vorgenommen. Die Legitimität dieses Eingriffes ist umstritten. Siehe dazu nur *Dreiskämper*, Medienökonomie I, S. 111ff.; *Heinrich*, Medienökonomie, Bd. 2, S. 41ff.; *Kiefer/Steininger*, Medienökonomik, S. 138ff. Die Meinungsvielfalt ist als ein meritorisches Gut einzuordnen. Im privaten Rundfunk kann wegen seiner Finanzierung durch Werbeeinnahmen ein Defizit bei der Produktion von Meinungsvielfalt entstehen. Entsprechend den Konsumentenpräferenzen wird massenattraktives Programm veranstaltet. Siehe dazu *Paal*, Medienvielfalt und Wettbewerbsrecht, S. 68f.

auf die Eigenschaften und Wirkungen von Medien unter anderem auf die Meinungsbildung und die Entstehung und das Verständnis von gesellschaftlichen Wertevorstellungen. Bezugspunkte sind somit die politischen, moralischen und kulturellen Werte, Meinungen und Argumente, die die Medien vermitteln.[64] Wenn im Fernsehen die verschiedenen politischen oder gesellschaftlich Meinungen und ihre Argumente zu einem Thema so zu Wort kommen, wie sie in der Bevölkerung quantitativ Bedeutung haben, besteht optimale meritorische Vielfalt. Demgegenüber liegt maximale meritorische Vielfalt vor, wenn alle Meinungen und Argumente unabhängig von ihrer gesellschaftlichen Bedeutung gleichwertig zu Wort kommen. Dies führt im Vergleich zur optimalen meritorischen Vielfalt zu einer Überrepräsentanz von Mindermeinungen.[65] Da hierdurch Ressourcen verschwendet werden, kann das Erreichen maximaler meritorischer Vielfalt als ineffizient bezeichnet werden.[66] Der Gesetzgeber hat aus diesem Grund in § 25 I RStV ein optimales Maß an meritorischer Vielfalt vorgegeben, indem er normierte, dass die bedeutsamen politischen, weltanschaulichen und gesellschaftlichen Kräfte und Gruppen *angemessen* zu Wort kommen müssen. Über die Angemessenheit wird die Berücksichtigung der Gruppen und Kräfte nach Maß ihrer Relevanz bewirkt. Über das Maß der Angemessenheit wird die Norm auch grundsätzlich der optimalen konsumtiven Vielfalt geöffnet. Eine angemessene Berücksichtigung der vertretenen Meinungen kann auch die Auswahl nach den Konsumentenpräferenzen betreffen.[67] Medienobjekte wie Fernsehprogramme sind Meinungsbildungsträger und Unterhaltungsobjekte. Nach dem vorhergesagten wäre es denkbar, die meritorische Vielfalt auf politische und informative

64 *Kruse*, Publizistische Vielfalt und Medienkonzentration zwischen Marktkräften und politischen Entscheidungen, in: Altmeppen (Hrsg.), Ökonomie der Medien und des Mediensystems, S. 29; *Kruse*, Konzentration und Regulierung privater Fernsehanbieter, S. 1; *Dewenter*, Crossmediale Fusionen und Meinungsvielfalt, in: Fechner (Hrsg.): Crossmediale Fusionen und Meinungsvielfalt, S. 50.

65 *Kruse*, Publizistische Vielfalt und Medienkonzentration zwischen Marktkräften und politischen Entscheidungen, in: Altmeppen (Hrsg.), Ökonomie der Medien und des Mediensystems, S. 28; *Kruse*, Konzentration und Regulierung privater Fernsehanbieter, S. 1; *Dewenter*, Crossmediale Fusionen und Meinungsvielfalt, in: Fechner (Hrsg.): Crossmediale Fusionen und Meinungsvielfalt, S. 50 bezeichnet die bei *Kruse* als maximale Vielfalt verstandene Vielfalt als optimale Vielfalt.

66 *Dewenter*, Crossmediale Fusionen und Meinungsvielfalt, in: Fechner (Hrsg.): Crossmediale Fusionen und Meinungsvielfalt, S. 50.

67 Für eine Berücksichtigung konsumtiver und meritorischer Vielfalt bei § 25 I RStV siehe *Dewenter*, Crossmediale Fusionen und Meinungsvielfalt, in: Fechner (Hrsg.): Crossmediale Fusionen und Meinungsvielfalt, S. 50.

Sendungen und die konsumtive Vielfalt auf Unterhaltungssendungen zu beziehen. Dies berücksichtigt indes nicht, dass auch Unterhaltungssendungen meinungsbeeinflussende und wertbildende Wirkungen besitzen.[68] Die Abgrenzung zwischen konsumtiver und meritorischer Vielfalt ist somit nicht immer einfach.

Bei der horizontalen und vertikalen Vielfalt handelt es sich um eine Unterscheidung, die Bezug auf die zeitliche Mediennutzung nimmt. Horizontale Vielfalt liegt vor, wenn zu einem bestimmten Zeitpunkt, zum Beispiel um 20.15 Uhr, eine große Auswahl unterschiedlicher Sendungen angeboten wird. Es handelt sich dabei um eine Querschnitt-Betrachtung. Hierbei kann sowohl konsumtive als auch meritorische Vielfalt erreicht werden. Notwendig ist dafür, dass mehrere Fernsehsender vorhanden sind und Außenpluralismus besteht.[69] Vertikale Vielfalt liegt dagegen vor, wenn im Zeitablauf – eines Tages beispielsweise – verschiedene Sendungen gesendet werden, in denen die unterschiedlichen Meinungen präsentiert und die Konsumentenpräferenzen befriedigt werden. Die Betrachtung der Vielfalt erfolgt im Längsschnitt. Im Gegensatz zur horizontalen Vielfalt, kann bei der vertikalen Vielfalt aufgrund eines binnenpluralistischen Fernsehprogramms ein einzelner Sender konsumtive und meritorische Vielfalt abbilden. Daneben können aber auch mehrere Fernsehprogramme zur vertikalen Vielfalt beitragen.[70]

Aus medienökonomischer Sicht ist eine optimale konsumtive und meritorische Vielfalt anzustreben, die durch mehrere Fernsehsender bewirkt wird, weil nur mehrere Fernsehprogramme in der Lage sind, sowohl in vertikaler als auch in horizontaler Zeitbetrachtung diese Vielfalt abzubilden.

d. Messgröße und Messbarkeit von Meinungsvielfalt

Die vorgenannten Ausführungen konnten nur zeigen, wie Meinungsvielfalt um- bzw. beschrieben werden kann. Eine Messgröße oder zumindest eine Methode zur Messung ist dadurch nicht gefunden. Die Sozial- und Geisteswissenschaften,

---

68 *Kruse*, Publizistische Vielfalt und Medienkonzentration zwischen Marktkräften und politischen Entscheidungen, in: Altmeppen (Hrsg.), Ökonomie der Medien und des Mediensystems, S. 29f.

69 *Kruse*, Publizistische Vielfalt und Medienkonzentration zwischen Marktkräften und politischen Entscheidungen, in: Altmeppen (Hrsg.), Ökonomie der Medien und des Mediensystems, S. 30; *Dewenter*, Crossmediale Fusionen und Meinungsvielfalt, in: Fechner (Hrsg.): Crossmediale Fusionen und Meinungsvielfalt, S. 50.

70 *Kruse*, Publizistische Vielfalt und Medienkonzentration zwischen Marktkräften und politischen Entscheidungen, in: Altmeppen (Hrsg.), Ökonomie der Medien und des Mediensystems, S. 30; *Dewenter*, Crossmediale Fusionen und Meinungsvielfalt, in: Fechner (Hrsg.): Crossmediale Fusionen und Meinungsvielfalt, S. 50.

deren Ergebnisse sich die Rechtswissenschaft zunutze machen könnte, sehen sich bei der Herleitung einer Messmethode und der Quantifizierung eines Maßstabs von Vielfalt einer bisher nicht lösbaren Aufgabe gegenüber.[71]

Eine exakte Quantifizierung der Meinungsvielfalt ist für die Zwecke dieser Arbeit auch nicht notwendig. Ausreichend ist, um das bestehende Konzentrationsrecht bei cross-medialen Zusammenschlüssen prüfen zu können, davon auszugehen, dass Meinungsvielfalt jedenfalls dann nicht besteht, wenn ein Fernsehveranstalter ungleichgewichtig hohen Einfluss auf die Meinungsbildung nehmen kann und damit zu vorherrschender Meinungsmacht gelangt.[72]

2. Vorherrschende Meinungsmacht

Im Vergleich zum Begriff der Meinungsvielfalt erweist sich die Konkretisierung der Verhinderung vorherrschender Meinungsmacht weitaus einfacher. Auch hierbei handelt es sich um einen unbestimmten Rechtsbegriff, der durch die Verfassungsrechtsprechung inhaltlich geprägt wurde. Das Bundesverfassungsgericht geht davon aus, dass es sich bei der Verhinderung vorherrschender Meinungsmacht um die Kehrseite der Sicherung der Meinungsvielfalt handelt. Der Grundstandard gleichgewichtiger Vielfalt erfasst nicht nur die Möglichkeit für alle Meinungen im privaten Rundfunk gehört zu werden, sondern verhindert auch die Entstehung vorherrschender Meinungsmacht, indem er Schutz vor einseitigen, im hohen Maße ungleichgewichtigen Einfluss seitens einzelner Veranstalter bietet.[73] Diese Gefahr ungleichgewichtigen einseitigen Einflusses kann aus verschiedenen Konstellationen entstehen. Wenn von Anbeginn nur eine geringe Anbieteranzahl privaten Rundfunk sendet, kann genauso wie bei der Verringerung auf eine kleine Anbieterzahl von einer zuvor vorhandenen Vielzahl von Rundfunkveranstaltern durch horizontale Konzentration oder durch Ausscheiden von Anbietern aus dem Markt vorherrschende Meinungsmacht entstehen.[74] Einseitige Einflussnahme auf die Meinungsbildung kann auch durch internes Wachstum[75], durch vertikale und cross-mediale Zusammenschlüsse[76],

71 Eingehend dazu *Paal*, Medienvielfalt und Wettbewerbsrecht, S. 80f. m.w.N.; *Hallenberger*, Dimensionen des Begriffs „Vielfalt", in: Kohl (Hrsg.), Vielfalt im Rundfunk, S. 11.

72 BVerfGE 73, 118 (160).

73 BVerfGE 73, 118 (160).

74 BVerfGE 73, 118 (172).

75 BVerfGE 73, 118 (172).

76 Im *Niedersachsen*-Urteil (BVerfGE 73, 118 (175) nimmt das BVerfG Bezug auf die Verbindung von Rundfunk und Presse. Im *DFS*-Beschluss (BVerfGE 95, 163 (173)) unterscheidet es nicht zwischen einem vertikalen und einem cross-medialen

sowie durch Bildung von Informationsmonopolen[77] entstehen. Durch konzentrationsrechtliche Regelungen können solche Vorgänge derart kontrolliert werden, dass sie nicht zur Entstehung vorherrschender Meinungsmacht führen.[78] Dieser Auftrag ist als konzentrationsrechtliche Vorschrift in § 26 RStV und dabei insbesondere in dessen Absatz 2 umgesetzt worden. Absatz 1 der Vorschrift gewährleistet die Veranstalterfreiheit, solange keine vorherrschende Meinungsmacht erlangt wird.

Zusammenschluss. Beispielhaft nennt es die Verflechtung von Rundfunkveranstaltern mit Produktionsfirmen, Inhabern von Film- und Sportübertragungsrechten und Eigentümern von (Programm-) Zeitschriften.

77 Bei einem Informationsmonopol wird die Berichterstattung über Themen von allgemeiner Bedeutung oder allgemeinen Interessen von einem Rundfunkveranstalter wahrgenommen, BVerfGE 97, 228 (257f.).

78 BVerfGE 73, 118 (160).

Kapitel 2. Publizistischer Wettbewerb – Die Rundfunkkonzentrationskontrolle

Die Regulierung des privaten Rundfunks mit dem Ziel, die Vorgabe des Bundesverfassungsgerichts zu erfüllen, die Vielfalt der Meinungen im Rundfunk sicherzustellen und ebenso zu verhindern dass ein Rundfunkveranstalter zu vorherrschender Meinungsmacht gelangt, erfolgt anhand einer Vorschrift, die im Jahr 1997 in Kraft getreten ist und seitdem nicht wesentlich geändert wurde. Die Digitaltechnik, die seit Anfang/Mitte der 2000er verstärkt und heute fast ausschließlich genutzt wird, hat dazu geführt, dass sich der Rundfunkmarkt, wie auch insgesamt die Medienwelt, enorm gewandelt hat. Zu untersuchen gilt es, ob die Rundfunkkonzentrationskontrolle gem. § 26 RStV heute immer noch ein taugliches Instrument ist, um die Zielvorgabe zu erreichen.

A. Notwendigkeit einer Rundfunkkonzentrationskontrolle

Der Auftrag des Bundesverfassungsgerichts an den Gesetzgeber, eine positive Ordnung zu erlassen, die den Zugang, die Veranstaltung und insbesondere die Sicherung der Meinungsvielfalt respektive die Verhinderung vorherrschender Meinungsmacht im privaten Rundfunk regelt, wurde 1981 zu einer Zeit erlassen, die von Frequenzknappheit und hohem finanziellen Aufwand für die Veranstaltung von Rundfunk geprägt war. Damals war eine Medienwelt vorzufinden, die sich durch klar abgetrennte Mediengattungen und -bereiche kennzeichnete. Diese analoge Medienwelt ist mit der gegenwärtigen kaum mehr vergleichbar. Wer die Medienlandschaft heute beschreiben will, kommt nicht umhin, Bezug auf die Digitalisierung und die Konvergenz der Medien zu nehmen. Die Grenzen der verschiedenen Mediengattungen vermischen sich zusehends. Die Frequenzknappheit nimmt aufgrund der Empfangstechniken Terrestrik, Kabel, Satellit und IP-TV immer weiter ab. Hinzu kommen eine Vielzahl von Online-Angeboten von denen einige als Rundfunk, einige als Telemedien einzuordnen sind[79]. Es verwundert daher nicht, dass der Ruf nach Abschaffung einer spezifischen Rundfunkkonzentrationskontrolle laut wird. Die Forderung einer positiven Ordnung sei ein Relikt der analogen Fernsehzeit und könne heute in der digitalen

79 Siehe zur Unterscheidung unten unter C. II. 2.

Zeit nicht mehr gelten.[80] Es wird die Überlegung angestellt, dass das Bundesverfassungsgericht nie ein spezifisches Rundfunkkonzentrationsrecht aufgrund von Frequenzknappheit und des finanziellen Aufwandes verlangt hätte, hätte es damals schon das Internet zur Verbreitung von Rundfunk gegeben.[81]

Im Folgenden ist der These, dass aufgrund der heute zur Verfügung stehenden medialen Angebote eine rundfunkspezifische Konzentrationskontrolle nicht mehr notwendig sei, nachzugehen. Bei der Beantwortung dieser Frage muss auch das Internet in die Betrachtung einbezogen werden.

I. Meinungsvielfalt des Internets

Mit Blick auf die Presse wird angenommen, dass sie aus sich heraus publizistische Vielfalt gewährleistet. Beim Rundfunk gilt diese Annahme hingegen nicht. Hier sei die Vielfalt durch eine positive Ordnung zusichern. Es ist zu untersuchen, welcher Regel das Internet folgt. Im Konkreten geht es dabei um die Beantwortung der Frage, ob das Internet ein „Marktplatz der Meinungen" ist oder es sich nur um ein „more of the same" handelt, indem die klassischen Medienanbieter das Kommunikationsmittel Internet zur Weiterverwertung und Konservierung ihrer Inhalte nutzen.

1. „Long Tail"-Theorie

Von *Chris Anderson* stammt die Theorie vom „Long Tail"[82], wonach sich im Internet ein „Long Tail" entwickle und so zur Vielfalt der Angebote beitrage. Seine These geht von der Annahme aus, dass Nischenprodukte im Internet äußerst gewinnbringend vermarktet und vertrieben werden können. Produkte, die im stationären Handel kaum nachgefragt werden, werden aus Kostengründen dort oftmals auch nicht angeboten.[83] Die Vertriebskosten und der benötigte Platz verringern sich im Internet beim hybriden Handel mit Waren und können sogar

80 *Schäferkordt*, Sechs Fragen zur Reform des Medienkonzentrationsrechts, in: Krautscheid/Schwartmann (Hrsg.), Fesseln für die Vielfalt?, S. 66. Andere Ansicht *Brinkmann*, ZUM 2013, 193 (199).

81 *Heinen*, Medienvielfaltsregulierung im digitalen Zeitalter, in: Krautscheid/Schwartmann (Hrsg.), Fesseln für die Vielfalt?, S. 49.

82 *Anderson*, The Long Tail, Wired, Issue 12.10, Oktober 2004. Diese Theorie führte er später in seinem Buch „The Long Tail – Der lange Schwanz. Nischenprodukte statt Massenmarkt – Das Geschäft der Zukunft" weiter aus. Der Name leitet sich von der graphischen Darstellung der Verkaufszahlen ab. Siehe hierzu *Anderson*, The Long Tail, S. 21 ff.

83 Siehe zur Ökonomie von Waren *Anderson*, The Long Tail, Wired, Issue 12.10, Oktober 2004; *Anderson*, The Long, S. 19ff.

fast vollständig entfallen beim Onlinehandel mit digitalen Produkten.[84] „This[85] is the world of scarcity. Now, with online distribution and retail, we are entering a world of abundance.“[86] *Anderson* fasst seine Theorie mit folgenden Worten zusammen: "Unsere Kultur und Wirtschaft orientieren sich nicht mehr wie früher an einer relativ kleinen Anzahl von Hits (Produkte und Märkte für die breite Masse) an der Spitze der Nachfragekurve, sondern bewegen sich auf eine Vielzahl von Nischen zu. In einer Zeit ohne ökonomische Beschränkungen wie Regalfläche und andere logistische Engpässe können Güter und Dienstleistungen für eine stark begrenzte Zielgruppe wirtschaftlich so attraktiv sein wie die Produkte für den Massenmarkt."[87] Das Entstehen dieses Long Tails wird durch die drei Faktoren Demokratisierung der Produktionsmittel[88], Demokratisierung der Vertriebsmittel[89] und die Verbindung zwischen Angebot und Nachfrage[90] hervorgerufen.[91] Ein Musikhit[92] und ein kaum gefragter Titel stünden Online deshalb wirtschaftlich auf einer Stufe.[93] Das Internet hat eine Möglichkeit geschaffen, Produkte, die nur von wenigen nachgefragt werden, verfügbar zu machen. Jeder Musiktitel findet im Internet mindestens einen Abnehmer.[94] All diese Nischenprodukte bilden den „Long Tail“, den langen Schwanz der verkaufsstarken Produkte.[95] Diese Nischenprodukte bilden dabei einen nicht unbeachtlichen Anteil des Gesamtumsatzes eines Warensegments.[96]

---

84 *Anderson*, The Long Tail, S. 27.

85 Hiermit ist die Offlinewelt, d. h. der stationäre Handel, gemeint.

86 *Anderson*, The Long Tail, Wired, Issue 12.10, Oktober 2004; *Anderson*, The Long Tail, S. 21.

87 *Anderson*, The Long Tail, S. 61.

88 Siehe dazu *Anderson*, The Long Tail, S. 63f.

89 Siehe dazu *Anderson*, The Long Tail, S. 64f.

90 Siehe dazu *Anderson*, The Long Tail, S. 65f.

91 *Anderson*, The Long Tail, S. 63ff.

92 Seine Theorie des Long Tails erarbeitet *Anderson* auf Grundlage von Musiktitel und ihren Verkaufszahlen. In seiner Abhandlung greift er stets auf die Musikbranche zurück.

93 „A hit and a miss are on equal economic footing.“ *Anderson*, The Long Tail, Wired, Issue 12.10, Oktober 2004; *Anderson*, The Long Tail, S. 27.

94 *Anderson*, The Long Tail, S. 24. Siehe auch auf den S. 7ff. die „98-Prozent-Regel“.

95 *Anderson*, The Long Tail, Wired, Issue 12.10, Oktober 2004; *Anderson*, The Long Tail, S. 21 ff.

96 *Anderson*, The Long Tail, S. 25f., 62 Nr. 5, 157. Die Nischenprodukte können daher durchaus mit ihrer Gesamtumsatzstärke in Konkurrenz zum Umsatz der Hits treten. Nach *Anderson* setzt der Long Tail die Pareto-Verteilung („80:20-Regel“ wonach 20% der Waren 80% der Umsätze erwirtschaften) nicht außer Kraft, relativiert sie aber (S. 153ff.).

Das Phänomen des „Long Tails" sieht *Anderson* auch für den Rundfunk bestätigt.[97] Ein Rundfunkveranstalter kann nur so viel ausstrahlen, wie seine Frequenzen hergeben und auch nur maximal 24 Stunden pro Tag.[98] Tatsächlich werden aber viel mehr Stunden produziert.[99] Rundfunkveranstalter selektieren ihr auszustrahlendes Programm nach Massenattraktivität, da sich so Werbeeinnahmen generieren lassen. Nicht gesendetes Material kann ohne großen Aufwand ins Internet gestellt werden und so einer breiten Öffentlichkeit und einer Interessengemeinschaft zugänglich gemacht werden.

2. Gutachten von Neuberger *und* Lobigs

Die Prämisse der Long Tail-Theorie, wonach das Internet grundsätzlich zu mehr Vielfalt beitrage, spiegelt sich im Grundsatz auch in einem Gutachten[100] von *Neuberger* und *Lobigs* wider. Ausgehend davon, dass das Internet sowohl vielfaltsfördernde[101] als auch vielfaltsmindernde[102] Faktoren aufweise, kann das Ergebnis nicht eindeutig zugunsten der Aussage ausfallen, dass das Internet zu mehr Vielfalt führt. Vielmehr ist zu differenzieren. Zunächst ist positiv festzustellen, dass das Internet einen erleichterten Zugang zur Öffentlichkeit bietet. Das Internet kann von jedem als Meinungsplattform genutzt werden. Dadurch vergrößert sich grundsätzlich die strukturelle Vielfalt. Bürger, Interessengruppen und politische Akteure, die in den klassischen Medien nicht wahrgenommen werden, erhalten eine Möglichkeit ihre Meinungen, Argumente und Themen zu artikulieren.[103] Fokussiert man die Betrachtung hingegen allein auf journalistisch relevante Angebote, ist tendenziell eher ein „more of the same" festzustellen.[104] Ein Großteil der journalistisch relevanten Internetangebote wird von den traditionellen Medien publiziert. Nicht einmal ein Viertel der Angebote stammt von ausschließlich für das Internet

97 *Anderson*, The Long Tail, S. 231ff.

98 *Anderson*, The Long Tail, S. 20.

99 *Anderson*, The Long Tail, S. 236.

100 *Neuberger/Lobigs*, Die Bedeutung des Internets im Rahmen der Vielfaltssicherung.

101 Dazu *Neuberger/Lobigs*, Die Bedeutung des Internets im Rahmen der Vielfaltssicherung, S. 34f.

102 Dazu *Neuberger/Lobigs*, Die Bedeutung des Internets im Rahmen der Vielfaltssicherung, S. 35ff.

103 *Neuberger/Lobigs*, Die Bedeutung des Internets im Rahmen der Vielfaltssicherung. S. 34.

104 *Neuberger/Lobigs*, Die Bedeutung des Internets im Rahmen der Vielfaltssicherung, S. 38.

produzierenden professionellen Anbietern.[105] Die Dominanz der klassischen Medien liegt zu einem großen Teil an der schwierigen Refinanzierung von Onlineangeboten. Die Internetnutzer sind weitgehend immer noch von der Vorstellung geprägt, dass journalistische Angebote im Internet kostenlos verfügbar sein müssen. Das macht es schwierig, praktikable Finanzierungsmodelle zu etablieren. Im Gegensatz zu reinen Internetanbietern können klassische Medienanbieter ihr Onlineangebot mit Umsätzen aus der Offlinewelt quersubventionieren.[106] Bei der Einführung von Bezahlangeboten haben traditionelle Medienanbieter gegenüber den ausschließlichen Internetanbietern zudem den Vorteil, dass die Marke aus der Offlinewelt bekannt ist. Diese Finanzierungsproblematik führt aber auch bei den klassischen Medienanbietern dazu, dass sie mit ihren Angeboten im Internet überwiegend eine Zweitverwertung betreiben. Exklusiv für das Onlineangebot produzierte Angebote sind selten.[107] Besonders bei der Presse ist aber auffällig, dass die online weiterverwerteten Angebote auch nach Erscheinen bearbeitet, aktualisiert und durch Verlinkung von Zusatzinformationen breiter aufbereitet werden. Rundfunkanbieter verzichten auf stetige Aktualisierungen und nutzen das Internet als reine Verwertungsplattform.[108] Die Verwertung im Internet hat den positiven Effekt, dass Publikationen im Internet archiviert und damit zeitlich unabhängig zugänglich gemacht werden.[109]

3. Stellungnahme

Der klassische Rundfunk nutzt das Internet hauptsächlich als Plattform zur Weiterverwertung seines Materials aus der Offlinewelt. In eigenen Mediatheken und auf Plattformen werden teilweise ganze Sendungen, oft auch nur die Highlights einer Sendung, als so genanntes Catch-Up-TV, bereitgestellt. Daneben wird, wenn überhaupt, von Fernsehsendern nur im begrenzten Umfang originäres Web-Content produziert. Der von *Anderson* beschriebene Long Tail

---

105 *Neuberger/Lobigs*, Die Bedeutung des Internets im Rahmen der Vielfaltssicherung, S. 37 Tabelle I.6.

106 *Neuberger/Lobigs*, Die Bedeutung des Internets im Rahmen der Vielfaltssicherung, S. 36f.

107 *Neuberger/Lobigs*, Die Bedeutung des Internets im Rahmen der Vielfaltssicherung, S. 37f.

108 *Neuberger/Lobigs*, Die Bedeutung des Internets im Rahmen der Vielfaltssicherung, S. 32f.

109 *Neuberger/Lobigs*, Die Bedeutung des Internets im Rahmen der Vielfaltssicherung, S. 35.

im Internet hat im Hinblick auf den klassischen linearen Rundfunk nur eine untergeordnete Bedeutung. Hier setzt sich die These vom „more of the same" durch. Mit der Weiterverwertung wird die TV-Sendermarke ins Internet transferiert. Dadurch steigt im Sinne der Verstärkungsthese von *Sjurts/Malzanini* das Meinungsbeeinflussungspotential dieser Sender.[110] Hinsichtlich sonstiger Angebote und mit Blick auf originär für das Web produzierten Content hat die Long Tail-These hingegen Bestand: Privatpersonen, Vereine, Interessengemeinschaften und andere organisierte Gruppen, sowie kleine Online-Unternehmen finden im Internet eine Plattform, um ihre „Special Interest"-Inhalte publik zu machen. Allerdings ist auch zu verzeichnen, dass durch die Vielzahl an Nischenprodukten und Special-Interest-Angeboten auf der Nachfrageseite eine Fragmentierung der Nutzergruppen im Sinne von Teilöffentlichkeiten entsteht.[111] Nur diejenigen, die an dem speziellen Angebot Interesse haben, nutzen es auch. Ihre Interessen und Einstellungen werden dadurch gefestigt. Anderen wird ohne eine gezielte Suche danach der Inhalt des Angebots verborgen bleiben. Nur weil etwas im Internet veröffentlich wurde, ist es noch lange „nicht ‚öffentlich' im Sinne von ‚öffentlich bekannt'"[112]. Das Internet ist insofern ein Paradoxon. Es bietet zunächst einen fast grenzenlosen Raum für die öffentliche Meinungsbildung durch professionelle, semi- und unprofessionelle Angebote. Dieses Überangebot führt aber zur Bildung von Teilöffentlichkeiten und einer Verengung der Themenagenda. Es werden nur jene Themen wahrgenommen, nach denen bewusst gesucht wird. Der klassische Rundfunk wie auch die gedruckte Presse hingegen publizieren ein breites Themenspektrum, wodurch die Themenagenda der Nutzer erweitert wird.[113] Wegen der einfachen Zugänglichkeit des Internets und der selbstständigen Informationsveröffentlichung durch Verbände und organisierten (Interessen-) Gruppen, sind diese nicht mehr darauf angewiesen ihrem Anliegen durch Rundfunk und Zeitungen Gehör zu verschaffen.[114] Eine Disintermediation entwickelt sich im Internet und das Gatekeeper-Monopol der klassischen Medien verringert sich. Ein so zu vermutender Bedeutungsverlust der Presse und des Rundfunks als Medium und Faktor wird in absehbarer Zukunft aber noch nicht

---

110 *Sjurts/Malzanini*, Medienwirtschaft 2007, 42 (45); *Neuberger/Lobigs*, Die Bedeutung des Internets im Rahmen der Vielfaltssicherung, S. 198, These 4.

111 Siehe zur Fragmentierung auch *Anderson*, The Long Tail, S. 31ff., insbes. S. 43f., S. 61.

112 *Held*, Online-Angebote öffentlich-rechtlicher Rundfunkanstalten, S. 98.

113 *Held*, Online-Angebote öffentlich-rechtlicher Rundfunkanstalten, S. 93. Siehe zur Verengung der Themenagenda bei der Online-Presse im Vergleich zur gedruckten Zeitung die Studie von *Schönbach/de Waal/Lauf*, EJC 2005, 245 (245ff.).

114 *Held*, Online-Angebote öffentlich-rechtlicher Rundfunkanstalten, S. 93.

anzunehmen sein. Zum einen wegen des eben benannten Informationsüberflusses und der vergleichsweise schwierigen Auffindbarkeit von Informationen. Der klassische Rundfunk wie auch die klassische Presse übernehmen neben den Suchmaschinen und sozialen Netzwerken die Rolle eines Navigators. Zum anderen genießen Presse und Rundfunk nach wie vor eine hohe Glaubwürdigkeit bei der Publikation von Informationen.[115]

II. Das Fernsehen als Leitmedium

Im jüngsten Rundfunkurteil aus März 2014 hat das Bundesverfassungsgericht, als es mit der Frage befasst war, wie staatsfern der ZDF-Fernsehrat zusammengesetzt sein muss, erneut betont, dass es zur Gewährleistung der Rundfunkfreiheit und der Sicherung von Vielfalt einer positiven Rundfunkordnung bedürfe. Das Bundesverfassungsgericht begründet dies wie schon seit dem 8. Rundfunkurteil aus dem Jahr 1994[116] mit der Breitenwirkung, Aktualität und Suggestivkraft des Fernsehens. Darüber hinaus ist es der Ansicht, dass die neuen Technologien diese Wirkung noch mehr verstärken. Die Digitalisierung und die dadurch hervorgerufene Konvergenz hätten zu einer Vergrößerung und Ausdifferenzierung des Angebots und der Verbreitungsformen und -wege geführt sowie neuartige programmbezogene Dienstleistungen ermöglicht.[117]

Diese Behauptung, die im Grunde davon ausgeht, dass das Fernsehen aufgrund seiner Wirkungsweise noch immer ein Leitmedium sei, wird durch Ergebnisse der Medienwirkungsforschung zum Mediennutzungsverhalten bestätigt. Im rechtswissenschaftlichen Kontext ist Voraussetzung für die Einordnung eines medialen Angebots als Leitmedium, dass es in der Lage ist auf die Meinung und Einstellung der Rezipienten Einfluss nehmen zu können.[118] Studien zum Agenda

115 *KEK*, 15. Jahresbericht, Berichtszeitraum 1.07.2011 bis 30.06.2012, S. 94. Siehe dazu auch *Hasebrink/Schmidt*, Informationsrepertoire der deutschen Bevölkerung, S. 71.

116 BVerfGE 90, 60 (87).

117 BVerfG, Urteil vom 25.03.2014, Az. 1 BvF 1/11 und 4/11, Rdnr. 34 mit Verweis auf BVerfGE 119, 181 (215), BVerfGE 121, 30 (51).

118 Der Begriff „Leitmedium“ hat bisher keine allgemeine Definition gefunden. Das liegt daran, dass die unterschiedlichen wissenschaftlichen Disziplinen, allen voran die geisteswissenschaftlich geprägte Medienwissenschaft und die sozialwissenschaftlich geprägte Kommunikationswissenschaft unterschiedliche Schwerpunkte in ihrer jeweiligen Forschung setzen. Eingehend dazu *Hasebrink u.a.*, Leitmedium Internet?, S. 17ff. Siehe zur rechtswissenschaftlichen Einordnung des Begriffs *Hasebrink u.a.*, Leitmedium Internet?, S. 34.

Setting[119] haben gezeigt, dass eine Korrelation zwischen der Themenwahrnehmung und -gewichtung beim Publikum und der Berichterstattung über Themen in den klassischen Medien und der dort erfolgten Gewichtung und Priorisierung besteht.[120] Des Weiteren wurde aber auch erkannt, dass die Agenda Setting Wirkung von weiteren Faktoren wie die persönliche Erfahrbarkeit und Betroffenheit von Themen sowie die interpersonale Kommunikation abhängig ist.[121] Außerdem wirken die Medien als Agenda Setter bei den Rezipienten stärker, die Orientierung durch die Medien suchen und/oder die Medien sehr häufig nutzen.[122]

Das Fernsehen nimmt laut der aktuellen ARD/ZDF-Langzeitstudie Massenkommunikation[123] aus dem Jahr 2015 mit einer durchschnittlichen täglichen Sehdauer von rund 3,5 Stunden[124] den Spitzenplatz beim Medienkonsum der Gesamtbevölkerung[125] ein. Ausgehend von einer Gesamtnutzungszeit aller

---

119 Erste rudimentäre Überlegungen zum Agenda Setting finden sich bei *Lippmann*. Im ersten Kapitel seines 1922 erschienenen Werkes „Public Opinion", das den pointierten Titel „The World Outside and the Pictures in Our Heads" trägt, beschreibt er, dass die Welt, wie wir sie sehen und uns (in unserem Kopf) vorstellen von den Informationen, die wir zur Vorstellung benötigen, abhängen (*Lippmann*, Public Opinion, S. 3ff.; *Jäckel*, Medienwirkungen, S. 190). Gut 40 Jahre später stellte *Cohen* fest, „[...] that the press is significantly more than a purveyor of information and opinion. It may not be successful much of the time in telling people *what to think*, but it is stunningly successful in telling its readers *what to think about*. And it follows from this that the world looks different to different people, depending [...] on the map that is drawn for them by writers, editors, and publishers of the paper they read." (*Cohen*, The Press and Foreign Policy, S. 13). Diese theoretischen Überlegungen mündeten schließlich 1968 in die Chapel Hill Studie von *McCombs* und *Shaw*, die die These, dass die Agenda der Medien (Medienagenda) die Agenda des Publikums (Publikumsagenda) beeinflusse, erstmals praktisch untersuchten (*McCombs/Shaw*, The Public Opinion Quarterly, Vol. 36 (1972), 176ff.). Sie gilt als Beginn der seitdem so genannten Agenda Setting Theorie (*Bonfadelli/Friemel*, Medienwirkungsforschung, S. 181).

120 *Bonfadelli/Friemel*, Medienwirkungsforschung, S. 181.

121 *Bonfadelli/Friemel/Wirth*, Medienwirkungsforschung, in: Bonfadelli/Jarren/Siegert (Hrsg.), Einführung in die Publizistikwissenschaft, S. 627f.

122 *Bonfadelli/Friemel/Wirth*, Medienwirkungsforschung, in: Bonfadelli/Jarren/Siegert (Hrsg.), Einführung in die Publizistikwissenschaft, S. 628.

123 Erstmals 1964 und ab 1970 im fünfjährigen Rhythmus ermittelt die ARD/ZDF-Medienkommission das Nutzungsverhalten der Rezipienten. Die Ergebnisse der Studie aus 2015 sind bisher nur in der Fachzeitschrift Media-Perspektiven veröffentlicht.

124 *Engel/Breunig*, Media Perspektiven 7-8/2015, 310 (312).

125 Zur Gesamtbevölkerung gehören im Rahmen der ARD/ZDF-Langzeitstudie Massenkommunikation alle Personen ab 14 Jahre.

Medien[126] von 566 Minuten, also fast 9,5 Stunden am Tag[127], macht das 37 %[128] aus. Im Vergleich dazu ist die Gesamtbevölkerung täglich nur rund 107 Minuten online[129]. Bei dieser Onlinenutzung entfallen wiederum im Durchschnitt nur rund 9 Minuten auf die Nutzung von tagesaktuellen Medien, wozu das Fernsehen, das Radiohören und das Lesen von Tageszeitungen im Internet gehören.[130] Der überwiegende Teil der Zeit im Internet wird für nichtmediale Zwecke wie Kommunikation, Shopping, Spiele, Recherche und sonstiges genutzt.[131] Das erklärt sich daraus, dass das Internet nicht nur eine Verbreitungsplattform im Sinne einer Übertragungstechnik für die klassischen Medien Fernsehen, Radio und Zeitungen, sondern selbst auch ein Contentmedium für Dienstleistungen und Informationen ist.[132] Betrachtet man den Bereich der Bewegtbildnutzung im Internet genauer, ist zunächst festzustellen, dass das Angebot von Bewegtbildern im Internet in den letzten Jahren zugenommen hat. Die These, dass hierdurch das klassische Fernsehen an Bedeutung verlieren würde, lässt sich mit Blick auf die Nutzungszahlen aus dem Jahr 2015 nicht bestätigen. Klassisches lineares Fernsehen ist auch in Zeiten des großen Angebots von Bewegtbildern auf Onlinevideoportalen (Streaming- und VoD-Plattformen, Mediatheken) das meistgenutzte Bewegtbildangebot.[133] Zwar gucken 65% der Gesamtbevölkerung gelegentlich Videos[134] im Internet. Bisher hat aber keine Habitualisierung der Nutzung von Videos im Internet stattgefunden. Nur ein Fünftel der Gesamtbevölkerung sieht sich täglich Videos im Internet an.[135] Mit Blick auf Angebote

---

126 Im Rahmen der ARD/ZDF-Langzeitstudie Massenkommunikation zählen zu den Medien Zeitschriften, Bücher, Video/DVD, CDs/MP3 sowie die tagesaktuellen Medien Fernsehen, Radio, Zeitungen und das Internet, *Engel/Breunig*, Media Perspektiven 7-8/2015, 310 (312).

127 *Engel/Breunig*, Media Perspektiven 7-8/2015, 310 (312).

128 *Engel/Breunig*, Media Perspektiven 7-8/2015, 310 (313 Abb. 2).

129 *Engel/Breunig*, Media Perspektiven 7-8/2015, 310 (312).

130 *Engel/Breunig*, Media Perspektiven 7-8/2015, 310 (314f.).

131 *Engel/Breunig*, Media Perspektiven 7-8/2015, 310 (315).

132 *Breunig/Engel*, Media Perspektiven 7-8/2015, 323 (333).

133 *Egger/van Eimeren*, Media Perspektiven 2/2016, 108 (112).

134 Video meint in diesem Kontext das gesamte Bewegtbildangebot. Umfasst sind hiervon die Bewegtbildnutzung auf Videoportalen wie YouTube, Clipfisch und MyVideo, Videonutzung auf Facebook, Nutzung von Video-Streaming-Dienste wie Netflix, Amazon Video, Maxdome, Mediatheken der Fernsehsender, sowie Live-Streaming-Dienste, u.s.w. Siehe dazu *Egger/van Eimeren*, Media Perspektiven 2/2016, 108 (111 Tab. 1).

135 *Egger/van Eimeren*, Media Perspektiven 2/2016, 108 (111 Tab. 1)

von Fernsehsendern und deren Nutzung ergibt sich, dass das gelegentliche zeitversetzte Sehen von Fernsehsendungen von nicht einmal einem Drittel genutzt wird. Die tägliche Nutzung von Mediatheken der Fernsehsender und anderen Onlinevideoportalen, die zeitversetztes Fernsehen ermöglichen, liegt sogar nur bei 2%.[136]

Ferngesehen wird zwar auch schon ab dem Nachmittag, die meiste Nutzung entfällt aber nach wie vor auf den Abend.[137] Während des Konsums genießt das Fernsehen eine fast ungeteilte Aufmerksamkeit. Eine parallele Nutzung von Fernsehen und einem anderem medialen Angebot geschieht nur zu einem geringen Anteil.[138] Das Internet ist demgegenüber ein stetiges Tagesbegleitmedium und hat keinen festen Platz im Tagesablauf.[139] Im Vergleich zum Fernsehen wird das Internet öfters zeitgleich mit anderen medialen Angeboten genutzt.[140]

In der Gesamtbevölkerung wird das Fernsehen an erster Stelle als Informationsquelle genutzt. An zweiter und dritter Position stehen der Spaß- und Entspannungsfaktor.[141] Die Nutzungsmotive des Internets liegen hauptsächlich in der Informationsrecherche und dem Spaß.[142] Obwohl beim Fernsehen und beim Internet das Informationsbedürfnis vorrangig ist, unterscheiden sich die nachgefragten Informationen. Im Internet werden zu einem sehr großen Anteil Nützliches für den Alltag und allgemeine Informationen gesucht.[143] Die (politische) Meinungsbildungsrelevanz ist dabei gering. Hingegen wird das Fernsehen genutzt, um sich über das Weltgeschehen und über Deutschland zu informieren.[144] Das Fernsehen wird damit zur Meinungsbildung über relevante politische Themen herangezogen.

---

136 *Egger/van Eimeren*, Media Perspektiven 2/2016, 108 (111 Tab. 1).

137 *Engel/Breunig*, Media Perspektiven 7-8/2015, 310 (314).

138 *Best/Handel*, Media Perspektiven 12/2015, 542 (547 Abb.1). 88% der Nutzungsdauer erfolgt exklusiv.

139 *Engel/Breunig*, Media Perspektiven 7-8/2015, 310 (314).

140 *Best/Handel*, Media Perspektiven 12/2015, 542 (547 Abb.1). 71% der Nutzungsdauer erfolgt exklusiv.

141 *Breunig/Engel*, Media Perspektiven 7-8/2015, 323 (324).

142 *Breunig/Engel*, Media Perspektiven 7-8/2015, 323 (328).

143 *Breunig/Engel*, Media Perspektiven 7-8/2015, 323 (328).

144 *Hasebrink/Schmidt*, Informationsrepertoires der deutschen Bevölkerung, S. 28ff. (Tabelle 3.9), 71. Dass das Fernsehen die erste Wahl ist, um Nachrichten zu rezipieren zeigt auch der *Reuters Institute Digital News Report 2014*, S. 44. Danach nutzen 56% der Befragten das Fernsehen, um Nachrichten zu schauen. Radio, Zeitungen (Print) und das Internet (inkl. Social Media) liegen mit 13%, 11% und 19% weit dahinter.

III. Zwischenergebnis

Der Wandel der Medienwelt hat nicht dazu geführt, dass es keiner positiven Rundfunkordnung zur Sicherung der Meinungsvielfalt und Verhinderung vorherrschender Meinungsmacht mehr bedürfe. Dieses Ergebnis hat, wie gezeigt, mehrere Gründe. Zum ersten kann die Annahme, aufgrund der zunehmenden Nutzung des Internets bedürfe es einer Rundfunkregulierung nicht mehr, nicht als bestätigt gelten. Das Internet wird seinem Ruf, ein meinungsbildungrelevantes Medium zu sein, nur bedingt gerecht. Ein Großteil der im Internet verfügbaren Medienangebote wird von den klassischen Medien bereitgestellt, so dass sich hier kein Marktplatz der Meinungen findet, sondern ein „more of the same". Besonders das Fernsehen nutzt das Internet als weiteren Verbreitungsweg. Auf diese Weise wird einerseits ein Markentransfer in das Internet und andererseits ein positiver Effekt auf die Zuschauerzahl im linearen Fernsehen angestrebt. Das Internet ist damit keinesfalls in der Lage, vorherrschender Meinungsmacht im Fernsehen entgegenzuwirken. Zum zweiten ist das Fernsehen immer noch ein Leitmedium bei der politischen Meinungsbildung. Als meistgenutztes tagesaktuelles Medium nimmt es eine große Bedeutung als Agenda Setter ein. Insbesondere bei Themen zum Weltgeschehen und Themen, die die deutsche Politik betreffen, informiert sich die Bevölkerung durch das Fernsehen. Vor dem Hintergrund der Rechtsprechung des Bundesverfassungsgerichts zum Erfordernis einer positiven Rundfunkordnung ist schließlich zu konstatieren, dass der private Rundfunk gerade auch in Zeiten der Digitalisierung und der Konvergenz weiterhin davor geschützt werden muss, dass ein Rundfunkanbieter zu vorherrschender Meinungsmacht gelangt. Die Digitalisierung und die dadurch hervorgerufene Konvergenz führen zu Konzentrationsprozessen in der Medienwelt. Vor Konzentrationsprozessen und der Auswirkung auf die Meinungsvielfalt hat das Bundesverfassungsgericht schon in den Anfängen des privaten Rundfunks gewarnt.[145] Damals war lediglich die Ausgangslage eine andere. Zeitungsverleger strebten nach Beteiligung am Fernsehen und Rundfunkveranstalter verflechteten sich vertikal und cross-medial unter anderem mit Anbietern von Programmzeitschriften, Filmproduzenten und Inhabern von Sportübertragungs- und Filmrechten.

145 BVerfGE 73, 118 (172, 175); BVerfGE 95, 163 (173).

B. Medienspezifische Auswirkungen von Zusammenschlüssen

Welche Folgen aus einem cross-medialen Zusammenschluss resultieren, ist aus der *ex ante* Sicht schwer festzustellen. Es ist sozialwissenschaftlich aufgrund der Komplexität, Ursache-Wirkungs-Kette und Messbarkeit nicht möglich, einen empirischen Nachweis über cross-mediale Konzentrationsfolgen zu erbringen.[146] Es wird aber angenommen, dass cross-mediale Verflechtungen die gleichen Konzentrationsfolgen hervorrufen können, die auch aus horizontalen und vertikalen Zusammenschlüssen resultieren.[147] Im Folgenden werden einige mögliche Konzentrationsfolgen und ihre Auswirkungen auf die Gesellschaft in den Blick genommen.[148] Aufgrund dieser Erkenntnisse können ordnungspolitische Regeln geschaffen werden, die solche Auswirkungen gar nicht erst entstehen lassen oder repressiv bekämpfen.[149] Ein Beispiel einer solchen Regelung ist der § 26 II 2 RStV, der cross-mediale Zusammenschlüsse im Hinblick auf die Auswirkung auf die Meinungsvielfalt reguliert.

I. Homogenisierung der Inhalte

Bei einem Zusammenschluss kann aus Kostengründen eine Kooperation zwischen Redaktionen entstehen oder im Extremfall eine ganze Redaktion aufgelöst werden. Beide Formen haben Auswirkungen für den publizistischen Inhalt bis hin zu einer Homogenisierung.[150] Kooperieren Redaktionen miteinander kann ein verstärkter Inhaltsaustausch stattfinden. Dies kann einerseits zu Leistungssteigerungen führen[151], wenn erst durch Kooperationen Qualitätsjournalismus ermöglicht wird. Er kann aber andererseits auch zu einer vollständigen Angleichung der Inhalte führen.[152] Der Inhaltsaustausch kann sich auf vielfältigste Weise ausdrücken, wie zum Beispiel die Verständigung über Informationen zu bestimmten Themen. Mit der redaktionellen Kooperation kann auch eine Kooperation beim Zugriff auf Archive und die Nutzung der gleichen Ansprechpartner

---

146 *Trappel u.a.*, Die gesellschaftlichen Folgen der Medienkonzentration, S. 112.

147 *Heinrich*, Theorien der Medienverflechtung, in: Leonhard u.a. (Hrsg.), Medienwissenschaft, S. 210.

148 Für eine umfassende Übersicht, siehe *Trappel u.a.*, Die gesellschaftlichen Folgen der Medienkonzentration.

149 *Trappel u.a.*, Die gesellschaftlichen Folgen der Medienkonzentration, S. 112.

150 Vgl. im Folgenden zur Angebotsausdünnung und Homogenisierung *Trappel u.a.*, Die gesellschaftlichen Folgen der Medienkonzentration, S. 113.

151 *Trappel u.a.*, Die gesellschaftlichen Folgen der Medienkonzentration, S. 113.

152 *Trappel u.a.*, Die gesellschaftlichen Folgen der Medienkonzentration, S. 113.

und Experten einhergehen. Die Kooperation kann so weit gehen, dass Redaktionen ganze Beiträge von einander übernehmen.[153]

II. Mehrfachverwendung

Mit der Homogenisierung der Inhalte kann insbesondere bei cross-medialen Verflechtungen eine Mehrfachverwendung einhergehen. Eine Mehrfachverwendung besteht darin, dass nicht derselbe Beitrag in den unterschiedlichen Medienprodukten publiziert wird, sondern der thematische Inhalt des Beitrags.[154] Ein Fernsehredakteur kann sich für einen Filmbeitrag auf die Recherchearbeit des Printredakteurs stützen und sie als Ausgangspunkt für die eigene Recherche nutzen. Anders herum kann der Printjournalist einen Fernsehbeitrag als Grundlage für seinen Artikel in der Printausgabe nutzen.[155]

III. Abnahme der Selbstreflexion

Die Selbstkontrolle und Selbstreflexion ist eine Besonderheit der Medienbranche.[156] Mit einer kritischen Medienberichterstattung üben Medien nicht nur Kontrolle über andere Wirtschaftszweige und die Politik aus, sondern auch gegenseitige Kontrolle auf Einhaltung der publizistischen Sorgfaltspflichten. Durch zunehmende Verflechtung und Medienkonzentration verringert sich die Zahl der unabhängigen Medien. Dadurch kann die gegenseitige kritische Berichterstattung abnehmen.

IV. Informationsquellen

Zwischen Medien und den Informationsquellen aus den Bereichen Politik, Wirtschaft und Gesellschaft besteht ein Abhängigkeitsverhältnis. Informationsquellen ziehen horizontal und cross-medial verflochtene Medienunternehmen den nichtverflochtenen Monomedien vor. Der Grund liegt darin, dass sich die

---

153 Zu beobachten ist das beispielsweise im Zeitungsbereich darin, dass der Mantel gleich ist, während sich der Regionalteil unterscheidet. Im Fernsehen drückt sich die Homogenisierung dadurch aus, dass Fernsehsender einer Senderfamilie insbesondere bei Nachrichten- und Boulevardsendungen dieselben Einspieler nutzen. Eine solche inhaltliche Homogenisierung kann insbesondere bei horizontalen, aber auch cross-mediale Verflechtungen stattfinden.

154 *Rodenhausen*, Die Kontrolle von Medienkonglomeraten mittels des GWB, S. 34.

155 *Heinrich*, Theorien der Medienverflechtung, in: Leonhard u.a. (Hrsg.), Medienwissenschaft, S. 210.

156 *Trappel u.a.*, Die gesellschaftlichen Folgen der Medienkonzentration, S. 115.

Informationsquelle nur an einen Ansprechpartner im verflochtenen Unternehmen wenden muss, der wiederum die Information oder Nachricht im gesamten Medienunternehmen verbreitet. Die Information bekommt mit minimalem Aufwand bestmögliche Verbreitung. Deshalb gewähren diese Informationsquellen solchen konzentrierten Medien Exklusiv- und Vorabinformationen. Das Medienunternehmen wiederum setzt seine Position gegenüber den Informationsquellen ein, um gerade diese Exklusiv- und Vorabinformationen zu erhalten.[157]

V. Cross-Promotion

Durch eine cross-mediale Verflechtung können eigene Medienprodukte über verschiedene Mediengattungen verbreitet beworben werden. Diese Cross-Promotion[158] bietet nicht nur rein wirtschaftliche Vorteile. Durch Cross-Promotion gelangt ein Medienprodukt zu einer erhöhten Kenntnisnahme bei den Konsumenten. So kann ein Fernsehzuschauer auf eine Zeitung aufmerksam gemacht werden oder der Zeitungsleser auf eine bestimmte Sendung gelenkt werden. Hierdurch kann Einfluss auf das Mediennutzungsverhalten und im weiteren Verlauf auf die Meinungsbildung genommen werden. Diese Cross-Promotion beschränkt sich dabei nicht nur auf den Werbeteil, sondern findet auch im redaktionell gestalteten Teil statt.[159]

VI. Bedeutungszuwachs der Gatekeeper-Funktion

In einem konzentrierten Medienmarkt mit abnehmender Zahl unabhängiger Medien können die am Markt verbleibenden Medienunternehmen stärker in die Position gelangen, darüber zu entscheiden, welche Nachrichten und Themen veröffentlicht werden. Sie können aufgrund ihrer Marktstärke die Themenwahl unabhängig von der Konkurrenz treffen. Öffentlich-rechtliche Rundfunksender, die eine Grundversorgung der Bürger gewährleisten müssen, können nur bedingt dagegen ansteuern und als ausgleichende Kraft gesehen werden.[160] Die zunehmende Bedeutung der Gatekeeper-Funktion manifestiert sich darüber hinaus auch darin, dass diversifizierte Medienunternehmen, die in verschiedenen Medienteilbereiche publizieren, stärker als Monomedien Einfluss auf den öffentlichen politischen Diskurs nehmen können. Der Zugang zu verschiedenen

---

157 *Trappel u.a.*, Die gesellschaftlichen Folgen der Medienkonzentration, S. 115.

158 Siehe zur Cross-Promotion ausführlich Kapitel 3. B. II. 1. b. bb. (1).

159 *Trappel u.a.*, Die gesellschaftlichen Folgen der Medienkonzentration, S. 117.

160 *Trappel u.a.*, Die gesellschaftlichen Folgen der Medienkonzentration, S. 120

Medienplattformen verbessert die Möglichkeit festzulegen, über welche Themen diskutiert wird. Sie können die Akzentuierung der Themen festlegen[161]

VII. Lebens- und Kulturwelt

Während das Radio im Laufe der Zeit zu einem Tagesbegleitmedium geworden ist, bestimmen die Zeitung am Morgen und das Fernsehprogramm am Nachmittag und Abend unseren Tagesablauf. Medien geben unserem Tagesablauf dabei nicht nur eine Struktur, sondern sie bestimmen in erheblichem Maß auch unsere Meinung und Denkstrukturen. Durch zunehmende Konzentration und der daraus resultierenden Abnahme unabhängiger Medien wird die Meinungsbildung von einer kleinen Anzahl von Medienunternehmen beeinflusst. Die Beeinflussung fängt schon im Kindesalter mit den Kinder- und Jugendprogrammen an.[162] Auch im Kulturbereich sind die Medien Gatekeeper kultureller Ausdrucksformen. Medien entscheiden darüber, welche kulturellen Ereignisse der Öffentlichkeit mittels Berichterstattung in Zeitung, Fernsehen und Radio zugänglich gemacht werden. Mit zunehmender horizontaler und cross-medialer Verflechtung nehmen die Plattformen, durch die Ereignisse an die Öffentlichkeit gelangen können, ab.[163]

C. Rundfunkkonzentrationskontrolle nach dem RStV

Die vom Bundesverfassungsgericht verlangte positive Ordnung, die sicherstellt, dass keine oder einzelne gesellschaftliche Gruppen im Rundfunk zu vorherrschender Meinungsmacht gelangt[164], haben die Länder im Rundfunkstaatsvertrag umgesetzt. Zentrale Vorschrift für die Sicherung der Meinungsvielfalt im privaten Rundfunk ist § 26 RStV, der die Rundfunkkonzentrationskontrolle normiert. Weniger Bedeutung bei der Sicherung der Meinungsvielfalt hat § 25 RStV, der nicht an die Unternehmensstruktur und die erreichten Zuschaueranteile auf dem Rundfunkmarkt, sondern an das Programm anknüpft.

161 *Trappel u.a.*, Die gesellschaftlichen Folgen der Medienkonzentration, S. 120; *Meier*, APuZ B 12-13/2004, 3 (5).
162 *Trappel u.a.*, Die gesellschaftlichen Folgen der Medienkonzentration, S. 127.
163 *Trappel u.a.*, Die gesellschaftlichen Folgen der Medienkonzentration, S. 127.
164 BVerfGE 57, 295 (322).

I. Die KEK

Der 3. RÄStV hatte grundlegende Umgestaltungen des Rundfunkkonzentrationsrechts zur Folge. Das bis dahin geltende Beteiligungsmodell wurde vom Zuschaueranteilsmodell abgelöst. Außerdem wurde mit der Kommission zur Ermittlung der Konzentration im Medienbereich (KEK) die Medienaufsicht der Länder im Hinblick auf den bundesweiten privaten Rundfunk durch eine Institution ersetzt, die die Rundfunkkonzentrationskontrolle bundeseinheitlich wahrnimmt. Mit der Einführung einer bundeseinheitlichen Konzentrationskontrolle wurde auf die Kritik einer dysfunktionalen Medienaufsicht durch die Länder und der Gefahr der Standortpolitik reagiert.[165] Mit der in §§ 35ff. RStV vorgenommenen Ausgestaltung bleibt der Gesetzgeber aber der föderativen Rundfunkaufsicht mit dem Prinzip der Einzelzulassung durch die Sitzlandanstalt treu.[166] Die jeweils zuständige Landesmedienanstalt nimmt die Aufgaben nach § 36 RStV wahr. Zu dieser Aufgabenerfüllung bestehen gem. § 35 II RStV verschiedene Organe. Die KEK wird in § 35 II Nr. 3 RStV genannt, der die Grundlage ihrer Einrichtung bildet. Die KEK handelt bei ihrer Aufgabenerfüllung als Organ der Landesmedienanstalt. Sie ist kein selbstständiger Verwaltungsträger. Ihre Entscheidungen binden, wie § 35 IX 5 RStV normiert, nur die anderen Organe der zuständigen Landesmedienanstalt. Gegenüber Dritten tritt nicht die KEK als Entscheidungsträger auf, sondern die zuständige Landesmedienanstalt.[167] Aufgrund ihrer Stellung als Organ der zuständigen Landesmedienanstalt ist sie deshalb nach überwiegender Ansicht in einem Verwaltungsprozess auch weder beteiligtenfähig (§ 61 VwGO) noch beiladungsfähig (§ 65 VwGO).[168] Im Konzentrationskontrollverfahren stehen der KEK gem. § 37 IV RStV zwar die Verfahrensrechte nach §§ 21, 22 RStV zu, allerdings kann sie diese aufgrund ihrer Organstellung nur durch die Landesmedienanstalten wahrnehmen.[169] Die KEK verfügt über keine nach außen

---

165 *Grünwald*, in: Spindler/Schuster, Recht der elektronischen Medien, § 35 RStV Rdnr. 1; Amtl. Begr. zu § 35 3. RÄStV, abgedruckt bei *Hartstein/Ring/Kreile*, RStV, Bd. 2, § 35.

166 *Hepach*, ZUM 1999, 603.

167 *Renck-Laufke*, ZUM 2000, 369 (370).

168 BayVGH, Beschluss v. 3.04.2007, Az.: 7 C 06.3009 = ZUM 2007, 501; *Hepach*, ZUM 2007, 40 (42f.); *Hartstein/Ring/Kreile*, RStV, Bd. 2, 36. AL 12/2008, § 35 Rdnr. 5. Andere Ansicht *Renck-Laufke*, ZUM 2006, 907 (910).

169 Insofern ändert sich durch die Streichung „durch die Landesmedienanstalten“ im 10. RÄStV an dieser Auslegung nichts, da dieser Zusatz schon zuvor überflüssig war.

gerichteten Exekutivbefugnisse.[170] Die Landesmedienanstalten müssen die Verfahrenshandlungen, die die KEK vornimmt, durchleiten[171] und vertreten sie nach außen.[172]

Die KEK ist gem. § 36 IV RStV für die abschließende Beurteilung von Fragestellungen der Sicherung von Meinungsvielfalt im Zusammenhang mit der bundesweiten Veranstaltung von Fernsehprogrammen zuständig. Diese Zuständigkeit erstreckt sich gemäß dem nachfolgenden zweiten Satz auf die Entscheidung über eine Zulassung[173] oder Änderung einer Zulassung, auf die Bestätigung von Veränderungen von Beteiligungsverhältnissen als unbedenklich und auf vielfaltssichernde Maßnahmen gem. § 26 IV RStV. Neben diesen Kernkompetenzen hat sie Berichtspflichten[174] nach § 26 VI, VII RStV. Die KEK soll sich gemäß ihrer Kernkompetenzen mit den unterschiedlichen Aspekten der Konzentrationskontrolle befassen, weshalb teilweise vermutet wird, die Aufzählung sei unter Berücksichtigung der Verwendung von „im Rahmen des Satzes 1" und „insbesondere" nicht abschließend. Dem ist wohl insoweit zuzustimmen, als die KEK mit der Beurteilung von Meinungsvielfalt und der Verhinderung vorherrschender Meinungsmacht im bundesweiten Fernsehen befasst ist. Darüber hinausgehende Kompetenzen werden ihr nicht vermittelt.[175]

Bis zum 31.08.2008 setzte sich die KEK gem. § 35 III 1 RStV a.F. aus sechs Sachverständigen des Rundfunk- und des Wirtschaftsrechts und zwei Ersatzmitgliedern (§ 35 III 2 RStV a.F.) zusammen. Als eine Art Berufungs- und Revisionsinstanz[176] stand ihr die Konferenz der Direktoren der Landesmedienanstalten (KDLM) gegenüber. Sie konnte von derjenigen Landesmedienanstalt angerufen werden, die zur Umsetzung der Entscheidung der KEK verpflichtet und die mit

170 *Renck-Laufke*, ZUM 2000, 369 (371).

171 Dabei kommt den Landesmedienanstalten nur in sehr engen Grenzen ein Prüfungs- und Beanstandungsrecht hinsichtlich der Rechtmäßigkeit einer von der KEK verlangten Ermittlungsmaßnahme zu. In Analogie zum Beamtenrecht wird ihr ein Verweigerungsrecht zur Ausführung der Maßnahme nur zu gesprochen, wenn die zu erlassene Verfahrenshandlung eine Straftat ist, einen Bußgeldtatbestand erfüllt oder die Menschenwürde verletzt, *Neft*, ZUM 1999, 97 (101).

172 *Neft*, ZUM 1999, 97 (101).

173 Unter die Zulassung subsumiert *Renck-Laufke*, ZUM 2004, 344ff. auch die Sendelizenzverlängerung. Andere Ansicht *Stettner*, ZUM 2003, 891 (900).

174 *Neft*, ZUM 1999, 97 (99).

175 Siehe hierzu auch *Grünwald*, in: Spindler/Schuster, Recht der elektronischen Medien, § 36 RStV Rdnr. 8; *Gounalakis/Zagouras*, Medienkonzentrationsrecht, S. 168f.

176 *Clausen-Muradian*, ZUM 1996, 934 (942); *Hepach*, ZUM 1999, 603.

der Entscheidung nicht einverstanden war, § 37 II 1 RStV a.F. Der 10. RÄStV[177], der am 01.09.2008 in Kraft getreten ist, hat zu einer umfassenden Umstrukturierung geführt. Die KEK besteht seither gem. § 35 V 1 RStV aus sechs Sachverständigen des Rundfunk- und Wirtschaftsrechts (sowie zwei Ersatzmitgliedern, § 35 V 2 RStV) und sechs nach Landesrecht bestimmten gesetzlichen Vertretern der Landesmedienanstalten (sowie zwei Ersatzmitgliedern, § 35 V 8 RStV). Durch diese neue Zusammensetzung der KEK, wodurch sechs Direktoren der Landesmedienanstalten in die KEK inkorporiert wurden, wurde die KDLM als weitere Instanz zur Sicherung der Meinungsvielfalt überflüssig und aufgelöst.[178] Die KEK hat bei der Beurteilung betreffend die Sicherung der Meinungsvielfalt und Verhinderung vorherrschender Meinungsmacht einen Beurteilungsspielraum.[179]

II. Der Begriff des Rundfunks

Der RStV gilt gem. § 1 I RStV für die Veranstaltung und Verbreitung von Rundfunk. Die Konzentrationsvorschrift des § 26 RStV ist gem. § 39 RStV auf bundesweit sendende private Fernsehveranstalter zugeschnitten. Die Bezeichnungen Fernsehen und Rundfunk wurden bisher in dieser Arbeit synonym verwendet, obwohl Fernsehen genau genommen eine Unterkategorie des Rundfunks ist[180]. Im Rahmen dieser Arbeit ist in der Regel das Fernsehen gemeint, auch wenn der Begriff Rundfunk genutzt wird. Für die Anwendbarkeit der Rundfunkkonzentrationskontrolle stellt sich die Frage, was Fernsehen und Rundfunk ist. Das Sehen einer Sendung, die zu einer bestimmten Uhrzeit auf einem Fernsehapparat läuft, ist unstrittig Fernsehen. Ist es auch noch Fernsehen, wenn die gleiche Sendung als Catch-Up-TV im Internet in der Mediathek in voller Länge angeboten wird? Und wie ist der Sachverhalt einzuordnen,

---

177 Staatsvertrag für Rundfunk und Telemedien (Rundfunkstaatsvertrag -RStV-) vom 31.08.1991, in der Fassung von Artikel 1 des Zehnten Staatsvertrages zur Änderung rundfunkrechtlicher Staatsverträge vom 19.12.2007 (vgl. GBl. 2008), in Kraft getreten am 01.09.2008.

178 *Grünwald*, in: Spindler/Schuster, Recht der elektronischen Medien, § 35 RStV Rdnr. 2.

179 *Grünwald*, in: Spindler/Schuster, Recht der elektronischen Medien, § 35 RStV Rdnr. 17 m.w.N.; *Schuler-Harms*, in: Hahn/Vesting, Rundfunkrecht, § 35 RStV Rdnr. 71; VG München, Urteil v. 8.11.2007, Az. M 17 K 06.2675, Tz. 61; BVerwG, Urteil v. 24.11.2010, Az. 6 C 16.09, Rdnr. 42; BVerwG, Urteil v. 29.01.2014, Az. 6 C 2.13, Rdnr. 30.

180 Rundfunk sind Fernsehen und Hörfunk/Radio. Die Bezeichnung als Rundfunk hat technischen Ursprung. Siehe zur Etymologie *Beater*, Medienrecht, § 4 Rdnr. 199.

wenn die Sendung auf dem PC, dem Smartphone oder dem Tablet angeschaut werden kann? Wahlweise dabei zu einem vorgegeben Zeitpunkt, in Abspielschleifen oder nach eigenem Belieben durch Abruf? Um die Vorschriften zur Sicherung der Meinungsvielfalt und im Besonderen die cross-mediale Verflechtungsvorschrift des § 26 II 2 RStV analysieren und seine Gegenwarts- und Zukunftstauglichkeit bewerten zu können, muss als erstes herausgearbeitet werden, wann die Vorschrift zur Anwendung kommt. Es ist notwendig, den Begriff des Rundfunks zu definieren.

Das Bundesverfassungsgericht hat den für den Rundfunk zuständigen Landesgesetzgebern aufgegeben, eine positive Ordnung zur Regulierung der Rundfunkfreiheit zu errichten.[181] Weder die Rundfunkfreiheit in Art. 5 I 2 GG noch das Bundesverfassungsgericht schreiben dabei dem Gesetzgeber vor, wie diese positive Ordnung im Detail auszugestalten ist. Das Bundesverfassungsgericht beschränkt sich darauf, den Landesgesetzgebern allgemeine Vorgaben[182] an die Hand zu geben.[183] Dadurch war es dem Gesetzgeber unbenommen eine Medienordnung zu errichten, die sich an Begriffskategorien orientiert und eine abgestufte Regulierungstiefe zum Gegenstand hat.[184] Der Gesetzgeber differenziert zwischen Rundfunk und Telemedien[185]. Während der Rundfunk gem. § 20 I RStV zulassungspflichtig ist und den Konzentrationsregeln des § 26 RStV unterliegen, sind Telemedien gem. § 54 I 1 RStV, § 4 TMG zulassungsfrei.

---

181 St. Rspr. seit BVerfGE 57, 295 (320).

182 Vorgaben sind u.a. Staatsferne, Leitlinien der Rundfunkordnung, Verhinderung vorherrschender Meinungsmacht und Mindeststandard gleichgewichteter Vielfalt.

183 *Reinemann*, ZUM 2006, 523 (525).

184 *Reinemann*, ZUM 2006, 523 (525); *Schmid/Kitz*, ZUM 2009, 739 (739f.).

185 Telemedien fassen die Mediendienste und die Teledienste zusammen und sind seit 2007 im Telemediengesetz (TMG) sowie im RStV geregelt. Telemedien i.S.v. § 2 I 3 RStV, § 1 I 1 TMG sind alle elektronischen Informations- und Kommunikationsdienste, soweit sie nicht Telekommunikationsdienste nach § 3 Nr. 24 des Telekommunikationsgesetzes sind, die ganz in der Übertragung von Signalen über Telekommunikationsnetze bestehen oder telekommunikationsgestützte Dienste nach § 3 Nr. 25 des Telekommunikationsgesetzes oder Rundfunk nach § 2 I 1 RStV sind. Telemedien werden somit negativ vom Rundfunkbegriff abgegrenzt.

1. Der Rundfunkbegriff vor dem 12. RÄStV

Das Begriffsverständnis von Rundfunk im Rahmen des RStV hat sich gewandelt. Bis zum 12. RÄStV[186] lag dem RStV ein Rundfunkbegriff zugrunde, der dem Verständnis des verfassungsrechtlichen Rundfunkbegriffs[187] sehr ähnelte, ohne mit

---

186 Staatsvertrag für Rundfunk und Telemedien (Rundfunkstaatsvertrag) vom 31. August 1991, zuletzt geändert durch den Zwölften Rundfunkänderungsstaatsvertrag vom 18. Dezember 2008.

187 Der verfassungsrechtliche Rundfunkbegriff wurde vom Bundesverfassungsgericht selbst nicht definiert. In den Rundfunkentscheidungen beschränkt es sich darauf, die Anforderungen und Voraussetzungen des Rundfunks im Lichte der Gewährleistung der Rundfunkfreiheit nach Art. 5 I 2 GG zu beschreiben. In der ersten Rundfunkentscheidung, die auch als Magna Charta der Rundfunkverfassung gilt (*Herrmann/Lausen*, Rundfunkrecht, § 5 Rdnr. 31), wurde Rundfunk als unkörperliches über elektromagnetische Wellen verbreitetes Massenkommunikationsmittel aufgefasst (BVerfGE 12, 205 (226ff.)). Aus dieser Aussage lassen sich für das Verständnis des verfassungsrechtlichen Rundfunkbegriffs zwei Voraussetzungen herausarbeiten. Zum einen findet durch die elektronische Verbreitung eine Abgrenzung zur Presse statt. Zum anderen zeigt die Einordnung als Massenkommunikationsmittel, dass Rundfunk an die Allgemeinheit gerichtet und kein Instrument der privaten, also der Individualkommunikation, ist. Die Rundfunkfreiheit hat früh eine objektiv-rechtliche Interpretation durch das Bundesverfassungsgericht dahingehend erfahren, dass Rundfunk auch eine dienende Freiheit sei. Dabei trete er nicht nur als Medium der Informationsverbreitung auf, sondern nehme auch Einfluss auf die individuelle und öffentliche Meinungsbildung (Medium und Faktor Formel (BVerfGE 12, 205 (260)). Der Rundfunk habe durch seine Darbietungen in Bild und Ton eine besondere Meinungsbildungsrelevanz. Diese drücke sich durch seine Breitenwirkung, Aktualität und Suggestivkraft aus und grenze ihn gegenüber anderen Massenmedien ab (dazu BVerfGE 90, 60 (87)). Schon im *Baden-Württemberg*-Beschluss aus dem Jahr 1987 stellte das Bundesverfassungsgericht fest, dass sich der verfassungsrechtliche Rundfunkbegriff den wandelnden technischen Entwicklungen anpassen können müsse, um die Schutzfunktion der Rundfunkfreiheit in Art. 5 I 2 GG entfalten zu können. Es komme deshalb nicht auf den Verbreitungsweg an. Des Weiteren sollen auch rundfunkähnliche Kommunikationsdienste den Schutz der Rundfunkfreiheit genießen können (dazu BVerfGE 74, 297 (350f.); *Herrmann/Lausen*, Rundfunkrecht, § 5 Rdnr. 34). Aufgrund dieser den Rundfunk beschreibenden Herangehensweise kann das Bundesverfassungsgericht dem verfassungsrechtlichen Rundfunkbegriff ein funktionales und dynamisches Verständnis zugrunde legen. Rundfunk ist danach weit, entwicklungsoffen und technikneutral zu verstehen (*Gounalakis/Zagouras*, Medienkonzentrationsrecht, S. 4; *Reinemann*, ZUM 2006, 523 (525); *Schmid/Kitz*, ZUM 2009, 739). Im Schrifttum wird der verfassungsrechtliche Rundfunkbegriff definitorisch dahingehend konkretisiert, dass Rundfunk jede „Übermittlung von Gedanken

ihm identisch zu sein. § 2 I RStV a.F. normierte, dass Rundfunk die für die Allgemeinheit bestimmte Veranstaltung und Verbreitung von Darbietungen aller Art in Wort, in Ton und in Bild unter Benutzung elektromagnetischer Schwingungen ohne Verbindungsleitung oder längs oder mittels eines Leiters ist. Für die Einordnung eines Angebots musste dieses die Tatbestandsmerkmale Allgemeinheit, Darbietung und Verbreitung durch elektromagnetische Schwingungen erfüllen. Das Merkmal der Darbietung bildete den Schwerpunkt bei der Bestimmung des einfachgesetzlichen Rundfunkbegriffs im Sinne des RStV vor dem 12. RÄStV. Anhand der Darbietung wurde die Abgrenzung des Rundfunks zu den Telemedien vorgenommen.[188] Die Darbietung drückt die Meinungsbildungsrelevanz eines Mediums aus.[189] Zur Bestimmung der Meinungsbildungsrelevanz wurde die Begriffstrias des Bundesverfassungsgerichts[190], wonach Rundfunk aufgrund seiner Breitenwirkung, Aktualität und Suggestivkraft besondere Bedeutung für die gesellschaftliche Meinungsbildung besitze[191], herangezogen. Dem Rundfunk wurde im Vergleich zu den Telemedien größere Meinungsbildungsrelevanz zugesprochen, wodurch sich die strengeren regulatorischen Anforderungen an den Rundfunk begründeten.[192]

---

durch physische Wellen oder die Veranstaltung und Verbreitung von Darbietungen aller Art für die Allgemeinheit mit Hilfe elektromagnetischer Schwingungen [ist]" (*Gounalakis/Zagouras*, Medienkonzentrationsrecht, S. 4; *Herzog*, in: Maunz/Dürig, 67. Erglfg. (2013), Art. 5 GG Rdnr. 194; *Schemmer*, in: Epping/Hillgruber, Beck'scher Online-Kommentar GG, Art. 5 Rdnr. 66 m.w.N.). Für den verfassungsrechtlichen Rundfunkbegriff lassen sich somit drei Merkmale *Darbietungen, an die Allgemeinheit gerichtet* und die *Verwendung elektromagnetischer Schwingungen* für die Bestimmung des verfassungsrechtlichen Rundfunkbegriffs herauskristallisieren (*Schemmer*, in: Epping/Hillgruber, Beck'scher Online-Kommentar GG, Art. 5 Rdnr. 66; *Reinemann*, ZUM 2006, 523 (524)). Der Darbietung kommt im Rahmen des verfassungsrechtlichen Rundfunkbegriffs große Bedeutung zu. Das Merkmal beschreibt die Meinungsbildungsrelevanz eines Mediums und wird anhand seiner Breitenwirkung, Aktualität und Suggestivkraft gemessen.

188 *Schmid/Kitz*, ZUM 2009, 739 (740) m.w.N.; *Reinemann*, ZUM 2006, 523 (525f.); *Castendyk/Böttcher*, MMR 2008, 13 (14).

189 *Schmid/Kitz*, ZUM 2009, 739 (740) m.w.N.

190 BVerfGE 90, 60.

191 BVerfGE 90, 60 (87).

192 *Reinemann*, ZUM 2006, 523 (526).

2. Die Richtlinie über audiovisuelle Mediendienste (AVMD-Richtlinie)

Die Richtlinie über audiovisuelle Mediendienste (AVMD-Richtlinie)[193], die die Fernsehrichtlinie ablöste, führte zu einer Neuausrichtung des europäischen Rechtsrahmens zu audiovisuellen Diensten und auch zu einer Änderung des Verständnisses des einfachgesetzlichen Rundfunkbegriffs im Rahmen des RStV.

Galt die frühere Fernsehrichtlinie nur für die Fernsehtätigkeit im Binnenmarkt[194], hat die AVMD-Richtlinie ihrem Namen entsprechend den Anwendungsbereich auf audiovisuelle Mediendienste ausgeweitet. Sie normiert in Art. 1 I lit. a) Ziff. i) im Rahmen der Begriffsbestimmungen, dass der Ausdruck *audiovisueller Mediendienst* eine Dienstleistung bezeichnet, für die ein Mediendiensteanbieter[195] die redaktionelle Verantwortung trägt und deren Hauptzweck die Bereitstellung von Sendungen zur Information, Unterhaltung oder Bildung der allgemeinen Öffentlichkeit über elektronische Kommunikationsnetze ist.[196] Bei diesen audiovisuellen Mediendiensten handelt es sich entweder um Fernsehprogramme oder um audiovisuelle Mediendienste auf Abruf. Art. 1 I lit. e) definiert den Begriff *Fernsehprogramm* (d. h. ein linearer audiovisueller Mediendienst) als einen audiovisuellen Mediendienst, der von einem Mediendiensteanbieter für den zeitgleichen Empfang von Sendungen auf der Grundlage eines Sendeplans bereitgestellt wird. Ein *audiovisueller Mediendienst auf Abruf* ist dahingegen nach Art. 1 I lit. g) definiert als ein audiovisueller Mediendienst, der von einem Mediendiensteanbieter für den Empfang zu dem vom Nutzer gewählten Zeitpunkt und auf dessen individuellen

---

193 Richtlinie 2007/65/EG des Europäischen Parlaments und des Rates vom 11. Dezember 2007 zur Änderung der Richtlinie 89/552/EWG des Rates zur Koordinierung bestimmter Rechts und Verwaltungsvorschriften der Mitgliedstaaten über die Ausübung der Fernsehtätigkeit, ABl. L 223, S. 27. Die Richtlinie wurde mittlerweile kodifiziert: Richtlinie 2010/13/EU des Europäischen Parlaments und des Rates vom 10. März 2010 zur Koordinierung bestimmter Rechts- und Verwaltungsvorschriften der Mitgliedstaaten über die Bereitstellung audiovisueller Mediendienste (Richtlinie über audiovisuelle Mediendienste) (kodifizierte Fassung).

194 So ausdrücklich Erwägungsgrund 1 der Richtlinie 97/36/EG des Europäischen Parlaments und des Rates vom 30. Juni 1997 zur Änderung der Richtlinie 89/552/EWG des Rates zur Koordinierung bestimmter Rechts- und Verwaltungsvorschriften der Mitgliedstaaten über die Ausübung der Fernsehtätigkeit, ABl. L 202 vom 30.7.1997, S. 60 (Fernsehrichtlinie).

195 „Mediendiensteanbieter" ist die natürliche oder juristische Person, die die redaktionelle Verantwortung für die Auswahl der audiovisuellen Inhalte des audiovisuellen Mediendienstes trägt und bestimmt, wie diese gestaltet werden (Art. 1 I lit. d)).

196 Siehe zu den einzelnen Tatbestandsmerkmalen *Castendyk/Böttcher*, MMR 2008, 13 (14f.).

Abruf hin aus einem vom Mediendiensteanbieter festgelegten Programmkatalog bereitgestellt wird. Die AVMD-Richtlinie differenziert bei den audiovisuellen Mediendiensten demnach danach, ob der Dienst linear, dann als Fernsehprogramm, oder nichtlinear, dann als audiovisueller Mediendienst auf Abruf, bereitgestellt wird.[197] Wie auch der RStV vor dem 12. RÄStV, verwendet die AVMD-Richtlinie Begriffskategorien, um eine abgestufte Regelungsdichte normieren zu können.[198]

3. Der Rundfunkbegriff seit dem 12. RÄStV

Mit dem 12. RÄStV[199] wurde der RStV an die Vorgaben der AVMD-Richtlinie angepasst. Danach ist Rundfunk im Rahmen des RStV gem. § 2 I 1 RStV ein linearer Informations- und Kommunikationsdienst; er ist die für die Allgemeinheit und zum zeitgleichen Empfang bestimmte Veranstaltung und Verbreitung von Angeboten in Bewegtbild oder Ton entlang eines Sendeplans unter Benutzung elektromagnetischer Schwingungen.

a. Linearität

Aufgrund der AVMD-Richtlinie wurde in den 12. RÄStV das Kriterium der Linearität aufgenommen. Linearität liegt unter Bezugnahme der AVMD-Richtlinie dann vor, wenn ein Angebot von einem Veranstalter zum zeitgleichen Empfang auf der Grundlage eines Sendeplans bereitgestellt wird.[200] Die Kriterien des zeitgleichen Empfangs und entlang eines Sendeplans definieren dabei die Linearität, ohne eigenständige Tatbestandsmerkmale des Rundfunkbegriffs zu sein.[201] Dass es bei der Ausstrahlung aufgrund unterschiedlicher Übertragungswege zu kurzen zeitlichen Verzögerungen auf der Empfängerseite kommen kann, ist für den zeitgleichen Empfang und die Linearität unschädlich.[202]

---

197 *Gersdorf*, Auswirkungen der Medienkonvergenz auf den Rundfunkbegriff und die Medienregulierung, in: Gundel/Heermann/Leible (Hrsg.), Konvergenz der Medien – Konvergenz des Rechts?, S. 39 sieht in dieser Differenzierung einen Verstoß gegen die grundrechtlich geschützte Medienfreiheit in Verbindung mit dem Gleichheitssatz (Art. 11 GRC i.V.m. Art. 20 GRC).

198 *Schmid/Kitz*, ZUM 2009, 739 (740); *Castendyk/Böttcher*, MMR 2008, 13 (14).

199 Staatsvertrag für Rundfunk und Telemedien (Rundfunkstaatsvertrag) vom 31. August 1991, zuletzt geändert durch den Zwölften Rundfunkänderungsstaatsvertrag vom 18. Dezember 2008.

200 *Holznagel*, in: Spindler/Schuster, Recht der elektronischen Medien, § 2 RStV Rdnr. 15.

201 *Schulz*, in: Hahn/Vesting, Rundfunkrecht, § 2 RStV Rdnr. 42.

202 Amtl. Begr. zu § 2 12. RÄStV, abgedruckt bei *Hartstein/Ring/Kreile*, RStV, Bd. 2, § 2.

Mit dem Fortschreiten der technischen Möglichkeiten haben sich im Internet zunehmend Mediatheken, Online-Videotheken und andere Plattformen etabliert. Auf diesen Plattformen werden audiovisuelle Angebote zum Abruf (Video on Demand, VoD) bereitgestellt. Zu unterscheiden ist bei diesen Angeboten zwischen Near Video on Demand und (True) Video on Demand[203]. Erstere sind, so entschied der EuGH in der Sache *Mediakabel*[204] im Rahmen der Fernsehrichtlinie, Fernsehsendungen. Near Video on Demand drückt sich dadurch aus, dass ein Angebot in einer Punkt-zu-Multipunkt-Übertragung in einem bestimmten Zeitintervall, der auch nur in Sekunden liegen kann, in einer Abrufschleife wiedergegeben wird.[205] Dadurch findet ein zeitgleicher Empfang statt. Der Rezipient kann dabei nur individuell entscheiden, wann er in diese Schleife eintritt, genauso, wie er individuell entscheidet, ob er bei einem klassischen (linearen) Fernsehprogramm einschaltet. Das angebotene Programm kann er beim Near Video on Demand nicht selbst bestimmen, dies ist vom Anbieter vorgegeben.[206] Die EuGH-Entscheidung wurde in der AVMD-Richtlinie berücksichtigt.[207] Near Video on Demand ist danach wie das klassische analoge und digitale Fernsehen ein linearer Mediendienst und damit Rundfunk im Sinne des § 2 I RStV. Anders ist dies beim (True) Video on Demand. Hier stellt der Anbieter verschiedene Angebote bereit, aus denen der Rezipient individuell zu einem selbst gewählten Zeitpunkt auswählen kann. Es findet dann eine Punkt-zu-Punkt-Übertragung statt.[208]

b. Allgemeinheit

Ein Angebot ist für Allgemeinheit bestimmt, wenn es sich an einen unbestimmten oder jedenfalls für den Anbieter nicht mehr überschaubaren Empfängerkreis, das heißt an eine beliebige Öffentlichkeit richtet.[209] Wie viele Personen das

---

203 Oftmals wird True Video on Demand verkürzt nur als Video on Demand bezeichnet.

204 EuGH, Urteil v. 2.06.2005, Rs. C-89/04 (*Mediakabel BV ./. Commissariaat voor de Media*), Rdnr. 33.

205 *Holznagel*, in: Spindler/Schuster, Recht der elektronischen Medien, § 2 RStV Rdnrn. 30f.

206 *Holznagel*, in: Spindler/Schuster, Recht der elektronischen Medien, § 2 RStV Rdnr. 30.

207 Erwägungsgrund 20 der Richtlinie 2007/65/EG, bzw. Erwägungsgrund 27 der Richtlinie 2010/13/EU (kodifizierte Fassung der AVMD-Richtlinie).

208 *Holznagel*, in: Spindler/Schuster, Recht der elektronischen Medien, § 2 RStV Rdnr. 31.

209 *Schulz*, in: Hahn/Vesting, Rundfunkrecht, § 2 RStV Rdnr. 43; *Holznagel*, in: Spindler/Schuster, Recht der elektronischen Medien, § 2 RStV Rdnr. 19. Nicht erfasst von dem Kriterium der Allgemeinheit sind Angebote für so genannte geschlossene

Angebot tatsächlich wahrnehmen, ist unbeachtlich.[210] Pay-TV-Angebote, die in der Regel verschlüsselt gesendet und nur gegen Entgelt freigeschaltet werden, richten sich ungeachtet der Zugriffsmöglichkeit an die Allgemeinheit. Begründet wird das damit, dass sich die Abschlussmöglichkeit eines Pay-TV-Abonnementangebots an einen unbestimmten Empfängerkreis richte und es grundsätzlich jedem freistehe, ein Vertragsverhältnis mit dem Pay-TV-Anbieter einzugehen.[211] § 2 I 2 RStV stellt dies klar. Obwohl an sich an einen unbestimmten Empfängerkreis und damit an die Allgemeinheit adressiert, fällt ein Angebot, das weniger als 500 potentielle Nutzer gleichzeitig erreichen kann gem. § 2 III Nr. 1 RStV aus dem Rundfunkbegriff heraus.

Auffällig an der Rundfunkdefinition des 12. RÄStV ist, dass dem Wortlaut nach das Kriterium der Darbietung weggefallen zu sein scheint. Die neue Definition ist ihrem Wortlaut nach inhalteneutral.[212] Die Begründung zum 12. RÄStV hingegen weist in eine andere Richtung. Dort heißt es: „Die so konkretisierte Begriffsbestimmung umfasst unverändert die Veranstaltung von Angeboten für die Allgemeinheit und damit die bereits bisher herangezogenen Kriterien der Breitenwirkung, Aktualität und Suggestivkraft."[213] Die Begriffstrias Breitenwirkung, Aktualität und Suggestivkraft war bis zur 12. Änderung kein Merkmal der Allgemeinheit, sondern war für die Feststellung der Meinungsbildungsrelevanz als Merkmal der Darbietung maßgeblich. Allein durch den Darbietungs- bzw. Meinungsbildungscharakter des Rundfunks war vor dem 12. RÄStV eine strengere

---

Teilnehmergruppen (Closed User Groups). Dabei handelt es sich um Angebote, die „an bestimmte (bzw. bestimmbare) Teilnehmer, die durch gemeinsame berufliche, ideelle oder vergleichbare persönliche Merkmale untereinander und durch vertragliche, mitgliedschaftliche oder öffentlich-rechtliche Beziehungen mit dem jeweiligen Anbieter verbunden sind" (*Holznagel*, in: Spindler/Schuster, Recht der elektronischen Medien, § 2 RStV Rdnr. 20). Das Angebot wird auf einen Adressatenkreis individualisiert. Exemplarisch für solche Angebote gelten Business-TV bzw. Firmen-TV. Kunden-TV in einem Verkaufsgeschäft kann hingegen aus dieser geschlossenen Teilnehmergruppe herausfallen, wenn sich das Angebot an alle potentiellen Kunden des Geschäfts richtet. (*Holznagel*, in: Spindler/Schuster, Recht der elektronischen Medien, § 2 RStV Rdnrn. 19f., 40; *Reinemann*, ZUM 2006, 523 (524) m.w.N.)

210 *Holznagel*, in: Spindler/Schuster, Recht der elektronischen Medien, § 2 RStV Rdnr. 19.

211 *Holznagel*, in: Spindler/Schuster, Recht der elektronischen Medien, § 2 RStV Rdnr. 29; *Reinemann*, ZUM 2006, 523 (524) m.w.N. Siehe zu dem früher darüber bestehenden Streit *Schulz*, in: Hahn/Vesting, Rundfunkrecht, § 2 RStV Rdnr. 50.

212 *Kunisch*, MMR 2011, 796 (797); *Schütz*, MMR 2009, 228 (229).

213 Amtl. Begr. zu § 2 12. RÄStV, abgedruckt bei *Hartstein/Ring/Kreile*, RStV, Bd. 2, § 2.

Regulierung im Vergleich zu den Telemedien gerechtfertigt.[214] Der Gesetzgeber wollte bei der Bestimmung des Rundfunkbegriffs an dem durch das Bundesverfassungsgericht gewachsenen Darbietungsmerkmal und damit an dem Kriterium der Meinungsbildungsrelevanz festhalten.[215]

Damit wird eine Diskrepanz zwischen Definitionswortlaut und Begründungstext sichtbar. Zu wessen Gunsten dieser Widerspruch aufzulösen ist, lässt sich unter Hinzunahme des weiteren Normentextes des § 2 RStV und der AVMD-Richtlinie klären. § 2 III RStV enthält sechs Ausnahmetatbestände[216], bei denen es sich nicht um Rundfunk im Sinne des § 2 I RStV handeln soll und die demnach auch nicht den strengen Regulierungen unterliegen. Bei diesen Angeboten handelt es sich um solche, denen der Gesetzgeber von vornherein die Meinungsbildungsrelevanz abspricht, weil sie entweder einem zu kleinen Empfängerkreis verfügbar sind oder ihnen meinungsbildungsrelevante Inhalte fehlen.[217] Die AVMD-Richtlinie will ihrerseits ebenso nur Massenmedien als audiovisuelle Mediendienste erfassen, „die für den Empfang durch einen wesentlichen Teil der Allgemeinheit bestimmt sind und bei dieser eine deutliche Wirkung entfalten könnten"[218]. Weiter erkennt die Richtlinie die „Besonderheiten audiovisueller Mediendienste, insbesondere ihr Einfluss auf die Meinungsbildung der Menschen"[219] an. Dadurch wird deutlich, dass auch im Rahmen der AVMD-Richtlinie nur solche Angebote geregelt werden sollen, die Wirkung entfalten und somit Meinungsbildungsrelevanz besitzen.[220] Dies wird des Weiteren auch deutlich, weil Art. 1 I lit. a Ziff. a) den Zweck von „audiovisuellen Mediendiensten" dahingehend formuliert, dass Sendungen zur

---

214 *Schütz*, MMR 2009, 228 (229).

215 *Schütz*, MMR 2009, 228 (230) führt die Beibehaltung des Merkmals der Meinungsbildungsrelevanz auch darauf zurück, weil der Gesetzgeber verfassungsrechtliche Vorgaben berücksichtigen und einhalten müsse.

216 Kein Rundfunk sind Angebote, die 1. jedenfalls weniger als 500 potenziellen Nutzern zum zeitgleichen Empfang angeboten werden, 2. zur unmittelbaren Wiedergabe aus Speichern von Empfangsgeräten bestimmt sind, 3. ausschließlich persönlichen oder familiären Zwecken dienen, 4. nicht journalistisch-redaktionell gestaltet sind, 5. aus Sendungen bestehen, die jeweils gegen Einzelentgelt freigeschaltet werden oder 6. Eigenwerbekanäle sind.

217 *Schmid/Kitz*, ZUM 2009, 739 (741); *Michel*, ZUM 2009, 453 (457).

218 Erwägungsgrund 16 der Richtlinie 2007/65/EG, bzw. Erwägungsgrund 21 der Richtlinie 2010/13/EU (kodifizierte Fassung der AVMD-Richtlinie).

219 Erwägungsgrund 43 der Richtlinie 2007/65/EG, bzw. Erwägungsgrund 45 der Richtlinie 2010/13/EU (kodifizierte Fassung der AVMD-Richtlinie).

220 *Schmid/Kitz*, ZUM 2009, 739 (741); *Schütz*, MMR 2009, 228 (231); *Michel*, ZUM 2009, 453 (457).

Information, Unterhaltung oder Bildung der allgemeinen Öffentlichkeit bereitgestellt werden sollen. Eine solche Bezugnahme wäre überflüssig, wenn audiovisuelle Mediendienste inhalteneutral zu verstehen wären.[221]

Auch wenn dem Wortlaut nach der Darbietungscharakter bzw. die Meinungsbildungsrelevanz nicht mehr in der Rundfunkdefinition auftaucht, deutet der Wille des Gesetzgebers und des AVMD-Richtliniengebers darauf hin, dass das Merkmal der Meinungsbildungsrelevanz als Merkmal der Allgemeinheit[222] weiterhin Bestandteil des einfachgesetzlichen Rundfunkbegriffs sein soll.

c. *Veranstaltung und Verbreitung*

Die Veranstaltung von Rundfunk braucht einen Veranstalter. Für das Bundesverfassungsgericht ist Veranstalter eines Programms, „wer [dessen] Struktur festlegt, die Abfolge plant, die Sendungen zusammenstellt und unter einer einheitlichen Bezeichnung dem Publikum anbietet. Durch diese auf das gesamte Programm bezogenen Tätigkeiten unterscheidet er sich vom bloßen Zulieferer einzelner Sendungen oder Programmteile. Nicht notwendig ist dagegen, daß der Veranstalter das Programm selbst ausstrahlt oder die einzelnen Sendungen selbst produziert“[223]. Der RStV definiert in § 2 II Nr. 14 den Rundfunkveranstalter als jemanden, der ein Rundfunkprogramm unter eigener inhaltlicher Verantwortung anbietet.

Eine Verbreitung liegt vor, wenn das Angebot absichtlich für die Allgemeinheit bereitgestellt wird und es sich nicht bloß um eine Weiterverbreitung eines Programms handelt.[224]

d. *Bewegtbild oder Ton*

Die Umschreibung „in Bewegtbild oder Ton“ ist vom Gesetzgeber unglücklich gewählt.[225] Gemeint sind die traditionellen Medien Fernsehen (Bewegtbild und Ton) und Radio (Ton).[226] Präziser wäre es somit gewesen in die Definition des

221 *Schütz*, MMR 2009, 228 (231).

222 A.A. *Kunisch*, MMR 2011, 796 (797), der das Merkmal der Darbietung schon bei der Linearität verorten will.

223 BVerfGE 97, 298 (310).

224 *Holznagel*, in: Spindler/Schuster, Recht der elektronischen Medien, § 2 RStV Rdnr. 24; *Schulz*, in: Hahn/Vesting, Rundfunkrecht, § 2 RStV Rdnr. 45.

225 *Schulz*, in: Hahn/Vesting, Rundfunkrecht, § 2 RStV Rdnr. 48.

226 *Schulz*, in: Hahn/Vesting, Rundfunkrecht, § 2 RStV Rdnr. 48. Im Gegensatz dazu schließt die AVMD-Richtlinie reine Hörfunkprogramme explizit aus ihrem Anwendungsbereich aus, Erwägungsgrund 22 der Richtlinie 2007/65/EG, bzw.

Rundfunkbegriffs „in Bewegtbild und/oder Ton" bzw. „in Ton oder in Bewegtbild und Ton" aufzunehmen.

e. Elektromagnetische Schwingungen

Mittels des Kriteriums der Nutzung elektromagnetischer Schwingungen findet eine Abgrenzung des Rundfunks zur klassischen gedruckten Presse statt.[227] Elektromagnetische Schwingungen sind sämtliche analoge und digitale elektronische Übertragungswege.[228] Über welchen Leiter bzw. welchen Übertragungsweg Rundfunk gesendet wird, ist unerheblich. Der einfachgesetzliche Rundfunkbegriff ist in dieser Hinsicht wie der verfassungsrechtliche technikneutral und entwicklungsoffen. Rundfunk kann über Satellit, Terrestrik, schmalbandige Telefonkabel, Breitbandkabel, Glasfaserkabel, Stromnetz etc. gesendet werden. Die Veranstaltung von Rundfunk ist nicht an den Übertragungsweg geknüpft.[229]

4. Zwischenergebnis

Mit der 12. Änderung des RStV wurde das Unterscheidungsmerkmal der Darbietung, mit dem Rundfunk und Telemedien zuvor voneinander abgegrenzt wurden, aufgegeben. Die Aufgabe dieses Abgrenzungskriteriums ist zu begrüßen, weil eine Beibehaltung den Entwicklungen in der Medienbranche zuwiderlaufen würde. Telemedienangebote können aufgrund ihrer Aktualität, Breitenwirkung und Suggestivwirkung Meinungsbildungsrelevanz haben. Aufgrund des technischen Fortschritts nutzen immer mehr Rundfunkveranstalter das Internet, um ihre Angebote zu verbreiten. Die Verbreitung erfolgt dabei sowohl linear als Live-Stream als auch nicht-linear als Video on Demand. Ein und dieselbe Fernsehsendung kann aber unabhängig von ihrer Sendungsart und Abrufweise Meinungsbildungsrelevanz zukommen.

Der einfachgesetzliche Rundfunkbegriff wurde mit der Aufnahme des Kriteriums der Linearität der europäischen AVMD-Richtlinie angeglichen. Ein Angebot ist nunmehr dann als Rundfunk zu klassifizieren, wenn es linear dem Rezipienten angeboten wird, während es ein Telemediendienst ist, wenn es auf Abruf, also nichtlinear angeboten, wird. Die Abgrenzung des Rundfunks von

---

Erwägungsgrund 23 der Richtlinie 2010/13/EU (kodifizierte Fassung der AVMD-Richtlinie).

227 *Schulz*, in: Hahn/Vesting, Rundfunkrecht, § 2 RStV Rdnr. 49.

228 *Holznagel*, in: Spindler/Schuster, Recht der elektronischen Medien, § 2 RStV Rdnr. 26.

229 Siehe zum Ganzen ausführlich *Ring/Gummer*, ZUM 2007, 433; *Bauer/v. Einem*, MMR 2007, 423 (424); *Reinemann*, ZUM 2006, 523 (528f.).

Telemedien nach dem Kriterium der Linearität ist positiv zu bewerten, da sie zu eindeutigen Ergebnissen und somit zu Rechtssicherheit führt. Mit Blick auf die Rundfunkveranstaltung ergibt sich durch diese Abgrenzung allerdings die merkwürdige Situation, dass ein Unternehmen der Regulierung des § 26 RStV unterliegt, wenn es seine Sendungen (Nachrichten, Filme, Serien, Dokumentationen u.s.w.) linear verbreitet. Der Regulierung unterliegt es hingegen nicht, wenn es die gleichen Sendungen auf Abruf bereitstellt. Solche on Demand Angebote bleiben bei der Rundfunkkonzentrationskontrolle dennoch nicht außer Betracht. Die KEK bezieht on Demand Angebote bei der Betrachtung medienrelevanter verwandter Märkte mit in ihre Prüfung ein.

III. § 25 RStV als programmrechtliche Vielfaltskontrolle und die Schwierigkeit der Durchsetzbarkeit

Die Rundfunkfreiheit in Art. 5 I 2 GG ist in erster Linie die Gewährleistung der freien Programmveranstaltung.[230] Der Rundfunkveranstalter entscheidet nicht nur darüber, ob und was gesendet wird, sondern auch über das Wie. Das Bundesverfassungsgericht schränkt diese Rundfunkfreiheit ein, indem es eine positive Ordnung zur Sicherung der Meinungsvielfalt respektive die Verhinderung vorherrschender Meinungsmacht verlangt. Es hat in seinen Rundfunkentscheidungen ausgeführt, dass einerseits die Vielfalt der bestehenden Meinungen im Rundfunk in möglichster Breite und Vollständigkeit Ausdruck finden solle, indem die in Betracht kommenden gesellschaftlichen Kräfte im Gesamtprogramm zu Wort kommen und andererseits verhindert werden müsse, dass der Rundfunk einer oder einzelnen gesellschaftlichen Gruppen ausgeliefert werde.[231] Das Gericht knüpft mit der ersten Aussage an das Programmrecht, mit der zweiten an eine konzentrationsrechtliche Regelung an. Die Rundfunkkonzentrationskontrolle ist maßgeblich in § 26 RStV normiert und wird im Anschluss eingehend behandelt. Die programmrechtliche Regelung findet sich in § 25 I, II RStV. Dieser formuliert, dass im privaten Rundfunk inhaltlich die Vielfalt der Meinungen im Wesentlichen zum Ausdruck zu bringen ist. Die bedeutsamen politischen, weltanschaulichen und gesellschaftlichen Kräfte und Gruppen müssen in den Vollprogrammen angemessen zu Wort kommen; Auffassungen von Minderheiten sind zu berücksichtigen. Die Möglichkeit, Spartenprogramme anzubieten, bleibt

230 *Schemmer* in: Epping/Hillgruber, Beck'scher Online-Kommentar GG, Art. 5 Rdnr. 70.
231 BVerfGE 12, 205 (262f.); BVerfGE 57, 295 (320, 322); BVerfGE 73, 118 (152 f.); BVerfGE 90, 60 (88); BVerfGE 119, 181 (214).

hiervon unberührt. Ein einzelnes Programm darf die Bildung der öffentlichen Meinung nicht in hohem Maße ungleichgewichtig beeinflussen.

Grundsätzlich können die Landesmedienanstalten gem. § 38 II RStV geeignete Maßnahmen[232] ergreifen, wenn ein Rundfunkveranstalter gegen Vorschriften des RStV verstößt. In der Praxis begegnet die Feststellung und Ahndung eines Verstoßes gegen § 25 RStV Umsetzungsprobleme, weshalb der Norm lediglich ein Apellcharakter zukommt. Die Schwierigkeit der Durchsetzung der Programmvielfalt tritt an zwei Punkten auf. Der erste Punkt sind die Programme selbst. Die Landesrundfunkanstalt müsste zunächst feststellen, ob im privaten Fernsehprogramm die inhaltliche Vielfalt der Meinungen im Wesentlichen zum Ausdruck gebracht wird. Abgesehen davon, dass das quantitative Maß der Vielfalt nicht konkretisierbar ist, würde eine Kontrolle der Programmvielfalt eine Programmbeobachtung und -forschung erfordern. Eine „systematisch, konzeptionell durchgängig abgeleitete, empirisch abgesicherte und in ihren Ergebnis auch ‚vielfaltspolitisch' folgenreiche Programmforschung"[233] gibt es aber nicht.[234] Selbst wenn man mit dem Bundesverfassungsgericht ausreichen lässt, dass es sich bei der zu erreichenden Meinungsvielfalt nur um einen Zielwert handele, der nur annäherungsweise erreicht werden könne[235], begegnet eine Programmaufsicht aber verfassungsrechtliche Bedenken. Hier steht zunächst das Problem einer möglichen Zensur (Art. 5 I 3 GG) im Raum. Zum anderen vermittelt die Rundfunkfreiheit den Rundfunkveranstaltern gerade das Recht zur freien Programmveranstaltung, was beinhaltet, darüber zu entscheiden, ob und was und wie etwas gesendet wird. Der zweite Punkt betrifft die Auswahl des richtigen Störers. Die Normierung der Meinungsvielfalt im privaten Rundfunk in § 25 RStV geschieht subjektlos[236]. Die Vielfaltsanforderung in § 25 I RStV richtet sich zwar an den privaten Rundfunk, dies geschieht aber als Ansprache an die Gesamtheit aller kommerziellen Anbieter. Eine Individualisierung einzelner Anbieter ist nicht möglich. Die programmaufsichtsführenden Medienanstalten können deshalb in der Praxis gegenüber keinem zugelassenen Rundfunkanbieter auf eine Veränderung des Programms drängen, um so das Gesamtbild vielfältiger werden zu lassen.[237]

---

232 Siehe für mögliche Maßnahmen *Rossen-Sadtfeld*, in: Hahn/Vesting, Rundfunkrecht, § 25 RStV, Rdnrn. 70f.

233 *Rossen-Sadtfeld*, in: Hahn/Vesting, Rundfunkrecht, § 25 RStV, Rdnr. 69.

234 *Rossen-Sadtfeld*, in: Hahn/Vesting, Rundfunkrecht, § 25 RStV, Rdnr. 69.

235 BVerfGE 73, 118 (156).

236 *Beater*, Medienrecht, § 7 Rdnr. 516; *Rossen-Stadtfeld* in: Hahn/Vesting, Rundfunkrecht, § 25 RStV Rdnr. 32.

237 *Beater*, Medienrecht, § 7 Rdnr. 516.

Diese so entstehende Lücke der Durchsetzbarkeit der Vielfalt auf der Programmebene ist bekannt und wird toleriert[238], da die Vielfalt der Meinungen über die Konzentrationskontrolle auf der Ebene der Programmanbieter sichergestellt wird.

IV. § 26 RStV als konzentrationsrechtliche Vielfaltskontrolle

1. Das Zuschaueranteils-Mediennutzungsmodell

Die Instrumente der Rundfunkkonzentrationskontrolle sind das Zuschaueranteilsmodell und das Mediennutzungsmodell.

a. Das Zuschaueranteilsmodell

Das Zuschaueranteilsmodell ist das Herzstück der Rundfunkkonzentrationskontrolle. Es wurde durch den 3. RÄStV[239] im Jahr 1997 in § 26 RStV eingefügt und löste das bis dahin geltende Beteiligungsmodell ab.[240] Das Beteiligungsmodell verband außen- und binnenpluralistische Elemente miteinander, indem die Anzahl der Programme, die ein Veranstalter veranstalten durfte, sowie der Einfluss eines Gesellschafters auf einen Veranstalter begrenzt wurden.[241] Die außenpluralistische Komponente[242] sah vor, dass ein Rundfunkveranstalter jeweils nur maximal zwei Hörfunk- und Fernsehprogramme veranstalten durfte, wobei je Veranstalter jeweils nur ein Vollprogramm oder Spartenprogramm mit Informationsschwerpunkt zugelassen werden durfte (§ 21 I 1 RStV (1991)). Der Binnenpluralismus wurde dadurch realisiert[243], dass die Zulassung nur an einen Veranstalter erteilt werden durfte, der sich aus einer Gemeinschaft aus

---

238 *Rossen-Stadtfeld* in: Hahn/Vesting-, Rundfunkrecht, § 25 RStV Rdnr. 33, der von einem „muddling through" in diesem Zusammenhang spricht.

239 Rundfunkstaatsvertrag vom 31. August 1991, in der Fassung des dritten Rundfunkänderungsstaatsvertrags in Kraft getreten am 1. Januar 1997.

240 Im Rahmen der Reformüberlegungen standen verschiedene Modelle zur Diskussion: Das „One man – one show"-Modell, siehe dazu *Wulff*, ZUM 1997, 543ff.; *Stockmann/Zigelski*, ZUM 1995, 537ff., sowie drei Marktanteilsmodelle mit den unterschiedlichen Schwerpunkten Mediennutzung, Werbemarkt und Zuschaueranteil, siehe dazu *Stockmann/Zigelski*, ZUM 1995, 537; *Clausen-Muradian*, ZUM 1996, 934; *Wulff*, ZUM 1997, 543; *Schlette*, ZUM 1999, 802ff. Insgesamt zu den diskutierten Modellen *Trute*, in: Hahn/Vesting, Rundfunkrecht, § 26 RStV Rdnrn. 15ff.

241 *Trute*, in: Hahn/Vesting, Rundfunkrecht, § 26 RStV Rdnr. 11; *Engel*, ZUM Sonderheft 1993, 557 (564); *Stockmann/Zigelski*, ZUM 1995, 537 (539).

242 *Engel*, ZUM Sonderheft 1993, 557 (564).

243 *Engel*, ZUM Sonderheft 1993, 557 (564); *Stockmann/Zigelski*, ZUM 1995, 537 (539).

mehreren Beteiligten zusammensetzte (§ 21 II RStV (1991)). Dieses Modell, mit dem man den Konzentrationstendenzen im privaten Rundfunk entgegenwirken wollte, erfuhr schon frühzeitig nach seinem Inkrafttreten Kritik[244]. Kritisch zu beurteilen war insbesondere, dass dieses Model den tatsächlichen Einfluss der Programme auf die Meinungsbildung nicht zu berücksichtigen vermochte, da Programmreichweite und Einschaltquote keine Rolle spielten.[245] Des Weiteren erwies es sich als misslich, dass dieses Modell die horizontale Konzentration von Veranstaltern förderte, da zur Programmveranstaltung Anbietergemeinschaften notwendig waren.[246] Schließlich enthielt das Antikonzentrationsrecht aus dem Jahr 1991 keine Regelung für cross-mediale Verflechtungen. Das Bedrohungspotential dieser Verflechtungsform für die Meinungsvielfalt war schon in den 1990ern bekannt.[247] Letztendlich erwies sich dieses Model damit als zu kompliziert und nicht praktikabel, um der Entstehung vorherrschender Meinungsmacht entgegenzuwirken.[248]

In § 26 I RStV ist normiert, dass es den Veranstaltern freistehe, selbst oder durch ihnen zurechenbare Unternehmen bundesweit im Fernsehen eine unbegrenzte Anzahl von Programmen zu veranstalten. Eine Begrenzung dieser Veranstalterfreiheit tritt erst ein, wenn der Veranstalter zu vorherrschender Meinungsmacht gelangt, was nach § 26 II RStV durch das Erreichen einer bestimmten Zuschauerreichweite vermutet wird. § 26 II 1 und 2 RStV legt den Zuschaueranteil bei 30% fest. Es ist kommunikationswissenschaftlich nicht belegt, dass ein Zuschaueranteil von 30% zur Sicherung von Meinungsvielfalt führt respektive die Entstehung vorherrschender Meinungsmacht verhindert.[249]

---

244 Siehe für eine Zusammenfassung der Kritik nur *Clausen-Muradian*, ZUM 1996, 934 (935); *Stock*, Konzentrationskontrolle in Deutschland nach der Neufassung des Rundfunkstaatsvertrags (1996), in: Stock/Röper/Holznagel (Hrsg.), Medienmarkt und Meinungsmacht, S. 16; *Hartstein/Ring/Kreile*, RStV, Bd. 2, 46. AL 09/2010, § 25 Rdnrn. 1, 9.

245 *Hartstein/Ring/Kreile*, RStV, Bd. 2, 46. AL 09/2010, § 25 Rdnr. 1.

246 *Clausen-Muradian*, ZUM 1996, 934 (935); *Schlette*, ZUM 1999, 802 (805); *Stockmann/Zigelski*, ZUM 1995, 537; *Trute*, in: Hahn/Vesting, Rundfunkrecht, § 26 RStV Rdnr. 12.

247 *Clausen-Muradian*, ZUM 1996, 934 (935).

248 *Clausen-Muradian*, ZUM 1996, 934 (935).

249 *Pfeifer*, Vielfaltssicherung im bundesweiten Fernsehen, S. 28; *Hasebrink*, Zur Berücksichtigung medienrelevanter verwandter Märkte bei der Anwendung des Zuschaueranteilsmodells (§ 26 Abs. 2 Satz 2 RStV), S. 2

Bei diesem Schwellenwert handelt es sich um einen medienpolitischen Kompromiss[250] mit dem der Status quo der Rundfunkveranstaltung in das Gesetz aufgenommen wurde. Auf diese Weise wurden die schon bestehenden Verflechtungen der beiden Senderfamilien Kirch und Ufa/CLT (Bertelsmann) einerseits rechtlich abgesichert[251], andererseits eröffnete ihnen die 30%-Grenze auch in Zukunft noch die Möglichkeit weitere Programme zu veranstalten, weil beide Sendergruppen zu dem Zeitpunkt über einen Zuschaueranteil von unter 30% verfügten.[252]

aa. Definition des Zuschaueranteils

An den Zuschaueranteil werden im Rundfunkkonzentrationsrecht weitreichende Folgen geknüpft, die einer gerichtlichen Überprüfung standhalten müssen. Sowohl § 27 RStV, der die Bestimmung des Zuschaueranteils normiert, die amtliche Begründung zum 3. RÄStV, als auch § 2 RStV, der Begriffsbestimmungen für den RStV enthält, schweigen darüber, was unter dem Zuschaueranteil im Rahmen des Gesetzes zu verstehen ist. Der RStV setzt den Zuschaueranteil stattdessen als Bezugsgröße voraus.[253] Grundsätzlich kann der Zuschaueranteil als ein Marktanteil begriffen werden, der „den prozentualen Anteil der durchschnittlichen Sehbeteiligung an einer Sendung, eines Werbeblocks oder eines bestimmten Zeitintervalls an der Gesamtsehdauer aller Programme zum jeweiligen Zeitintervall [angibt]“[254]. Dabei handelt es sich um die Definition, die die

250 *Hartstein/Ring/Kreile*, RStV, Bd. 2, 46. AL 09/2010, § 25 Rdnr. 4. Siehe zur Entstehungsgeschichte die Erläuterungen von *Röper*, in: Landesmedienanstalten (Hrsg.), Medienrelevante verwandte Märkte, Symposium v. 17.10.2005, S. 61. Ebenso auch *Mailänder*, AfP 2007, 297 (299). Zum Verfahrensgang siehe *Stock*, Konzentrationskontrolle in Deutschland nach der Neufassung des Rundfunkstaatsvertrags (1996), in: Stock/Röper/Holznagel (Hrsg.), Medienmarkt und Meinungsmacht, S. 18ff.

251 Mit Kritik dazu *Schlette*, ZUM 1999, 802 (805); *v. Danwitz*, ZUM 2002, 769 (773).

252 *Hartstein/Ring/Kreile*, RStV, Bd. 2, 46. AL 09/2010, § 25 Rdnr. 4.

253 *Grünwald*, in: Spindler/Schuster, Recht der elektronischen Medien, § 27 RStV Rdnr. 3.

254 https://www.agf.de/daten/tvdaten/marktanteile/ (zuletzt geprüft am 05.01.2016). Die Definition geht auf eine Definition von *Arminger* zurück, die dieser im Rahmen des Symposiums der KEK zum Thema „Zuschaueranteile als Massstab vorherrschender Meinungsmacht“ im November 1998 hielt, *Arminger*, Anerkannte wissenschaftliche Methoden zur Ermittlung der Zuschaueranteile, in: Landesmedienanstalten (Hrsg.), Zuschaueranteile als Maßstab vorherrschender Meinungsmacht, S. 55ff. *Armingers* Formel wird in der Definition der AGF dabei vereinfacht dargestellt als Marktanteil in % = (Senderanteilige Sehdauer / Sehdauer Fernsehen gesamt) x 100.

Arbeitsgemeinschaft Fernsehforschung (AGF) zugrunde legt.[255] Diese Definition hat sich in der Verwaltungspraxis der KEK und in der Fernsehbranche durchgesetzt.

bb. Messung der Fernsehnutzung durch die AGF/GfK-Fernsehforschung

Die Bestimmung der Zuschaueranteile richtet sich nach §§ 27 I i.V.m. 34 RStV. Danach ermitteln die Landesmedienanstalten durch die KEK den im Durchschnitt der letzten zwölf Monate erreichten Zuschaueranteil unter Einbeziehung aller deutschsprachigen[256] Programme des öffentlich-rechtlichen Rundfunks und des bundesweit empfangbaren privaten Rundfunks (§ 27 I RStV). Die Einbeziehung der öffentlich-rechtlichen Fernsehsender könnte zunächst verwundern.[257] Zum einen, weil es eine Rundfunkkonzentrationskontrolle nur für den privaten Rundfunk gibt.[258] Zum anderen führt die Berücksichtigung öffentlich-rechtlicher Programme dazu, dass der RStV unter der Berücksichtigung der heute vorzufindenden Aufteilung des Fernsehmarktes faktisch ein Duopol aus privaten Fernsehveranstaltern zulässt.[259] Die Einbeziehung öffentlich-rechtlicher Programme in die Zuschaueranteilsermittlung ist indes geboten, weil andernfalls das Einflusspotential der privaten Programme auf die Meinungsbildung überbewertet werden würde. Der öffentlich-rechtliche Rundfunk nimmt gerade auch wegen seiner binnenpluralistischen Ausgestaltung an der öffentlichen

---

255 Siehe zur Kritik an der Berechnung des Zuschaueranteils *Hasebrink*, Das Zuschaueranteilsmodell, S. 9f. der dem Berechnungsmodell eine alternative Berechnungsmethode gegenüberstellt, dabei letztlich zu dem Ergebnis kommt, dass die Abweichungen nicht sehr groß seien.

256 Siehe für eine Kritik daran, dass keine fremdsprachige Programme erfasst werden, obgleich ihnen ebenfalls Meinungsbildungsrelevanz zukommen kann, *Landesmedienanstalten* (Hrsg.), Von der Fernsehzentrierung zur Medienfokussierung, S. 501.

257 *Gounalakis/Zagouras*, Medienkonzentrationsrecht, S. 118; *Clausen-Mauradian*, ZUM 1996, 934 (944f.).

258 *Gounalakis/Zagouras*, Medienkonzentrationsrecht, S. 118; *Clausen-Mauradian*, ZUM 1996, 934 (944f.).

259 *Trappel u.a.*, Die gesellschaftlichen Folgen der Medienkonzentration, S. 26 m.w.N. Die Zuschaueranteile des öffentlich-rechtlichen Rundfunks sind seit der ersten Erhebung recht konstant: 1996: monatlich zwischen 38 und 45,6 %, 1997: monatlich zwischen 38,8 und 44,1 %, 2014: Jahresdurchschnitt 45%. Daten abrufbar vom Archiv für Zuschaueranteile der KEK auf http://www.kek-online.de/medienkonzentration/zuschaueranteile/archiv.html?L=0%23c3387%2C2%2C3%2C4 (zuletzt geprüft am 04.01.2016).

Meinungsbildung teil.[260] Die historisch gewachsene dualistische Rundfunkordnung hat für die Berechnung der Zuschaueranteile keine Bedeutung. Auf dem Fernsehmarkt konkurrieren beide Säulen unabhängig von ihrer Ausgestaltung publizistisch. Nur durch die Einbeziehung des öffentlich-rechtlichen Rundfunks in die Zuschaueranteilserhebung kann die Fernsehlandschaft vollständig abgebildet werden.[261]

Die KEK nutzt zur Ermittlung der Zuschaueranteile seit Anbeginn die Daten der AGF/GfK-Fernsehforschung. Zurückzuführen ist dies auf die Übergangsvorschrift in § 34 RStV, wonach die vorhandenen Daten zugrunde zu legen sind, bis ein Unternehmen im Sinne von § 27 II RStV mit der Ermittlung beauftragt wird.[262] Zum Zeitpunkt des Wechsels zum Zuschaueranteilsmodell verfügte die AGF über Daten zu den Zuschaueranteilen. Schon 1988[263] hatten sich ARD, ZDF, RTL und Sat.1 zusammengeschlossen, um gemeinsam eine kontinuierliche, quantitative Zuschauerforschung durchzuführen[264] mit dem Ziel valide Daten zur Fernsehnutzung zu erhalten, mit denen sie Werbepreise kalkulieren konnten.[265] Heute sind die Sender bzw. Sendergruppen ARD, ZDF, ProSiebenSat.1 Media SE und die Mediengruppe RTL Deutschland Gesellschafter der AGF. Daneben wirken über die Technische Kommission auch Werbungtreibende,

---

260 *Stockmann/Zigelski*, ZUM 1995, 537 (549).

261 *Grünwald*, in: Spindler/Schuster, Recht der elektronischen Medien, § 27 Rdnr. 6.

262 Mit dem 6. RÄStV wurde der Ausschreibungs-Passus, wonach die Vergabe des Auftrags zur Ermittlung der Zuschaueranteile an ein Unternehmen aufgrund einer Ausschreibung erfolgen solle, gestrichen, weil die KEK bisher auf eine solche Entscheidung verzichtet habe, Amtl. Begr. zu § 27 II 6. RÄStV, abgedruckt bei *Hartstein/Ring/Kreile*, RStV, Bd. 2, § 27. Mit der Streichung der Ausschreibung sollte die Legitimität der bisherigen Praxis zum Ausdruck gebracht werden, *Trute*, in: Hahn/Vesting-, Rundfunkrecht, § 27 RStV Rdnr. 25.

263 Schon seit 1963 kooperierten die ARD und das ZDF in einer gemeinsamen Fernsehzuschauerforschung. Mit der Zulassung des privaten Rundfunks wurde die Kooperation für private Fernsehveranstalter geöffnet. Siehe zur Geschichte und Entwicklung http://www.agf.de/agf/geschichte (zuletzt geprüft am 05.01.2016).

264 http://www.agf.de/agf/ (zuletzt geprüft am 05.01.2016).

265 Dass die Kooperation in der AGF primär dadurch motiviert war, Zuschauerdaten zu erhalten, um die Programmplanung zu optimieren und auf dem Werbemarkt die Werbepreise zu kalkulieren, dürfte kein Hindernis bei der Ermittlung des Zuschaueranteils im Rahmen der Rundfunkkonzentrationskontrolle sein. § 27 II RStV hatte laut der amtlichen Begründung zum Ziel, dass der Zuschaueranteilsermittlung nach dem RStV und der Zuschaueranteilsermittlung als Grundlage für die Werbepreisberechnung derselbe Zahlenwert zugrunde gelegt werden sollte, Amtl. Begr. zu § 27 II 3.RÄStV, abgedruckt bei *Hartstein/Ring/Kreile*, RStV, Bd. 2, § 27.

Werbeagenturen und Lizenzsender an der AGF mit.[266] Die Durchführung der Zuschauerdatenerhebung wird durch die GfK-Fernsehforschung vorgenommen.

Die AGF/GfK-Fernsehforschung erfasst sämtliche Programme[267] und ermittelt deren Zuschaueranteile. Sie veröffentlicht aber nur die Zuschaueranteilsdaten ihrer Gesellschafter und der Lizenzsender. Die übrigen Fernsehsender werden als TV-Rest ausgewiesen.[268] Die KEK selbst verfügt über keine Lizenz zum Bezug aller ermittelten Zuschauerdaten. Als Organ der Bayerischen Landeszentrale für neue Medien (BLM) kann die KEK über deren Lizenz Daten nutzen. Die Lizenz der BLM umfasst aber nach Aussage der KEK im Großen und Ganzen auch nur die öffentlich zugänglichen Daten.[269] Im Jahr 2015 konnten über diese öffentlich zugänglichen Zuschaueranteilsdaten rund 96–97 %[270] der gesamten Zuschauerreichweiten durch die KEK berücksichtigt werden.[271] Die KEK arbeitet somit mit einer unvollständigen Datenbasis.[272] Hinsichtlich jener Sender, deren Zuschaueranteile nicht beziffert veröffentlich werden, muss die KEK auf andere Nutzungsdaten, wie Abonnentenzahlen oder personenbezogene Reichweitenangaben zurückgreifen.[273] Darüber hinaus werden bei den Zuschauerdaten sogenannte Außer-Haus-Nutzungen, wie bei Public Viewing Veranstaltungen, die Fernsehnutzung in Hotels und in öffentlichen Einrichtungen (Krankenhäusern, Vorsorge- oder Rehabilitationseinrichtungen, Gefängnissen etc.) nicht erfasst,

266 Siehe für eine Darstellung der Struktur http://www.agf.de/agf/struktur (zuletzt geprüft am 5.01.2016).

267 *Landesmedienanstalten* (Hrsg.), Von der Fernsehzentrierung zur Medienfokussierung, S. 469.

268 Siehe dazu https://www.agf.de/daten/tvdaten/marktanteile/ (zuletzt geprüft am 05.01.2016).

269 *Landesmedienanstalten* (Hrsg.), Von der Fernsehzentrierung zur Medienfokussierung, S. 469f.

270 Der Wert ergibt sich, wenn die „Sonstigen“ Sender (3,5–3,8%) herausrechnet werden. http://www.kek-online.de/fileadmin/Download_KEK/Zuschaueranteile/Zuschauer anteile_2015.pdf. (zuletzt geprüft am 5.01.2016).

271 Die öffentlich zugängliche Datenabdeckung liegt seit Jahren mit Schwankungen zwischen 94% und 97%, siehe dazu die Datenblätter im Archiv der KEK auf http://www.kek-online.de/medienkonzentration/zuschaueranteile/archiv.html (zuletzt geprüft am 5.01.2016).

272 Dies ist ihr bewusst und auf dieses Defizit verweist sie in bisher jedem Medienkonzentrationsbericht, siehe jüngst *Landesmedienanstalten* (Hrsg.), Von der Fernsehzentrierung zur Medienfokussierung, S. 469f.

273 *Landesmedienanstalten* (Hrsg.), Von der Fernsehzentrierung zur Medienfokussierung, S. 470.

obwohl diese Fernsehnutzung einen beachtlichen Teil ausmacht. Ebenso wenig wird die Fernsehnutzung von Nicht-EU-Ausländern abgebildet.[274] An diesem Vorgehen lassen sich erhebliche Zweifel äußern. In rechtlicher Hinsicht dürfte es fragwürdig sein, dass sich das Herzstück der Rundfunkkonzentrationskontrolle in § 26 RStV auf Daten stützt, die unvollständig sind und die KEK auch keinen Zugriff auf alle ermittelten Zuschaueranteile hat und somit die Daten ggf. schätzen muss. Die tatsächliche Wirklichkeit der Fernsehnutzung wird dadurch nicht abgebildet. Die KEK knüpft an die Zuschaueranteile weit reichende und gravierende Entscheidungen. Allerdings ist einzuwenden, dass diese bei der KEK etablierte Praxis auf unvollständige Datensätze zurückzugreifen, nicht nur bei den Landesmedienanstalten Akzeptanz gefunden hat, auch die Fernsehsender, die von möglichen Sanktionen der KEK betroffen wären, akzeptieren dieses Vorgehen und stellen das Verfahren nicht in Abrede. Was zudem nicht unberücksichtigt gelassen werden darf, ist, dass die Fernsehveranstalter selbst Nutznießer der Zuschauerdaten der AGF/GfK-Fernsehforschung sind, da sie die dort ermittelten Daten als Grundlage für die Werbepreiskalkulation nehmen. Zudem erfüllt diese Vorgehensweise die Grundsätze von Wirtschaftlichkeit und Sparsamkeit, wie es der § 27 II 1 RStV vorgibt. Damit sollte gegen die geübte Praxis im Endeffekt nichts einzuwenden sein.

Die AGF bildet vier Empfangsebenen Terrestrik, Kabel, Satellit und IPTV ab.[275] Seit kurzem wird auch die Nutzung von Bewegtbildern im Internet (Video-Streaming) auf den Internetseiten bzw. Mediatheken der teilnehmenden Fernsehsender abgebildet.[276]

b. Mediennutzungsmodell

Um cross-mediale Verflechtungen prüfen zu können, wurde ein Mediennutzungsmodell in die Rundfunkkonzentrationsvorschrift aufgenommen. Mit ihm können Aktivitäten des Fernsehveranstalters auf medienrelevanten verwandten Märkten berücksichtigt werden, wenn der Rundfunkveranstalter auf dem Zuschauermarkt die in § 26 II 2 RStV genannte Schwelle überschritten hat.

---

274 *Landesmedienanstalten* (Hrsg.), Von der Fernsehzentrierung zur Medienfokussierung, S. 471f.

275 https://www.agf.de/forschung/methode/empfangsebenen/ (zuletzt geprüft am 05.01.2016.

276 https://www.agf.de/daten/videostreaming/ (zuletzt geprüft am 5.01.2016). Ausführlicher dazu *Landesmedienanstalten* (Hrsg.), Von der Fernsehzentrierung zur Medienfokussierung, S. 470.

Mit dem 3. RÄStV wurde hinsichtlich cross-medialer Verflechtungen in § 26 II 2 RStV kodifiziert, dass vorherrschende Meinungsmacht bei geringfügiger Unterschreitung des Zuschaueranteils (i. H. v. 30%) vermutet wird, wenn das Unternehmen auf einem medienrelevanten verwandten Markt eine marktbeherrschende Stellung habe oder eine Gesamtbeurteilung seiner Aktivitäten im Fernsehen und auf medienrelevanten verwandten Märkten ergebe, dass der dadurch erzielte Meinungseinfluss dem eines Unternehmens mit einer Zuschaueranteil von 30 % im Fernsehen entspreche. Durch den 6. RÄStV[277] aus dem Jahr 2002 wurde die wegen ihrer mangelnden Bestimmtheit umstrittene Formulierung[278] der „geringfügigen Unterschreitung" der 30%-Grenze in § 26 II 2 RStV in eine 25%-Grenze geändert. Seitdem besagt die Regelung, dass vorherrschende Meinungsmacht bei Erreichen eines Zuschaueranteils von 25 % vermutet wird, sofern das Unternehmen auf einem medienrelevanten verwandten Markt eine marktbeherrschende Stellung hat oder eine Gesamtbeurteilung seiner Aktivitäten im Fernsehen und auf medienrelevanten verwandten Märkten ergibt, dass der dadurch erzielte Meinungseinfluss dem eines Unternehmens mit einem Zuschaueranteil von 30% im Fernsehen entspricht

2. Das Verhältnis von § 26 Abs. 1 zu Abs. 2 RStV

Das Verhältnis von Absatz 1 zu Absatz 2 des § 26 RStV wurde seit dem Inkrafttreten des § 26 RStV durch den 3. RÄStV unterschiedlich beurteilt. Es geht dabei um die Frage, ob § 26 I RStV ein eigenständiger Tatbestand ist, der neben Absatz 2 zur Anwendung kommt oder, ob die Vermutungsregelungen in Absatz 2 abschließend Vorgaben zur Bestimmung vorherrschender Meinungsmacht enthalten. Relevant wird die Einordnung unter anderem, wenn die KEK einen cross-medialen Zusammenschluss zu prüfen hat, bei dem der Rundfunkveranstalter nur knapp unterhalb der 25%-Zuschaueranteilsgrenze bleibt. Je nach Auslegung von § 26 I, II RStV ist die Einbeziehung medienrelevanter verwandter Märkte in die Konzentrationskontrolle eröffnet oder versperrt. Dass es sich bei diesem Streit nicht nur um einen Theoriestreit handelt, hat die Entscheidung in der Sache *Axel Springer/ProSiebenSat.1*[279] gezeigt. Hier hatte die KEK für die ProSiebenSat.1 Media AG einen Zuschaueranteil von 22% ermittelt. Aufgrund

277 Rundfunkstaatsvertrag vom 31. August 1991, in der Fassung des sechsten Rundfunkänderungsstaatsvertrages, in Kraft seit dem 1. Juli 2002 (Art. 4 des Rundfunkänderungsstaatsvertrages).

278 *Hartstein/Ring/Kreile*, RStV, Bd. 2, 46. AL 09/2010, § 25 Rdnr. 4.

279 KEK v. 10.01.2006 (*Axel Springer/ProSiebenSat.1*), KEK 293-1 bis -5.

des Nichterreichens der 25%-Hürde im Sinne des § 26 II 2 RStV hat sie auf den Absatz 1 als eigenständigen Tatbestand zurückgegriffen.[280]

Mit den beiden Revisionsurteilen des Bundesverwaltungsgerichts in der Sache *Axel Springer/ProSiebenSat.1*[281] gibt es nunmehr eine höchstrichterliche Entscheidung zum Verhältnis der beiden Absätze.

a. Qualitativer Ansatz

Zumindest bis zur Entscheidung des Bundesverwaltungsgerichts in der Sache *Axel Springer/ProSiebenSat.1* vertrat die KEK seit der Aufnahme ihrer Tätigkeit die Position, dass § 26 I RStV ein eigenständiger Tatbestand sei.[282] Der RStV sehe von einer „Festschreibung bestimmter für die Meinungsvielfaltssicherung maßgeblicher Rechengrößen ab und gibt der KEK einen weitreichenden Auftrag zur Würdigung der Gesamtposition eines Bewerbers für die Zulassung zur Veranstaltung eines bundesweiten Fernsehprogramms im Medienmarkt“[283]. Die KEK verfolgt damit einen qualitativen[284] Ansatz, wonach sich die Beurteilung vorherrschender Meinungsmacht aus qualitativen Kriterien in einer Gesamtmarktbetrachtung ableiten lasse. Die Zuschaueranteile des Absatzes 2 werden dabei nur als Indizien gewertet. Das bedeutet, dass sie zwar berücksichtigt werden, sie bilden indes keinen verbindlichen Maßstab für eine endgültige Entscheidung.[285] „Vielmehr sind die quantitativen Meßdaten in Beziehung zu setzen zu den qualitativen strukturellen Merkmalen des Veranstalters, welche die Stellung im Fernsehbereich

280 Ausführlicher zum Verfahren unten unter D. I.

281 BVerwG v. 24.11.2010, Az. 6 C 16.09; BVerwG v. 29.01.2014, Az. 6 C 2.13.

282 Bisherige st. Spruchpraxis KEK v. 26.01.1999 (*Premiere*), KEK 026, S. 19ff.; KEK v. 26.01.1999 (*ProSieben*), KEK 07/029, S. 23f.; KEK v. 21.09.1999 (*RTL*), KEK 040, S. 24f.; KEK v. 11.03.2003 (*n-tv*), KEK 156-2, S. 7; KEK v. 13.05.2003 (*Sat.1*), KEK 173-1, S. 13. Ausdrücklich auch in KEK v. 10.01.2006 (*Axel Springer/ProSiebenSat.1*), KEK 293-1 bis -5, S. 70ff. Ebenso KEK, 5. Jahresbericht für den Berichtzeitraum 1.07.2001-30.06.2002, S. 213. Gleichermaßen auch in den Konzentrationsberichten: *Landesmedienanstalten* (Hrsg.), Fortschreitende Medienkonzentration im Zeichen der Konvergenz, S. 55f.; *Landesmedienanstalten* (Hrsg.), Sicherung der Meinungsvielfalt in Zeiten des Umbruchs, S. 46; *Landesmedienanstalten* (Hrsg.), Auf dem Weg zu einer medienübergreifenden Vielfaltssicherung, S. 377; *Landesmedienanstalten* (Hrsg.), Crossmediale Verflechtungen als Herausforderung für die Konzentrationskontrolle, S. 379.

283 KEK 040, S. 20. Ebenso in KEK 156-2, S. 7, wonach die KEK eine Gesamtbetrachtung nach § 26 I RStV losgelöst von Messgrößen zu Zuschaueranteile anstellen könne.

284 *Hain*, MMR 2000, 537 (538).

285 *Engel*, ZUM 2005, 776.

und auf medienrelevanten Märkten kennzeichnen, und im Rahmen einer Gesamtbeurteilung abzuwägen."[286] In die Gesamtbeurteilung werden dabei verschiedene qualitative Kriterien einbezogen: „[D]ie Konkurrenzlage, [...] [der] Abstand des Marktführers vor seinen Konkurrenten und die Situation auf vorgelagerten Märkten, insbesondere beim Rechteerwerb, [...], ferner ist die Kontrolle der Zugangssysteme und der Einfluß im Produktionsbereich von Gewicht"[287].

Diesen qualitativen Ansatz begründen die KEK und die ihr zustimmenden Teile der Literatur[288] mit dem Verfassungsrecht. Die Forderung nach der Verhütung vorherrschender Meinungsmacht entstamme der Rechtsprechung des Bundesverfassungsgerichts und dieses fordere effektive Maßnahmen zur Verhinderung der Entstehung vorherrschender Meinungsmacht.[289] Aus dieser Sichtweise folge große Flexibilität in der Konzentrationskontrolle.[290] Zudem verenge die alleinige Bezugnahme auf den Zuschaueranteil die Aufgabe der Sicherung der Meinungsvielfalt zu sehr und lasse sich mit der Verfassungsrechtsprechung nicht vereinbaren.[291] „Das in § 26 RStV verankerte Gebot der Sicherung der Meinungsvielfalt im Fernsehen verlangt vielmehr die von der KEK zu leistende, wertende Gesamtschau, ob von der Zulassung eines einem bestimmten Veranstalter zurechenbaren weiteren Programms eine Gefährdung der schutzbedürftigen und -würdigen Meinungsvielfalt zu erwarten ist. Dieser Aufgabe vermag die KEK nicht zu genügen, ohne alle Faktoren der Einflußnahme auf die bundesweite, öffentliche Meinungsbildung in ihre Wertung mit einzubeziehen und sie zu dem durch die Zulassung eines Fernsehprogramms hinzukommenden weiteren meinungsbeeinflussenden Faktor in Bezug zu setzen."[292]

286 KEK 07/029, S. 24.

287 KEK 040, S. 25.

288 *Mestmäcker/Veelken*, in: Immenga/Mestmäcker, GWB, 3. Aufl. (2001), Vor 35 GWB Rdnr. 104f.; *Hain*, MMR 2000, 537; *Hain*, in: Landesmedienanstalten (Hrsg.), Medienrelevante verwandte Märkte, Symposium v. 17.10.2005, S. 18f.; *Trute*, in: Hahn/Vesting, Rundfunkrecht, § 26 RStV Rdnr. 38; *Huber*, Verw. Bd. 40 (2007), 1 (3ff.); *Janik*, AfP 2002, 104 (111); *Neft*, ZUM 1998, 458 (459f.); *Renck-Laufke*, ZUM 2000, 105 (107f.); *Renck-Laufke*, ZUM 2006, 907 (911ff.).

289 KEK 026, S. 21f.; KEK 040, S. 30; *Engel*, ZUM 2005, 776 (778); *Hain*, in: Landesmedienanstalten (Hrsg.), Medienrelevante verwandte Märkte, Symposium v. 17.10.2005, S. 18f.

290 *Engel*, ZUM 2005, 776 (778).

291 *Hain*, MMR 2000, 537(540f.); *Trute*, in: Hahn/Vesting, Rundfunkrecht, § 26 RStV Rdnr. 38.

292 KEK 040, S. 31f.

b. *Quantitativer Ansatz*

Die Konferenz der Direktoren der Landesmedienanstalten (KDLM), die zum 31.08.2008 zugunsten einer Umstrukturierung der KEK durch den 10. RÄStV aufgelöst wurde, vertrat demgegenüber die Gegenposition[293], wonach sich vorherrschende Meinungsmacht allein aus der Bestimmung der Zuschaueranteile gem. § 26 II RStV beurteilen lasse. Absatz 2 enthalte die einzigen Voraussetzungen für ihre Bestimmung und könne nicht aus anderen Umständen abgleitet werden.[294] Dieser Ansatz ist als quantitativer[295] zu werten, weil er allein auf die Zuschaueranteilsgrenzen in § 26 II RStV abstellt und dem Absatz 1 keine eigenständige Bedeutung beimisst. Die KDLM argumentiert mit dem Wortlaut und der Gesetzessystematik. Die Wendung „nach Maßgabe der nachfolgenden Bestimmungen" in Absatz 1 erfordere eine Verknüpfung des Absatzes 1 mit Absatz 2. Auch entstehungsgeschichtlich sei nichts anderes zu folgern.[296]

Teile der Literatur[297] haben sich dieser Ansicht angeschlossen und urteilen sogar, dass die KEK contra legem handele und letztlich ihre Kompetenz in der Rundfunkkonzentrationskontrolle überschreite, wenn sie die Konzentrationskontrolle nach eigenen Vorstellungen ausgestalte.[298] So sei die Einbeziehung medienrelevanter verwandter Märkte in einer Gesamtbetrachtung bei Unterschreitung der Zuschaueranteilsschwellen gesperrt. Dies habe der Gesetzgeber zum Ausdruck gebracht, als er mit dem 6. RÄStV die Formulierung „geringfügige Unterschreitung" in § 26 II 2 RStV in einen quantitativen Wert änderte.[299] Für die Richtigkeit dieser Ansicht wird des Weiteren ins Feld geführt, dass der

293 KDLM, Beschluss v. 7.11.1998 (Discovery Channel) = KDLM, ZUM 1998, 1054.

294 KDLM, ZUM 1998, 1054 (1057).

295 *Hain*, MMR 2000, 537.

296 KDLM, ZUM 1998, 1054 (1057).

297 *Hepach*, ZUM 2003, 112 (115f.); *Engel*, ZUM 2005, 776 (780f.); *Gersdorf*, in: Landesmedienanstalten (Hrsg.), Medienrelevante verwandte Märkte, Symposium v. 17.10.2005, S. 15, 30f.; *Pfeifer*, Vielfaltssicherung im bundesweiten Fernsehen, S. 69ff., 84 Nr. 2–4; *Dittmann*, Die allzu kecke KEK?, in: Geiß/Mailänder (Hrsg.), Festschrift für Karl Peter Mailänder, S. 474f.; *Jungheim*, Medienordnung und Wettbewerbsrecht, S. 570. Im Ergebnis wohl auch *Hartstein/Ring/Kreile*, RStV, Bd. 2, 21. AL 07/2004, § 26 Rdnr. 8 a.E., die bekennen, dass ihre Auffassung dem Beschluss der KDLM vom 7.11.1998 sehr nahe komme, im Detail erkennen sie aber die Vermutungswirkung von § 26 II RStV an.

298 *Hepach*, ZUM 2003, 112 (116); *Engel*, ZUM 2005, 776 (779); *Engel*, in: Landesmedienanstalten (Hrsg.), Medienrelevante verwandte Märkte, Symposium v. 17.10.2005, S. 36.

299 *Hepach*, ZUM 2003, 112 (115f.).

Gesetzgeber dem Wunsch der KEK auf Streichung der Wendung „nach Maßgabe der nachfolgenden Bestimmungen“ nicht nachgekommen sei.[300] Der Gesetzgeber drücke dadurch seine Entscheidung für das Zuschaueranteilsmodell aus.[301] Für die Verbindlichkeit der Zuschaueranteile wird schließlich auch auf § 26 IV RStV verwiesen, der Bezug auf die Zuschaueranteilsschwellen nimmt.[302]

c. Vermittelnder Ansatz: Regelbeispiele mit Leitbildcharakter

Im Schrifttum hat sich ein durch *Holznagel* und *Krone*[303] vermittelnder Ansatz zwischen die eben beschriebenen Positionen geschoben. Diesem Ansatz ist im Ergebnis das Bundesverwaltungsgericht gefolgt.

Holznagel und *Krone* führen aus, dass sich der Gesetzgeber für das Zuschaueranteilsmodell ausgesprochen habe, aber durch die Generalklausel in Absatz 1 zum Ausdruck bringen wollte, dass es Fälle geben könne, in denen die Vermutungen des § 26 II 1, 2 RStV nicht griffen, jedoch verfassungsrechtlich ein Handeln durch die KEK gefordert sei.[304] Absatz 2 enthalte Regelbeispiele, bei denen dem Zuschaueranteil ein Leitbildcharakter zukomme.[305] Die „indizielle Bedeutung des Regelbeispiels kann im Rahmen einer Gesamtabwägung nur kompensiert werden, wenn sich der Einzelfall aufgrund individueller Besonderheiten vom Normalfall so deutlich abhebt, dass ein Festhalten an der Regelrechtsfolge unangemessen erscheint. Dabei hat der Rechtsanwender zum einen den Sinn des Regelbeispiels und die dabei vom Gesetzgeber getroffenen Wertungen zu beachten. Zum anderen ist sicherzustellen, dass die besonderen Umstände, auf die er sich stützt, ihrem Gewicht nach den Regelbeispielen entsprechen.“[306] Bestehe eine Ähnlichkeit mit einem Regelbeispiel, sei es der KEK als Anwenderin des Rechts nicht erlaubt, eigene Wertungen an die Stelle der Wertungen des Gesetzgebers zu setzen. Die KEK sei erst dann zu einer freien Gesamtabwägung aufgerufen,

---

300 *Engel*, ZUM 2005, 776 (779) mit Verweis auf KEK 156-2, S. 7; *Jungheim*, Medienordnung und Wettbewerbsrecht, S. 570.

301 *Engel*, ZUM 2005, 776 (779) m.w.N.

302 *Engel*, ZUM 2005, 776 (779).

303 Siehe hierzu *Holznagel/Krone*, MMR 2005, 666 (673); *Holznagel*, Rechtsgutachten zur Auslegung des § 26 Absatz 2 Satz 2 RStV, S. 28ff. Ebenso *Holznagel*, in: Landesmedienanstalten (Hrsg.), Medienrelevante verwandte Märkte, Symposium v. 17.10.2005, S. 24, 43f.

304 *Holznagel*, Rechtsgutachten zur Auslegung des § 26 Absatz 2 Satz 2 RStV, S. 29; *Holznagel/Krone*, MMR 2005, 666 (673).

305 *Holznagel/Krone*, MMR 2005, 666 (673).

306 *Holznagel/Krone*, MMR 2005, 666 (673).

wenn der Einzelfall Besonderheiten aufwiese, die sich durch die kodifizierten Regelbeispiele nicht angemessen erfassen ließen.[307] Zusammenfassend bedeutet das: „,Vorherrschende Meinungsmacht' kann auch unabhängig von den Vermutungsschwellen des § 26 II, 1 und 2 RStV vorliegen. Allerdings hat die KEK die vom Gesetzgeber getroffene Wertung, dass ein Zuschaueranteil von weniger als 25% in der Regel als unbedenklich einzustufen ist, zu beachten. Nur wenn die vom Gesetzgeber vorgegebene Eingriffsschwelle im Lichte verfassungsrechtlicher Erwägungen offensichtlich unangemessen ist, kann der § 26 I RStV im Rahmen einer Gesamtabwägung auch bei Unterschreitung der Schwellenwerte Anwendung finden."[308]

Der 6. Senat des Bundesverwaltungsgerichts hat sich dieser Auffassung in seinem 1. Revisionsurteil aus dem Jahr 2010 zum Rechtsstreit Axel Springer AG gegen die BLM wegen der Untersagung der Übernahme der ProSiebenSat.1 AG angeschlossen.[309] Im 2. Revisionsurteil aus dem Jahr 2014 wiederholt und bestätigt der Senat seine zuvor geäußerte Rechtsauffassung.[310] Er konkretisiert seine Ansicht dahin, dass Aktivitäten auf anderen Medienmärkten nur dann eine Bedeutung hätten, wenn sie eine ohnehin beträchtliche Meinungsmacht im Fernsehen zu einer vorherrschenden Meinungsmacht verstärken könne.[311] Dabei habe die KEK zu beachten, dass es ausgeschlossen sei, der Stellung auf dem Fernsehmarkt ein ausschließlich relatives Gewicht beizumessen, welches stets durch ein entsprechend höheres Gewicht, das sich aus der Stellung des jeweiligen Veranstalters auf medienrelevanten verwandten Märkten ergebe, ausgeglichen werden könne. Je weiter der Schwellenwert von 25% Zuschaueranteil unterschritten werde, desto mehr entferne sich die Rechtsanwendung von den Wertungen, die der Gesetzgeber in den Vermutungsregeln zum Ausdruck gebracht habe und desto stärker gerate die Prüfung der Unbedenklichkeit zu einer allgemeinen, statt spezifisch fernsehbezogenen Medienkonzentrationskontrolle.[312] Zur Frage, welcher Grenzwert anzusetzen sei, ab dem sich die Einbeziehung medienrelevanter verwandter Märkte verbiete, geht der Senat davon aus, dass bei einem Zuschaueranteil von unter 20% die Stellung des Fernsehveranstalters auf dem Fernsehmarkt nach den Wertungen des Gesetzgebers regelmäßig nur noch

---

307 *Holznagel/Krone*, MMR 2005, 666 (673).

308 *Holznagel/Krone*, MMR 2005, 666 (673); *Holznagel*, Rechtsgutachten zur Auslegung des § 26 Absatz 2 Satz 2 RStV, S. 30f.

309 BVerwG v. 24.11.2010, Az. 6 C 16.09, Rdnr. 44.

310 BVerwG v. 29.01.2014, Az. 6 C 2.13, Rdnr. 29.

311 BVerwG v. 29.01.2014, Az. 6 C 2.13, Rdnr. 34.

312 BVerwG v. 29.01.2014, Az. 6 C 2.13, Rdnr. 35.

ein so geringes Gewicht habe, dass es auch unter Berücksichtigung von Aktivitäten auf verwandten medienrelevanten Märkten nicht mehr zur Annahme einer vorherrschenden Meinungsmacht ausreiche.[313] Den Grenzwert von 20% lege die Systematik des § 26 II RStV nahe. Danach werde vorherrschende Meinungsmacht nach Satz 1 bei einem Zuschaueranteil von 30% vermutet. Der Grenzwert könne auf 25% abgesenkt werden, wenn bestimmte Faktoren außerhalb des Fernsehens vorliegen. Der Normgeber nehme einen Schritt von 5% vor. Es sei nicht anzunehmen, dass er für eine weitergehende Absenkung der Schwelle außerhalb der Vermutungstatbestände einen größeren Schritt für richtig halten könne. Ein noch größerer Schritt würde sich über die Wertung des Gesetzgebers hinwegsetzen, dass ein tatsächlicher Zuschaueranteil von weniger als 25% in der Regel als unbedenklich einzustufen sei.[314] Ob der Grenzwert starr bei 20% anzusetzen ist, ließ der Senat im Ergebnis offen, weil im konkreten Fall aufgrund des Abzuges der Bonuspunkte der Grenzwert von 20% jedenfalls deutlich unterschritten gewesen sei.[315]

d. Stellungnahme

Die KEK hat zu erkennen gegeben, dass sie künftig der Rechtsauffassung des Bundesverwaltungsgerichts folgen werde.[316] Damit ist der Streit über die Auslegung des Verhältnisses von Absatz 1 zu Absatz 2 keineswegs beigelegt. Genau betrachtet führt sich der Streit nun zwischen dem quantitativen und dem vermittelnden Ansatz fort. Die Vertreter des quantitativen Ansatzes verneinen die Eigenständigkeit des Absatzes 1 als Grundtatbestand, während die vermittelnde Ansicht dem Absatz 1 eine solche Funktion grundsätzlich zugesteht, die KEK hierbei aber die Wertungen des Gesetzgebers, dass die Zuschaueranteile Regelbeispiele mit Leitbildcharakter seien, beachten müsse.

aa. Wortlaut

Der Wortlaut von § 26 I RStV besagt, dass vorherrschende Meinungsmacht „nach Maßgabe der nachfolgenden Bestimmungen“ zu beurteilen ist. Diese Formulierung lässt unterschiedliche Interpretationen zu. Mitglieder der BLM, KDLM und andere meinen, dass der Wortlaut „nach Maßgabe der nachfolgenden

313 BVerwG v. 29.01.2014, Az. 6 C 2.13, Rdnr. 36.
314 BVerwG v. 29.01.2014, Az. 6 C 2.13, Rdnr. 36.
315 BVerwG v. 29.01.2014, Az. 6 C 2.13, Rdnr. 37ff.
316 *Landesmedienanstalten* (Hrsg.), Von der Fernsehzentrierung zur Medienfokussierung, S. 465.

Bestimmungen" bedeute, dass § 26 II RStV eine abschließende Regelung enthalte und eine notwendige Voraussetzung für die Bestimmung der vorherrschenden Meinungsmacht sei.[317] Den Vermutungen im nachfolgenden Absatz kommen nach diesem Verständnis materielle Tatbestandswirkungen im Sinne von Aufgreiftatbeständen zu. Die Vertreter der Gegenansicht[318] argumentieren dahingegen, dass sich bei näherem Hinsehen in Absatz 2 keine „Maßgabe", sondern lediglich die Statuierung einer „Vermutung" im Sinne von § 292 ZPO erkennen ließe.[319] § 26 II RStV sei danach eine gesetzlich wiederlegbare Vermutung[320] und damit eine Vorschrift des Beweisrechts. Gesetzliche Vermutungen würden lediglich den Nachweis des Vorhandenseins gewisser Tatsachen erleichtern, bestimmen den materiellen Tatbestand, um dessen Nachweis es gehe aber nicht selbst, sondern setzen ihn voraus.[321] Die in Bezug genommene Tatsache sei die

---

317 KDLM, ZUM 1998, 1054 (1057); *Pfeifer*, Vielfaltssicherung im bundesweiten Fernsehen, S. 70; *Bornemann*, MMR 2006, 275 (278).

318 Unter anderem *Renck-Laufke*, ZUM 2006, 907 (911f.); *Hain*, K&R 2006, 150 (154f.); *Huber*, Verw. Bd. 40 (2007), 1 (5); *Prütting*, Die Vermutung vorherrschender Meinungsmacht, in: *Prütting, u.a.* (Hrsg.), Marktmacht und Konzentrationskontrolle auf dem Fernsehmarkt, S. 115ff.; *Prütting*, Die Vermutung im Kartellrecht, in: Baur (Hrsg.), Festschrift für Vieregge, S. 734ff.; *Trute*, in: Hahn/Vesting, Rundfunkrecht, § 26 Rdnr. 35ff.; *Stock*, Konzentrationskontrolle in Deutschland nach der Neufassung des Rundfunkstaatsvertrags (1996), in: Stock/Röper/Holznagel (Hrsg.), Medienmarkt und Meinungsmacht, S. 27ff.; KEK 293-1 bis -5, S. 72f.; BVerwG v. 24.11.2010, Az. 6 C 16.09, Rdnr. 33.

319 VG München v. 8.11.2007, Az. M 17 K 06.2675, Tz. 54; *Renck-Laufke*, ZUM 2006, 907 (911f.)

320 Siehe hierzu instruktiv *Prütting*, Die Vermutung vorherrschender Meinungsmacht, in: *Prütting, u.a.* (Hrsg.), Marktmacht und Konzentrationskontrolle auf dem Fernsehmarkt, S. 115ff.; *d Prütting.*, Die Vermutung im Kartellrecht, in: Baur (Hrsg.), Festschrift für Vieregge, S. 734ff.; ebenso unter Einbeziehung der Entstehungsgeschichte *Stock*, Konzentrationskontrolle in Deutschland nach der Neufassung des Rundfunkstaatsvertrags (1996), in: Stock/Röper/ Holznagel (Hrsg.), Medienmarkt und Meinungsmacht, S. 27ff., 72. Vgl. auch *Gounalakis/ Zagouras*, Medienkonzentrationsrecht, S. 110ff.; *Dörr*, AfP-Sonderheft 2007, 33 (35ff.); *Dörr*, Vielfaltssicherung in Gefahr?, in: Geiß/Mailänder (Hrsg.), Festschrift für Karl Peter Mailänder, S. 489ff.

321 BVerwG v. 24.11.2010, Az. 6 C 16.09, Rdnr. 33; *Trute*, in: Hahn/Vesting, Rundfunkrecht, § 26 Rdnr. 37; Siehe dazu KEK 293-1 bis -5, S. 72 und *Huber*, Verw. Bd. 40 (2007), 1 (5) wonach Vermutung bedeute, dass aufgrund bestimmter im Gesetz genannter Tatsachen (der „Vermutungsbasis") auf eine andere Tatsache („Vermutungsfolge") geschlossen werde, die auf dieser Grundlage angenommen, jedoch nicht bewiesen oder abschließend beschrieben werde.

Verhinderung vorherrschender Meinungsmacht in § 26 I RStV. § 26 II RStV normiere nicht, was vorherrschende Meinungsmacht ist, sondern besagt lediglich, wann vorherrschende Meinungsmacht vermutet wird.[322] Auch die § 26 III und IV RStV als nachfolgende Bestimmungen von § 26 I RStV enthalten nur Sanktionen, die bei vorherrschender Meinungsmacht zu erfolgen haben. Auch hier wird nicht definiert, was vorherrschende Meinungsmacht ist.[323] Der Wortlaut spricht daher unter Berücksichtigung der Rechtsnatur der Vermutung für die Eigenständigkeit des § 26 I RStV.

bb. Systematik

In gesetzessystematischer Hinsicht ist festzustellen, dass § 26 IV Nr. 1 und Nr. 2 RStV auf § 26 II 1 und 2 RStV verweisen. Hat ein Rundfunkunternehmen durch internes Wachstum (i.S.v. § 26 IV RStV) vorherrschende Meinungsmacht erlangt, kann das Unternehmen ihm zurechenbare Beteiligungen an Veranstaltern aufgeben, bis der zurechenbare Zuschaueranteil des Unternehmens unter die Grenze des § 26 II 1 RStV fällt (Nr. 1) oder es kann seine Marktstellung auf medienrelevanten verwandten Märkten vermindern oder ihm zurechenbare Beteiligungen an Veranstaltern aufgeben, bis keine vorherrschende Meinungsmacht nach § 26 II 2 RStV mehr gegeben ist (Nr. 2). Die Bezugnahme der § 26 IV Nr. 1 und 2 RStV auf § 26 II 1, 2 RStV könne daher als Hinweis für die Bestimmung vorherrschender Meinungsmacht aufgrund von Zuschaueranteilen gewertet werden.[324] Dagegen kann erstens vorgebracht werden, dass bei der Regulierung internen Wachstums eine Anknüpfung an die Zuschaueranteile naheliegt, weil internes Wachstum im Zusammenhang mit den Zuschaueranteilen steht. Darüber hinaus ist ein systematischer Zusammenhang aber nicht erkennbar. § 26 IV Nr. 3 RStV nimmt nicht auf die Zuschaueranteile Bezug, sondern verweist auf die vielfaltssichernden Maßnahmen gem. §§ 30 bis 32 RStV. Die Zuschaueranteile spielen bei der Einräumung von Sendezeiten für unabhängige Dritte (§ 31 RStV) und bei der Einrichtung eines Programmbeirats (§ 32 RStV) keine Rolle. Zweitens verzichtet auch § 26 III RStV, der die extern erwachsene vorherrschende

---

322 KEK 293-1 bis -5, S. 72; VG München v. 8.11.2007, Az. M 17 K 06.2675, Tz. 54; *Huber*, Verw. Bd. 40 (2007), 1 (5); *Renck-Laufke*, ZUM 2006, 907 (911f.).

323 *Huber*, Verw. Bd. 40 (2007), 1 (5).

324 Vgl. hierzu auch *Pfeifer*, Vielfaltssicherung im bundesweiten Fernsehen, S. 62; *Dittmann*, Die allzu kecke KEK?, in: Geiß/Mailänder (Hrsg.), Festschrift für Karl Peter Mailänder, S. 475.

Meinungsmacht regelt, auf eine Bezugnahme auf die Zuschaueranteile. In § 26 III RStV wird allgemein auf vorherrschende Macht abgestellt.[325]

Eine weitere Überlegung in gesetzessystematischer Hinsicht resultiert aus einem Vergleich mit den Landesrundfunkgesetzen.[326] Auch dort ist in unterschiedlichen Fassungen normiert, dass Rundfunkunternehmen keine vorherrschende Meinungsmacht erlangen dürfen. Anders als im RStV verzichten die Landesrundfunkgesetze auf eine Bestimmung der vorherrschenden Meinungsmacht aufgrund von Zuschaueranteilen.[327] Das kann dahingehend verstanden werden, dass die Zuschaueranteile nicht alleiniger Maßstab sein können. Vorherrschende Meinungsmacht muss auch anderweitig konkretisiert werden können.[328]

cc. Sinn und Zweck

Im 3. Rundfunkurteil legte das Bundesverfassungsgericht fest, dass es für die Veranstaltung bundesweiten privaten Rundfunks einer positiven Ordnung bedürfe.[329] In dieser Rundfunkordnung müsse auch verankert sein, dass die Meinungsvielfalt im Rundfunk gesichert werde, somit ein Meinungsmarktplatz geschaffen und der Entstehung vorherrschender Meinungsmacht vorgebeugt werde.[330] Keine oder einzelne gesellschaftliche Gruppen dürfen in die Lage versetzt werden, die öffentliche Meinungsbildung im Rundfunk einseitig zu beeinflussen und andere von der Teilnahme am Meinungsbildungsprozess auszuschließen.[331] Dies sei umso wichtiger, als einmal eingetretene Fehlentwicklungen, wenn überhaupt, nur bedingt und nur unter erheblichen Schwierigkeiten rückgängig gemacht werden können.[332] Mit dem § 26 RStV haben die Landesgesetzgeber die materielle Rundfunkkonzentrationskontrolle normiert. Hiermit sollen die Vorgaben des Bundesverfassungsgerichts erfüllt werden. Diesem Ziel dient das Zuschaueranteilsmodell des § 26 II 1, 2 RStV ebenso wie eine Gesamtwürdigung nach § 26 I RStV.

---

325 Siehe dazu auch *Huber*, Verw. Bd. 40 (2007), 1 (6); KEK 293-1 bis -5, S. 74.

326 *Huber*, Verw. Bd. 40 (2007), 1 (6).

327 So bspw. § 24 II LMedG Baden-Württemberg, wonach vorherrschende Meinungsmacht durch den Ausgleich mindestens ebenso vieler weiterer, vergleichbarer meinungsrelevanter Rundfunkprogramme verhindert werden kann. Weitere Beispiele bei KEK 293-1 bis -5, S. 73f. Ebenso bei *Huber*, Verw. Bd. 40 (2007), 1 (6 Fn. 20).

328 KEK 293-1 bis -5, S. 73f.

329 BVerfGE 57, 295 (320).

330 BVerfGE 57, 295 (322f.).

331 BVerfGE 57, 295 (322ff).

332 BVerfGE 57, 295 (323).

dd. Entstehungsgeschichte

Mit dem 3. RÄStV vollzog sich der Wechsel vom Beteiligungsmodell zum Zuschaueranteilsmodell. Das Beteiligungsmodell erwies sich als wenig effektiv für die Sicherung der Meinungsvielfalt. Es begünstigte im Gegenteil die Anbieterkonzentration.[333] Mit dem Zuschaueranteilsmodell ging man von der Annahme aus, dass der Publikumskontakt ein guter Indikator für die Beurteilung der Einflussnahme eines Rundfunkveranstalters sei[334] und damit das Entstehen vorherrschender Meinungsmacht vor der Entstehung erkannt werden könne. Dem Zuschaueranteilsmodell wurde im Vergleich zu den anderen diskutierten Modellen[335] größere Effektivität in der Sicherung der Meinungsvielfalt zugesprochen.

In der amtlichen Begründung des 3. RÄStV zu § 26 RStV heißt es, dass ein Rundfunkunternehmen trotz Erreichens der 30% Zuschaueranteilsgrenze das Vorliegen vorherrschender Meinungsmacht widerlegen könne. Umgekehrt schließe die Ausgestaltung der 30%-Grenze als Vermutungsgrenze nicht aus, dass die KEK vorherrschende Meinungsmacht im Fernsehen auch unterhalb dieser Grenze feststellen könne. Allerdings werde dies an die KEK besondere Anforderungen an den Nachweis stellen.[336] Das kann dahingehend gewertet werden, dass der Zuschaueranteil nicht das alleinige Kriterium für die Feststellung vorherrschender Meinungsmacht sein sollte.[337] Anders lässt es sich nicht erklären, warum die KEK einerseits vorherrschende Meinungsmacht auch unterhalb der Grenze feststellen könne und zum anderen einem Rundfunkunternehmen trotz Erreichens der Zuschaueranteilsgrenze der Gegenbeweis offen stehe.[338]

Mit dem 6. RÄStV wurde die bis dahin geltende Geringfügigkeitsgrenze in § 26 II 2 RStV in eine quantitative Begrenzung von § 25% Zuschaueranteil geändert. Hierdurch sollte die Diskussion beendet werden, welchem Wert die

---

333 Amtl. Begr. zu § 25 3.RÄStV, abgedruckt bei *Hartstein/Ring/Kreile*, RStV, Bd. 2, § 25.

334 *Hasebrink*, Zur Berücksichtigung medienrelevanter verwandter Märkte bei der Anwendung des Zuschaueranteilsmodells (§ 26 Abs. 2 Satz 2 RStV), S. 4: „Je mehr Menschen mit den Programmen eines Fernsehveranstalters Kontakt haben und je länger diese Kontakte dauern, desto mehr potenzielle Meinungsmacht wird diesem Veranstalter zugeschrieben." *Pfeifer*, Vielfaltssicherung im bundesweiten Fernsehen, S. 28.

335 Siehe eine Übersicht der Alternativmodelle bei *Trute*, in: Hahn/Vesting, Rundfunkrecht, § 26 Rdnrn. 15ff.

336 Amtl. Begr. zu § 26 3. RÄStV, abgedruckt bei *Hartstein/Ring/Kreile*, RStV, Bd. 2, § 26.

337 VG München v. 8.11.2007, Az. M 17 K 06.2675, Tz. 55 wonach es sich bei den Zuschaueranteilen um eine Messlatte handele, die nach oben und unten offen sei.

338 *Gounalakis/Zagouras*, AfP 2006, 93 (101).

Geringfügigkeit[339] entspreche. Die Änderung der Geringfügigkeitsgrenze in einen quantitativen Wert trägt zur Auslegung des Verhältnisses von Absatz 1 zu Absatz 2 des § 26 RStV indes nichts bei. Einerseits wird mit der Einfügung des quantitativen Zuschaueranteils und der fortbestehenden Verweisung in § 26 I RStV auf Absatz 2 der Wille des Gesetzgebers gesehen, eine abschließende Beurteilung vorherrschender Meinungsmacht nach quantitativen Maßstäben zu normieren. Die nach qualitativen Kriterien erfolgende maßstabslose Kontrolle[340] der KEK solle beschränkt werden.[341] Andererseits werde trotz der Änderung in einen quantitativen Zuschaueranteil nach § 26 II 2 RStV weiterhin die Einbeziehung medienrelevanter verwandter Märkte und eine wertende Gesamtschau ermöglicht. Dadurch bekomme der Zuschaueranteilswert wieder eine indizielle Bedeutung.[342] Einen Hinweis zum Verhältnis beider Absätze findet sich in der Gesetzesbegründung zum 6. RÄStV nicht[343], weshalb keine Aussage darüber getroffen werden kann, ob die Gesamtbetrachtung aus § 26 II 2 2. Alt. RStV auch in § 26 I RStV hineingelesen werden kann. Aus dem Schweigen des Gesetzgebers kann man keine Deutungspräferenz entnehmen.[344]

Dem Begehren der KEK, den Passus zu streichen, wonach vorherrschende Meinungsmacht nach Maßgabe der nachfolgenden Bestimmung zu beurteilen sei, ist der Landesgesetzgeber nicht nachgekommen.[345] Mit dieser Änderung hätte er Klarheit schaffen können. Die Nichtstreichung bedeutet aber wiederum auch kein ausdrückliches Bekenntnis für die Zuschaueranteile als alleinige Beurteilungskriterien. Dies würde durch eine sprachliche Änderung des Normentextes deutlicher zum Ausdruck gebracht werden.

Die Entstehungsgeschichte erlaubt deshalb kein eindeutiges Urteil über das Verhältnis von § 26 I und II RStV.

---

339 Siehe zum Streit nur *Pfeifer*, Vielfaltssicherung im bundesweiten Fernsehen, S. 16 m.w.N.

340 *Engel*, ZUM 2006, 776.

341 *Pfeifer*, Vielfaltssicherung im bundesweiten Fernsehen, S. 65.

342 *Gounalakis/Zagouras*, AfP 2006, 93 (101).

343 Amtl. Begr. zu § 26 6. RÄStV ist abgedruckt bei *Hartstein/Ring/Kreile*, RStV, Bd. 2, § 26.

344 *Gounalakis/Zagouras*, AfP 2006, 93 (101).

345 *Engel*, ZUM 2005, 776 (779) mit Verweis auf KEK 156-2, S. 7; *Pfeifer*, Vielfaltssicherung im bundesweiten Fernsehen, S. 65 m.w.N.; *Dittmann*, Die allzu kecke KEK?, in: Geiß/Mailänder (Hrsg.), Festschrift für Karl Peter Mailänder, S. 475.

ee. Schlussbetrachtung

Der quantitative Ansatz der KDLM gibt eine eindeutige Regelung vor. Bei Erreichen der Zuschaueranteilsgrenze von 30% wird im Rahmen von § 26 II 1 RStV das Vorliegen vorherrschende Meinungsmacht angenommen. Bei Überschreiten der 25%-Grenze werden gem. § 26 II 2 RStV die Aktivitäten auf medienrelevanten verwandten Märkten in den Blick genommen. Für Rundfunkunternehmen erwächst daraus eine große Rechtssicherheit. Durch diesen Ansatz wird die KEK aber im Endeffekt zu einer reinen „Zählinstitution"[346]. Ob mit dem quantitativen Ansatz eine effektive Vielfaltssicherung zu erreichen ist, ist indes zu bezweifeln, da nicht auszuschließen ist, dass es auch knapp unterhalb der Zuschaueranteilsschwellen zu einer Bedrohung der Meinungsvielfalt kommen kann. Zur Verdeutlichung soll folgende Überlegung dienen: Nach der quantitativen Leseart müsste ein Fernsehveranstalter mit 25% Zuschaueranteil und einer marktbeherrschenden Stellung auf nur *einem* medienrelevanten verwandten Markt (z. B. Hörfunk) zu vorherrschender Meinungsmacht gelangen. Ein anderer Fernsehveranstalter, der die 25%-Grenze auch nur mit 0,01% knapp unterschreitet, würde, auch wenn er auf *mehreren* medienrelevanten verwandten Märkten (z. B. Hörfunk, Programmzeitschriften, Tageszeitungen) über marktbeherrschende Stellungen verfügt, keine vorherrschende Meinungsmacht erreichen.[347] Selbst unter Berücksichtigung, dass die Rundfunkkonzentrationskontrolle fernsehzentriert ist und die vorherrschende Meinungsmacht *im Fernsehen* entstehen muss, erscheint sie starre Verschränkung auf den Zuschaueranteil für eine effektive Vielfaltssicherung zu starr. Diese Überlegung erhält dadurch noch mehr Gewicht, weil

---

346 *Kübler*, Die Konzentration im Medienbereich und ihre Kontrolle, in: Prütting u.a. (Hrsg.), Marktmacht und Konzentrationskontrolle auf dem Fernsehmarkt, S. 18, der eine Reduzierung des RStV auf die Subsumtion von Anträgen unter den von der GfK ermittelten Zuschaueranteile formuliert. *Hain*, in: Landesmedienanstalten (Hrsg.), Medienrelevante verwandte Märkte, Symposium v. 17.10.2005, S. 18; *Pfeifer*, Vielfaltssicherung im bundesweiten Fernsehen, S. 17. Andere Ansicht wohl *Engel*, in: Landesmedienanstalten (Hrsg.), Medienrelevante verwandte Märkte, Symposium v. 17.10.2005, S. 36. Siehe auch *Renck-Laufke* ZUM 2000, 369, die pointiert die Quintessenz der Gegenansicht formuliert, wonach die KEK „Zuschaueranteile berechnen, nicht Meinungsmacht bewerten [soll]". Dass dem ihrer Ansicht nach nicht so ist, siehe *a.a.O.* S. 373.

347 Beispiel geht zurück auf *Trute*, in: Hahn/Vesting, Rundfunkrecht, § 26 RStV Rdnr. 38. Dieses Beispiel greift BVerwG v. 24.11.2010, Az. 6 C 16.09, Rdnr. 37 auf. In diese Richtung auch *Lerche*, Meinungsvielfalt im deutschen bundesweiten Fernsehen, in: Schwarze/Hesse, Rundfunk und Fernsehen im digitalen Zeitalter, S. 24.

die Zuschaueranteilsgrenzwerte auf einen medienpolitischen Kompromiss[348] zurückgehen. Kommunikationswissenschaftlich sind keine definitiven Schwellenwerte zur Entstehung von Meinungsmacht begründbar. Die Grenzen können nur politisch, also gesetzgeberisch, festgelegt werden.[349]

Der vermittelnde Vorschlag, wonach die Zuschaueranteile Regelbeispiele mit Leitbildcharakter sind, berücksichtigt die Wertung des Gesetzgebers, die dieser mit der Einfügung des Zuschaueranteils getroffen hat. Den Zuschaueranteilen kommt damit auch bei § 26 I RStV grundsätzlich Bedeutung zu. Auf diese Weise wird sichergestellt, dass die Rundfunkkonzentrationskontrolle fernsehzentriert ist und nicht über § 26 I RStV eine Bewertung der Meinungsvielfalt im gesamten Medienmarkt eröffnet wird. Der vermittelnde Ansatz ist im Vergleich zum quantitativen Ansatz auch in der Lage umfassend die Entstehung vorherrschender Meinungsmacht effektiv zu verhindern. Das Bundesverfassungsgericht hat in mehreren Urteilen unterschiedliche Konstellationen aufgezeigt, die zur Entstehung von vorherrschender Meinungsmacht führen können.[350] Allein die Beachtung von Zuschaueranteilen kann kaum ausreichen, um unterschiedliche Bedrohungspotentiale im Rundfunk für die Meinungsvielfalt zu bekämpfen.[351] Zuschaueranteile eignen sich zur Bewertung von horizontaler Konzentration.[352] Hingegen können durch cross-mediale Verflechtungen Gefahren für die Meinungsvielfalt entstehen, denen nicht allein mit den Zuschaueranteilen Herr zu werden ist.[353]

Der vermittelnde Ansatz in der Ausformung, den er durch das Bundesverwaltungsgericht erhalten hat, ist daher dem quantitativen Ansatz (ebenso dem von der KEK bisher vertretenem und nunmehr aufgegebenen qualitativen Ansatz) vorzuziehen. Eine Rundfunkkonzentrationskontrolle im Rahmen des § 26 I RStV, obwohl die Zuschaueranteilsgrenzwerte nach § 26 II RStV nicht erfüllt sind, ist auch unter grundrechtlichen Gesichtspunkten akzeptabel. Die subjektiv gewährleistete Rundfunkfreiheit ist zum einen kein schrankenlos gewährleistetes Grundrecht (Art. 5 II GG) und muss zum anderen mit der objektiv-rechtlichen Gewährleistung

348 Siehe dazu schon oben unter C. IV. 1. a. und die Nachweise in Fn. 250.

349 *Pfeifer*, Vielfaltssicherung im bundesweiten Fernsehen, S. 28; *Hasebrink*, Zur Berücksichtigung medienrelevanter verwandter Märkte bei der Anwendung des Zuschaueranteilsmodells (§ 26 Abs. 2 Satz 2 RStV), S. 2.

350 BVerfGE 73, 118 (172, 175); BVerfGE 95, 163 (173); BVerfGE 97, 228 (257f.).

351 *Dörr*, AfP-Sonderheft 2007, 33 (36).

352 Siehe dazu auch *Janik*, AfP 2001, 104 (111).

353 *Gounalakis/Zagouras*, AfP 2006, 93 (102f.); VG München v. 8.11.2007, Az. M 17 K 06.2675, Tz. 58f.; *Janik*, AfP 2001, 104 (111); *Dörr*, AfP-Sonderheft 2007, 33 (38).

der Meinungsvielfalt im Rundfunk zum Ausgleich gebracht werden. Die Rundfunkfreiheit eines Veranstalters reicht nur soweit, wie er keine vorherrschende Meinungsmacht erlangt.[354] Die KEK hat zwar bekannt gegeben, dass sie die Rechtsprechung des Bundesverwaltungsgerichts bei ihrer Verwaltungspraxis beachten werde[355], eine Bindung an die Rechtsauffassung besteht allerdings nicht. Für mehr Rechtssicherheit sollte der vermittelnde Ansatz in der Gestalt, wie er ihn durch das Bundesverwaltungsgericht erfahren hat in § 26 RStV aufgenommen werden.[356]

3. *Medienrelevante verwandte Märkte*

§ 26 II 2 RStV enthält die einzige Bestimmung zur Handhabung cross-medialer Verflechtungen im bundesweit verbreiteten privaten Rundfunk. Neben einem erreichten Zuschaueranteil in Höhe von 25% muss das Unternehmen nach der ersten Alternative eine marktbeherrschende Stellung auf einem medienrelevanten verwandten Markt haben. Nach der zweiten Alternative wird vermutet, dass die Kumulation aus 25% Zuschaueranteilen und Aktivitäten auf medienrelevanten verwandten Märkten, die zusammen genommen einem Zuschaueranteil von 30% entsprechen, vorherrschende Meinungsmacht bedeutet. Medienrelevante verwandte Märkte haben demnach bei der Beurteilung von cross-medialen Verflechtungen eine große Bedeutung.

a. Definition

Der RStV nennt keine Definition für medienrelevante verwandte Märkte. In der amtlichen Begründung zum 3. RÄStV werden Werbung, Hörfunk, Presse, Rechte und Produktion als medienrelevante verwandte Märkte aufgezählt.[357] Diese Liste ist nicht abschließend. Aus ihr lassen sich zwar keine Anhaltspunkte für eine Definitionen ableiten[358], dennoch wird aus dieser Aufzählung eine Systematik erkennbar.[359]

aa. Marktabgrenzung

Die Länder nahmen bei der Erarbeitung der Rundfunkkonzentrationskontrolle die wettbewerbsrechtliche Zusammenschlusskontrolle zum Vorbild. In beiden

354 *Renck-Laufke*, ZUM 2006, 907 (914).
355 *Landesmedienanstalten* (Hrsg.), Von der Fernsehzentrierung zur Medienfokussierung, S. 465.
356 Siehe für eine mögliche Umsetzung den Reformvorschlag unter Kapitel 5. B. V.
357 Amtl. Begr. zu § 26 3. RÄStV, abgedruckt bei *Hartstein/Ring/Kreile*, RStV, Bd. 2, § 26.
358 *Grünwald*, in: Spindler/Schuster, Recht der elektronischen Medien, § 26 Rdnr. 15.
359 *Gounalakis/Zagouras*, AfP 2006, 93 (97).

Regularien wird der Marktbegriff verwendet. Es ist daher davon auszugehen, dass der RStV-Gesetzgeber bei der Marktabgrenzung von medienrelevanten verwandten Märkten den wettbewerbsrechtlichen Maßstab der Marktabgrenzung zumindest vor Augen hatte[360] ihn aber letzten Endes nicht übernahm. Die publizistische Marktabgrenzung ist weiter als die Marktabgrenzung nach dem Bedarfsmarktkonzept und orientiert sich an Mediengattungen.[361] Das zeigt sich in der amtlichen Begründung zum 3. RÄStV, wonach die Mediengattungen Werbung, Hörfunk, Presse, Rechte und Produktion genannt werden. Bei der Marktabgrenzung im Rahmen von § 26 II 2 RStV steht nicht der ökonomische, sondern der publizistische Wettbewerb und sein Bezugspunkt, die Sicherung der Meinungsvielfalt respektive die Verhinderung vorherrschender Meinungsmacht im bundesweit verbreiteten privaten Fernsehen im Vordergrund. Dies führt dazu, dass beispielsweise auf dem Pressemarkt nicht zwischen Wochen- und Sonntagszeitung und Straßen-/Einzelverkaufszeitungen und Abonnementzeitungen als eigene medienrelevante verwandte Märkte unterschieden wird.[362] Sie werden zusammen in der Kategorie Tageszeitungen erfasst. Diese nach publizistischen Gesichtspunkten motivierte Marktabgrenzung orientiert sich daran, dass für die Rundfunkkonzentrationskontrolle der Zuschaueranteil des bundesweit verbreiteten Rundfunks maßgeblich ist und eine Differenzierung nach Genre und Vertriebsweg nicht relevant ist.[363]

bb. Marktbeherrschende Stellung

Wegen der Vorbildfunktion des Kartellrechts für die Rundfunkkonzentrationskontrolle und der Verwendung gleicher Terminologien, richtet sich die Bestimmung der marktbeherrschenden Stellung auf einem medienrelevanten verwandten Markt nach der kartellrechtlichen marktbeherrschenden Stellung (§ 18 I, III GWB) und den Vermutungstatbeständen (§ 18 IV, VI GWB).[364]

---

360 *Mailänder*, AfP 2007, 297 (301); *Grünwald*, in: Spindler/Schuster, Recht der elektronischen Medien, § 26 Rdnr. 19; *Trute*, in: Hahn/Vesting, Rundfunkrecht, § 26 Rdnr. 47.

361 *Gounalakis/Zagouras*, Medienkonzentrationsrecht, S. 137.

362 *Grünwald*, in: Spindler/Schuster, Recht der elektronischen Medien, § 26 Rdnr. 19.

363 KEK 293-1 bis -5, S. 88.

364 *Mailänder*, AfP 2007, 297 (301); *Trute*, in: Hahn/Vesting, Rundfunkrecht, § 26 RStV, Rdnr. 48; einschränkend *Grünwald*, in: Spindler/Schuster, Recht der elektronischen Medien, § 26 Rdnr. 21.

cc. Medienrelevanz und Verwandtschaftsgrad

Im Gegensatz zur Bestimmung der marktbeherrschenden Stellung und der Marktabgrenzung werden die Kriterien Medienrelevanz und Verwandtschaftsgrad nicht einhellig beurteilt. *Grünwald* will nur solche Märkte als medienrelevant verwandt einbeziehen, die einen inhaltlichen Bezug zur Tätigkeit des Fernsehveranstalters haben.[365] Es müsse eine vergleichbare Leistung zur Veranstaltung von Rundfunk angeboten werden.[366] Eine solche wird bei vorgelagerten Beschaffungsmärkten, wie die Produktion und der Rechtehandel und bei nachgelagerten Vertriebsmärkten, wie dem Betrieb von Kabelnetzen und elektronischen Programmführern, angenommen. Danach werden Presse, Hörfunk und Online-Medien nicht per se erfasst. Sie sind zwar medienrelevant, aber nicht von sich aus mit dem Fernsehen verwandt. Nur wenn sie einen Bezug zum Fernsehen aufweisen, beispielsweise durch Programmzeitschriften oder Programmbegleitung (Webseite eines Fernseh-/Hörfunksenders), werden sie als medienrelevante verwandte Märkte akzeptiert.[367] Andere sehen dies richtigerweise als zu eng an. Eine so verstandene Marktabgrenzung in der Rundfunkkonzentrationskontrolle führt dazu, dass nicht alle Verflechtungen erfasst werden, die eine Gefahr für die Entstehung vorherrschender Meinungsmacht im Fernsehen darstellen. Eine enge Umschreibung lässt sich deshalb nicht mit dem verfassungsrechtlichen Verständnis der vorherrschenden Meinungsmacht vereinbaren.[368] Medienrelevante verwandte Märkte müssen offener interpretiert werden. Ansatzpunkt ist, dass sich der Markt durch eine meinungsrelevante Aktivität kennzeichnet.[369] Dem Sinn und Zweck der Rundfunkkonzentrationskontrolle entsprechend muss der einzubeziehende Markt auf die Meinungsbildung im Rundfunk einwirken können. Bei vertikalen Verflechtungen ist daher zu prüfen, wie viel Einfluss die vor- und nachgelagerten Wertschöpfungsstufen auf die Meinungsmacht der Fernsehveranstalter nehmen können. Bei cross-medialen Verflechtungen kann die Substituierbarkeit der angebotenen Leistungen mit Blick auf ihre Wirkungen auf die Meinungsbildung Maßstab sein. Je mehr sich die Wirkung des in Rede

---

365 *Grünwald*, in: Spindler/Schuster, Recht der elektronischen Medien, § 26 Rdnr. 16f.

366 *Grünwald*, in: Spindler/Schuster, Recht der elektronischen Medien, § 26 Rdnr. 16 m.w.N.

367 *Grünwald*, in: Spindler/Schuster, Recht der elektronischen Medien, § 26 Rdnr. 16.

368 *Trute*, in: Hahn/Vesting, Rundfunkrecht, § 26 RStV Rdnr. 49. Siehe dazu auch oben unter Kapitel 1, B. V. 2.

369 *Trute*, in: Hahn/Vesting, Rundfunkrecht, § 26 RStV Rdnr. 49; *Renck-Laufke*, ZUM 2000, 105 (111), wonach die grundgesetzlich gebotene Meinungsvielfalt Richtlinie dafür sei, was von den medienrelevanten verwandten Märkten umfasst werde.

stehende Mediums und seines Angebots dem des Fernsehens ähnelt und für austauschbar gehalten wird, desto größer wird sein Einflusspotential auf die Meinungsbildung im Fernsehen gesehen.[370] Die KEK geht von einem ähnlichen Verständnis aus. Sie nimmt an, die Medienrelevanz eines Marktes ergebe sich entweder aus der Bedeutung für den Prozess der öffentlichen Meinungsbildung im Fernsehen oder daraus, ob der Markt geeignet sei, die Meinungsmacht im Fernsehen zu verstärken.[371] Die KEK greift bei der Bewertung medienrelevanter verwandter Märkte auf die vom Bundesverfassungsgericht herausgearbeiteten Charakteristika des Fernsehens zurück. Das Fernsehen zeichne sich durch seine Suggestivkraft, Breitenwirkung und Aktualität aus.[372] Anhand dieser Leistungsmerkmale ermittelt sie den Verwandtschaftsgrad des medialen Marktes zum Fernsehen.[373]

(1) Suggestivkraft

Mit der Suggestivkraft des Fernsehens ist gemeint, dass das Fernsehen aufgrund der zeitgleichen Verwendung von Bildern und Ton den Anschein von Authentizität und Miterlebens vermittelt.[374] „Trotz der allgemein bekannten Tatsache, dass Bilder und Bildfolgen, auch im Zusammenwirken mit dem Ton, immer wieder manipuliert oder zusammengesetzt werden, um zielgerichtet Botschaften zu transportieren, neigt der Rezipient doch generell dazu, das Gesehene und Gehörte erst einmal für bare Münze zu nehmen. Das Bewegtbild bietet infolge der verwendeten audiovisuellen Codes wie Licht, Farbe und Kameraeinstellung weit größere dramaturgische Möglichkeiten als das geschriebene Wort. […] [V] or allem die Berichterstattung im […] Rundfunk […] [vermittelt] immer noch den Eindruck von Autorität und Glaubwürdigkeit."[375] Es wird angenommen, je umfassender und ausgeprägter ein Medium die Kommunikationsformen Text,

370 *Trute*, in: Hahn/Vesting, Rundfunkrecht, § 26 RStV Rdnr. 49.

371 KEK 293-1 bis -5, S. 80; *Landesmedienanstalten* (Hrsg.), Von der Fernsehzentrierung zur Medienfokussierung, S. 163.

372 BVerfGE 90, 60 (87).

373 KEK 293-1 bis -5, S. 81; *Landesmedienanstalten* (Hrsg.), Von der Fernsehzentrierung zur Medienfokussierung, S. 163. Kritisch zur Bezugnahme auf die Suggestivkraft, Breitenwirkung und Aktualität *Trute*, in: Hahn/Vesting, Rundfunkrecht, § 26 RStV Rdnr. 49a. Das VG München, Urteil v. 08.11.2007, Az.: M 17 K 06.2675, Tz 71 hat dieses Vorgehen als zulässig bestätigt.

374 BVerfGE 97, 228 (256).

375 *DLM*, Drittes Strukturpapier zur Unterscheidung von Rundfunk und Mediendiensten, S. 7.

Bild (bewegt/unbewegt) und Ton miteinander kombiniert, desto größer ist seine Suggestivkraft.[376]

(2) Breitenwirkung

Die Breitenwirkung des Fernsehens meint seine Reichweite und die Möglichkeit der Beeinflussung großer Bevölkerungsteile.[377]

(3) Aktualität

Aktualität war zunächst gleichbedeutend mit der Tagesaktualität.[378] Mittlerweile ist Maßstab für die Aktualität, wie schnell Inhalte an die Rezipienten übertragen werden können.[379]

b. Medienrelevante verwandte Märkte und ihre Gewichtung im Verhältnis zum Fernsehen

Nach der vorgenommenen Konkretisierung der Kriterien anhand derer medienrelevante verwandte Märkte bestimmt werden, sollen im Folgenden verschiedene Märkte aufgezeigt werden, die als medienrelevante verwandte Märkte Relevanz bei der Rundfunkkonzentrationskontrolle nach § 26 RStV erlangen können. Diese Übersicht ist nicht abschließend.[380] Aufgrund der fortschreitenden Entwicklung des Medienmarktes können Märkte, die derzeit noch Bedeutung für die Meinungsvielfalt im Rundfunk haben, diese verlieren, während neue Märkte hinzutreten.

§ 26 II 2 RStV bezieht medienrelevante verwandte Märkte in die Prüfung der Rundfunkkonzentrationskontrolle ein und verdeutlich dadurch, dass auch andere Medienmärkte Einfluss auf die Meinungsbildung im Fernsehen nehmen können. Weder der RStV noch seine Gesetzesbegründung geben einen Hinweis

---

376 *Landesmedienanstalten* (Hrsg.), Crossmediale Verflechtungen als Herausforderung für die Konzentrationskontrolle, S. 378 *Landesmedienanstalten* (Hrsg.), Auf dem Weg zu einer medienübergreifenden Vielfaltssicherung, S. 380; KEK 293-1 bis -5, S. 81.

377 BVerfGE 119, 181 (215).

378 *Landesmedienanstalten* (Hrsg.), Crossmediale Verflechtungen als Herausforderung für die Konzentrationskontrolle, S. 378; *Landesmedienanstalten* (Hrsg.), Auf dem Weg zu einer medienübergreifenden Vielfaltssicherung, S. 381; KEK 293-1 bis -5, S. 82.

379 BVerfGE 119, 181 (215).

380 Für eine Übersicht, welche Märkte potentiell medienrelevant verwandt sein können, *Landesmedienanstalten* (Hrsg.), Von der Fernsehzentrierung zur Medienfokussierung, S. 163ff.; http://www.kek-online.de/medienkonzentration/medienrelevante-verwandte-maerkte.html (zuletzt geprüft am 17.01.2016).

darauf, wie eine solche Einbeziehung in der Praxis umgesetzt werden soll. In der Sache der geplanten Übernahme der Senderfamilie ProSiebenSat.1 Media AG durch den Zeitungsverlag Axel Springer AG[381] war es das erste Mal erforderlich, dass die KEK eine Methode erarbeitet, mit der medienrelevante verwandte Märkte in der Rundfunkkonzentrationskontrolle Berücksichtigung finden. Um die medienrelevanten verwandten Märkte in ihre Prüfung einbeziehen zu können, entwickelte sie ein Gewichtungsmodell. Im Rahmen dieses Modells legte sie zunächst fest, welche Meinungsbildungsrelevanz dem medienrelevanten verwandten Markt zukomme. Dabei griff sie auf die vom Bundesverfassungsgericht auf das Fernsehen bezogenen und oben beschriebenen Leistungsmerkmale Aktualität, Breitenwirkung und Suggestivkraft zurück. Mit dem so erlangten Gewichtungsfaktor rechnet sie die Marktanteile, die ein Unternehmen auf einem medienrelevanten verwandten Markt hat, in Zuschaueranteile um. Auf diese Weise stellt sie den Bezugspunkt der Rundfunkkonzentrationskontrolle – die Sicherung der Meinungsvielfalt im Fernsehen – her.

aa. Konventionelle Massenmedien

Zu den konventionellen Massenmedien, also den Parallelmärkten zum Fernsehen, gehören Hörfunk, Presse, wohl auch Werbung, und in neuerer Zeit werden auch Online-Medien dazu gezählt.[382] Außerdem kann als weiterer medienrelevanter verwandter Markt das Ballungsraumfernsehen in die medienkonzentrationsrechtliche Prüfung einbezogen werden.

(1) Hörfunk

Im Vergleich zum Fernsehen hat sich im Hörfunk eine Struktur mit lokalem und regionalem Hörfunk durchgesetzt. Wie im Fernsehen, gibt es auch im Hörfunk eine duale Aufteilung zwischen öffentlich-rechtlichen und privaten Hörfunksendern.[383] Hörfunk zählt zusammen mit dem Fernsehen zu den wichtigsten und meistgenutzten Medien.[384] Verflechtungen zwischen Fernsehveranstaltern und Hörfunksendern sind keine Seltenheit[385]. Die Eigentümerstrukturen sind im

381 KEK v. 10.01.2006 (*Axel Springer/ProSiebenSat.1*), KEK 293-1 bis -5.

382 *Gounalakis/Zagouras*, AfP 2006, 93 (97).

383 *Landesmedienanstalten* (Hrsg.), Von der Fernsehzentrierung zur Medienfokussierung, S. 171.

384 *Landesmedienanstalten* (Hrsg.), Von der Fernsehzentrierung zur Medienfokussierung, S. 185; *Engel/Breunig*, Media-Perspektiven 7-8/2015, 310 (312 Abb. 1).

385 Für eine Übersicht, siehe *Landesmedienanstalten* (Hrsg.), Von der Fernsehzentrierung zur Medienfokussierung, S. 178ff.

privaten Hörfunk sehr intransparent. Auch die Ermittlung von Hörfunknutzerdaten bereitet Probleme.[386]

Die KEK nimmt an, dass der Meinungseinfluss des Hörfunks 1/2 des potentiellen Meinungseinflusses des Fernsehens entspricht. Bei der Ermittlung des Gewichtungsfaktors berücksichtigt sie, dass der Hörfunk im Vergleich zum Fernsehen mit gleichhoher Aktualität senden kann und seine Reichweite nur gering hinter dem des Fernsehens zurückbleibt. Die Nutzung des Hörfunks ist an ein Endgerät, Übertragungskanal und Programmabfolge gekoppelt, weshalb seine zeitliche und räumliche Disponibilität gemindert ist. Hinsichtlich der Suggestivkraft bleibt der Hörfunk deutlich hinter dem Fernsehen zurück, weil er nur den Ton als Kommunikationsform nutzen kann.[387]

(2) Presse

Die amtliche Begründung zum 3. RÄStV nennt als medienrelevanten verwandten Markt die Presse. Presse ist ein Sammelbegriff für unterschiedliche journalistische Druckerzeugnisse. Im Unterschied zum Kartellrecht wird der Pressebereich nach publizistischen Gesichtspunkten in der Rundfunkkonzentrationskontrolle großzügiger abgegrenzt.[388] Die KEK unterscheidet Tageszeitungen, Programmzeitschriften und Publikumszeitschriften.[389]

(a) Tageszeitungen

Tageszeitungen[390] sind zusammen mit dem Fernsehen die zentralen Meinungsträger und Faktoren der öffentlichen Meinungsbildung. Eine Verbindung beider Medien verspricht eine größere publizistische Reichweite in der Bevölkerung. Das Bundesverfassungsgericht geht zwar nicht von einem verfassungsrechtlichen Gebot einer publizistischen Gewaltenteilung aus, sieht in dieser Verflechtung aber dennoch ein Potential für eine Bedrohung der Meinungsvielfalt.[391] Die

---

386 *Landesmedienanstalten* (Hrsg.), Von der Fernsehzentrierung zur Medienfokussierung, S. 182.

387 KEK 293-1 bis -5, S. 98; *Landesmedienanstalten* (Hrsg.), Von der Fernsehzentrierung zur Medienfokussierung, S. 185.

388 *Landesmedienanstalten* (Hrsg.), Von der Fernsehzentrierung zur Medienfokussierung, S. 202.

389 Vgl. *Landesmedienanstalten* (Hrsg.), Von der Fernsehzentrierung zur Medienfokussierung, S. 186, 204, 214.

390 Ausführlich zu den Tageszeitungen *Landesmedienanstalten* (Hrsg.), Von der Fernsehzentrierung zur Medienfokussierung, S. 186ff.

391 BVerfGE 73, 118 (175).

KEK sieht mit Verweis auf die Kriterien Suggestivkraft, Breitenwirkung und Aktualität ein sehr enges Verwandtschaftsverhältnis zwischen Tageszeitungen und Fernsehen.[392] Sie geht von einem Gewichtungsfaktor von 2/3 aus. Diese Gewichtung resultiert aus der Tagesaktualität und der hohen zeitlichen und räumlichen Disponibilität der Tagespresse. Einen Abschlag nimmt sie für die geringere Reichweite der Tagespresse und der geringeren Suggestivkraft im Vergleich zum Fernsehen vor.[393] Tageszeitungen und im Allgemeinen Presseerzeugnisse können nur die Kommunikationsformen Text und unbewegtes Bild nutzen. Die KEK prognostiziert in ihrem fünften Medienkonzentrationsbericht[394], dass diese Gewichtung zukünftig zu überdenken sei. Grund hierfür sei die Zunahme der digitalen Zeitungsangebote.[395] Die KEK führt nicht näher aus, welche Angebote sie unter den digitalen Zeitungsangeboten subsumiert. Denkbar wäre es, hierunter die Apps der Presseverlage zu fassen, die auf dem Smartphone und Tablet geöffnet werden können.[396] Schon jetzt berücksichtigt sie die Onlineangebote von Tageszeitungen mit 3/4. Es bleibt abzuwarten, welche Gewichtung die KEK diesen Angeboten zuschreibt. Den Marktanteil einer Zeitung leitet die KEK aus dem Verkaufsanteil der Zeitung an der Gesamtzahl aller verkauften Auflagen ab. Hierfür greift sie auf die Daten der IVW[397] zurück.[398]

---

392 *Landesmedienanstalten* (Hrsg.), Auf dem Weg zu einer medienübergreifenden Vielfaltssicherung, S. 194f.

393 KEK 293-1 bis -5, S. 88ff.

394 *Landesmedienanstalten* (Hrsg.), Von der Fernsehzentrierung zur Medienfokussierung.

395 Vgl. *Landesmedienanstalten* (Hrsg.), Von der Fernsehzentrierung zur Medienfokussierung, S. 202.

396 Zu bedenken ist dabei, dass diese Apps schon aufgrund ihrer Gestaltung, aber auch aufgrund der räumlichen und zeitlichen Disponibilität nicht mit den klassischen Onlineangeboten der Tageszeitungen vergleichbar sind. Eine App ist benutzerfreundlich für die Nutzung auf dem Smartphone/Tablet konzipiert. Die Verbreitung von internetfähigen Smartphones, die ständig mit sich geführt werden, und Tablets nimmt zu. Eine Internetseite lässt sich zwar auch mit dem mobilen Endgerät aufrufen, die Nutzung ist aber oft wegen fehlender Umwandlung in eine mobile Ansicht nicht so komfortabel.

397 Informationsgesellschaft zur Feststellung der Verbreitung von Werbeträgern e. V.

398 *Landesmedienanstalten* (Hrsg.), Von der Fernsehzentrierung zur Medienfokussierung, S. 192ff.; KEK 293-1 bis -5, S. 18ff.

(b) Programmzeitschriften

Programmzeitschriften[399] sind für Rundfunkveranstalter äußerst relevante Medien. Obwohl die Auflagen der Programmzeitschriften rückläufig sind, haben Programmzeitschriften nach wie vor eine hohe Bedeutung bei den Zuschauern.[400] Sie bilden die reichweitenstärkste Gattung innerhalb der Publikumszeitschriften.[401] Programmzeitschriften listen nicht nur tabellarisch das Fernseh- und Hörfunkprogramm auf, sondern können mit Inhaltsangaben und Hintergrundinformationen zu Sendungen, Hervorhebungen besonders interessanter Sendungen und redaktionellen Tipps den Zuschauer (unbewusst) in seiner Fernsehprogrammwahl beeinflussen. Aufgrund dieser besonderen Gestaltung von Programmübersichten kann mittel- und langfristig auch die Bindung des Publikums an bestimmte Programme erreicht werden.[402] Unter Bezugnahme der Leistungsmerkmale Aktualität, Breitenwirkung und Suggestivkraft ist zu konstatieren, dass Programmzeitschriften wöchentlich, 14-tägig oder im noch größeren Intervall erscheinen. Als Printmedium hat die Programmzeitschrift eine hohe zeitliche und räumliche Disponibilität. Wie die Tagespresse kann die Programmzeitschrift auch nur mit Text und unbewegten Bild arbeiten, weshalb sie geringere Suggestivkraft besitzt, als das Fernsehen.[403] Die KEK veranschlagt daher einen Gewichtungsfaktor von 1/7.[404]

---

399 Siehe ausführlich zu den Programmzeitschriften *Landesmedienanstalten* (Hrsg.), Von der Fernsehzentrierung zur Medienfokussierung, S. 204ff. Die 34 Programmzeitschriften, die es derzeit auf dem Markt gibt, werden von den vier Verlagen Heinrich Bauer Verlag KG, Hubert Burda Media Holding GmbH & Co. KG, Klambt-Verlag GmbH & Co. KG und der Funke Mediengruppe GmbH & Co. KGaA herausgegeben. Bauer und Burda sind auch an Veranstaltern von bundesweiten Fernsehen beteiligt, die Funke Mediengruppe hält Beteiligungen im Bereich Ballungsraumfernsehen, *Landesmedienanstalten* (Hrsg.), Von der Fernsehzentrierung zur Medienfokussierung, S. 205.

400 *Landesmedienanstalten* (Hrsg.), Von der Fernsehzentrierung zur Medienfokussierung, S. 205, 214.

401 *Landesmedienanstalten* (Hrsg.), Von der Fernsehzentrierung zur Medienfokussierung, S. 205f. Die Gesamtauflage der rund 34 verfügbaren Programmzeitschriften liegt bei rund 15 Mio. Exemplaren.

402 *Landesmedienanstalten* (Hrsg.), Von der Fernsehzentrierung zur Medienfokussierung, S. 204. Ökonomisch können mittels einer Programmzeitschrift Fernsehprodukte cross-promoted werden.

403 KEK 293-1 bis -5, S. 92.

404 KEK 293-1 bis -5, S. 93.

(c) Publikumszeitschriften

Publikumszeitschriften[405] sind periodische Druckerzeugnisse, die sich nicht an ein Fachpublikum wenden, sondern sich mit einem breit gefächerten Themenspektrum zu privaten Interessen und Freizeitgestaltungen an ein heterogenes Publikum richten.[406] Zu den Publikumszeitschriften zählen unter anderem Titel wie Focus, Spiegel und Stern. Sie berichten über aktuelle politische, aber auch wirtschaftliche, kulturelle und gesellschaftliche Themen. Ihnen wird eine Agenda Setting Funktion zugesprochen. Aufgrund dieses Faktors gelten sie als besonders meinungsbildungsrelevant.[407] Anderen Publikumszeitschriften wie Frauenzeitschriften und so genannten Special-Interest-Zeitschriften[408] kommt ebenso eine gesellschafts- und meinungsbildende Funktion zu.[409] Ausgehend vom Ansatz des Zuschaueranteilsmodell, der den Meinungseinfluss im bundesweiten Fernsehen beurteilt und nicht nach Genres und Programminhalte unterscheidet, wird eine Unterteilung in die einzelnen Zeitschriftensegmente nicht für sachgerecht gehalten. Zu bilden sei vielmehr ein Gesamtmarkt der Publikumszeitschriften.[410] Publikumszeitschriften gelten aufgrund ihrer Erscheinungsweise (wöchentlich, vierzehntägig oder in größerem Intervall) nicht als tagesaktuell. Ihre Reichweite ist deutlich geringer als die des Fernsehens[411], sie haben aber eine hohe zeitliche

---

405 Siehe zu den Publikumszeitschriften *Landesmedienanstalten* (Hrsg.), Von der Fernsehzentrierung zur Medienfokussierung, S. 214ff. Die großen Publikumsverlage Burda, Bauer und Bertelsmann über Gruner + Jahr sind auch an bundesweit verbreitetem Fernsehen beteiligt. Die Axel Springer SE ist seit 2014 mit der Übernahme der Veranstalterin des Programms von N24 (KEK v. 11.02.2014 (Az.: KEK 767)) wieder im bundesweiten Fernsehen aktiv, *Landesmedienanstalten* (Hrsg.), Von der Fernsehzentrierung zur Medienfokussierung, S. 224ff., 233.

406 *Landesmedienanstalten* (Hrsg.), Von der Fernsehzentrierung zur Medienfokussierung, S. 214.

407 *Landesmedienanstalten* (Hrsg.), Von der Fernsehzentrierung zur Medienfokussierung, S. 220, 234.

408 Das sind monothematische Zeitungen zu Themen wie Wissen und Freizeitgestaltung.

409 *Landesmedienanstalten* (Hrsg.), Von der Fernsehzentrierung zur Medienfokussierung, S. 219f., 234.

410 *Landesmedienanstalten* (Hrsg.), Von der Fernsehzentrierung zur Medienfokussierung, S. 234.

411 Die Reichweiten liegen bei aktuellen Zeitschriften und Magazinen zum Zeitgeschehen bei ca. 44%, bei Motorzeitschriften und Frauenzeitschriften bei jeweils ca. 30%. Das Fernsehen hat dagegen eine rund 85%ige Reichweite, *Landesmedienanstalten* (Hrsg.), Von der Fernsehzentrierung zur Medienfokussierung, S. 235.

und räumliche Disponibilität[412]. Wie auch die Programmzeitschriften und die Tageszeitungen haben auch Publikumszeitschriften eine geringere Suggestivkraft als das Fernsehen, weil sie nur die Kommunikationsformen unbewegtes Bild und Text nutzen können.[413] Die KEK bewertet Publikumszeitschriften mit einem Gewichtungsfaktor von 1/10.[414]

(3) Fernsehwerbung

Werbung[415] wird in der amtlichen Begründung zum 3. RÄStV ausdrücklich als medienrelevanter verwandter Markt genannt. Fernsehwerbung ist nach wie vor die Hauptfinanzierungsquelle des bundesweit verbreiteten privaten Rundfunks. Der TV-Werbemarkt ist hochkonzentriert.[416] Dadurch können Marktzutrittsbarrieren für neu auf den Fernsehmarkt hinzutretende Fernsehveranstalter entstehen. Ebenso können große Fernsehveranstalter als Anbieter von Werbeflächen den Werbeagenturen und der Werbewirtschaft größere Rabatte gewähren und werden dadurch bevorzugt. Nischen- und Spezialangebote sind in der Regel in diesem Konkurrenzkampf um Werbegelder unterlegen. Als Folge kann eine Verringerung der Meinungsvielfalt resultieren, wenn aufgrund der nicht ausreichenden Werbeeinnahmen neue Fernsehprogramme, wie beispielsweise Nischen- und Spezialangebote, nicht realisiert werden können.[417] Insgesamt ist zu beobachten, dass die Fernsehveranstalter versuchen, ihre Abhängigkeit vom TV-Werbemarkt zu lösen und neue Finanzierungsquellen zu generieren.[418]

Einen Gewichtungsfaktor zur Umrechnung des Meinungsbeeinflussungspotentials im Vergleich zum Fernsehen hat die KEK bisher nicht ermittelt. In

412 KEK 293-1 bis -5, S. 95.

413 *Landesmedienanstalten* (Hrsg.), Von der Fernsehzentrierung zur Medienfokussierung, S. 235.

414 KEK 293-1 bis -5, S. 95.

415 Siehe hierzu *Landesmedienanstalten* (Hrsg.), Von der Fernsehzentrierung zur Medienfokussierung, S. 412ff.

416 83,7% der Brutto-Werbeerlöse entfallen zusammen auf die Mediengruppe RTL Deutschland und ProSiebenSat.1 Media SE. Die beiden Veranstaltergruppen bilden auf dem Fernsehwerbemarkt ein marktbeherrschendes Duopol. Nimmt man die öffentlich-rechtlichen Sender von ARD und ZDF hinzu, liegen die Brutto-Werbeeinnahmen bei 88%, *Landesmedienanstalten* (Hrsg.), Von der Fernsehzentrierung zur Medienfokussierung, S. 436.

417 *Landesmedienanstalten* (Hrsg.), Von der Fernsehzentrierung zur Medienfokussierung, S. 436f.

418 *Landesmedienanstalten* (Hrsg.), Von der Fernsehzentrierung zur Medienfokussierung, S. 418f., 436.

ihrer Prüfungspraxis hat sie dies bisher nicht für notwendig gehalten. In einem Verfahren, in dem einer der großen Veranstalter (RTL Group S.A.) Gegenstand der Prüfung war, hat sie den Fernsehwerbemarkt über die marktbeherrschende Stellung bei der Prüfung von § 26 II 2 1. Alt. RStV eingezogen.[419] Im Übrigen berücksichtigt die KEK den Fernsehwerbemarkt im Rahmen der Prüfung von § 26 II 2 2. Alt. RStV bei der Gesamtbetrachtung mittelbar über die Auswirkungen der Werbung auf die Zuschaueranteile.[420]

(4) Online-Medien

Online-Medien[421] gewinnen immer mehr an Bedeutung[422]. Beim „Internet" handelt es sich genau betrachtet um eine technische Plattform, die sich in fünf Basisgeschäftsmodelle unterteilen lässt.[423] Digitale Inhalte wie Fernsehsendungen, Filme, Onlinenachrichten und Musik werden im Basisgeschäftsmodell „Content" erfasst. Diesem Segment kommt bei der Rundfunkkonzentrationskontrolle eine hohe Relevanz zu. Die klassischen Medien Fernsehen, Presse und Radio nutzen das Internet als weiteren Übertragungs- und Vertriebsweg und übertragen auf diese Weise ihre Medienmarke ins Internet.[424] Die dort bereitgestellten redaktionellen Inhalte sind überwiegend identisch mit den offline publizierten und gesendeten Inhalten.[425] Fernsehveranstalter nutzen so zum Beispiel das Internet, um auf einer sendereigenen Webseite ihren Zuschauern ausgewähltes gesendetes Programm als Catch-Up-TV bereitzustellen. Außerdem werden weitere Videos und weiterführende Informationen zum Programm zur Verfügung gestellt. Ein

419 KEK v. 13.11.2012 (RTL), KEK 711, S. 11ff.; *Landesmedienanstalten* (Hrsg.), Von der Fernsehzentrierung zur Medienfokussierung, S. 428.

420 KEK v. 10.01.2006 (*Axel Springer/ProSiebenSat.1*), KEK 293-1 bis -5, S. 86f.; *Landesmedienanstalten* (Hrsg.), Von der Fernsehzentrierung zur Medienfokussierung, S. 428.

421 Siehe hierzu *Landesmedienanstalten* (Hrsg.), Von der Fernsehzentrierung zur Medienfokussierung, S. 236ff.

422 Die Meinungsbildungsrelevanz des Internets wurde oben unter Kapitel 2. A. I. analysiert.

423 *Landesmedienanstalten* (Hrsg.), Von der Fernsehzentrierung zur Medienfokussierung, S. 236 m.w.N. Diese Basisgeschäftsmodelle sind „Content (Inhalte)", „Context (Suche)", „Commerce (Handel)", „Communication (Kommunikation)", „Connectivity, (Zugang, Netze und Geräte)".

424 *Landesmedienanstalten* (Hrsg.), Von der Fernsehzentrierung zur Medienfokussierung, S. 241.

425 *Landesmedienanstalten* (Hrsg.), Von der Fernsehzentrierung zur Medienfokussierung, S. 241.

Presseverlag kann online die publizierten Inhalte zeitnah aktualisieren und zu weiterführenden Informationen sowie themenrelevanten Artikeln verlinken. Darüber hinaus verfolgen die klassischen Medien auch Diversifikationsstrategien in die anderen Basisgeschäftsmodelle des Internets.[426]

Die KEK hat in der Entscheidung *Axel Springer/ProSiebenSat.1* den Onlinebereich zunächst als eine Einheit mit einem Gewichtungsfaktor von 1/2 bewertete.[427] In der 2012 ergangen Entscheidung zum Antrag der *RTL Television GmbH* auf Verlängerung der Zulassung des Fernsehvollprogramms RTL[428] entwickelte sie die Bewertung des Onlinebereichs weiter. Die KEK unterteilt den Onlinecontentbereich in die meinungsbildungsrelevanten Angebotstypen fernsehbegleitende, radiobegleitende und pressebegleitende Angebote im Internet.[429] Bei *fernsehbegleitenden Onlineangeboten* handelt es sich um die Webseiten der Fernsehveranstalter, auf denen Videos als Video on Demand und programmbegleitende Hinweise angeboten werden. Die KEK geht davon aus, dass dieses Angebot unmittelbar selbst keine Meinungsbildungswirkung erzeugt, sondern die über das Fernsehprogramm gebildete Meinung verstärkt. Das Angebot bedient sich derselben Kommunikationsformen wie das Fernsehen, so dass die Suggestivkraft dem des Fernsehens vergleichbar ist. Bei der Aktualität ist zu berücksichtigen, mit welcher Verzögerung zur TV-Ausstrahlung die Sendungen online bereitgestellt werden. Die KEK wertet fernsehbegleitende Webseiten mit einem Gewichtungsfaktor von 3/4.[430] Bisher nicht von der KEK geklärt ist die Frage, mit welchem Gewicht reine Online-Streamingdienste wie Netflix und Amazon Prime Video zu berücksichtigen wären. Bei diesen Angeboten handelt es sich nicht um ein fernsehbegleitendes Angebot eines Rundfunkveranstalters. Aufgrund der Vergleichbarkeit mit Mediatheken der Fernsehsender dürfte aber wohl der gleiche Gewichtungsfaktor wie bei den fernsehbegleitenden Angeboten anzusetzen sein. Bei den *radioprogrammbegleitenden Angeboten* geht

---

426 *Landesmedienanstalten* (Hrsg.), Von der Fernsehzentrierung zur Medienfokussierung, S. 241ff.

427 KEK 293-1 bis -5, S. 98.

428 KEK v. 13.11.2012 (RTL), KEK 711.

429 KEK 711, S. 26f., wonach die Internetauftritte überwiegend bereits bestehende Medienangebote ergänzen würden. „Dies legt nahe, solche Internetauftritte, die in Verbindung zu originär außerhalb des Onlinebereichs existierenden Medienangeboten stehen, hinsichtlich ihrer Meinungsbildungsrelevanz auch in Anlehnung an diese gesonderten Medienangebotsgattungen zu bewerten." KEK 711, S. 27. Siehe auch *Landesmedienanstalten* (Hrsg.), Von der Fernsehzentrierung zur Medienfokussierung, S. 249f.

430 *Landesmedienanstalten* (Hrsg.), Von der Fernsehzentrierung zur Medienfokussierung, S. 249f.

die KEK davon aus, dass über das Onlineangebot auch das Hörfunkprogramm im Live-Stream abgerufen werden kann. Aus diesem Grund berücksichtigt sie in der Rundfunkkonzentrationskontrolle die Webseiten der Radioveranstalter mit 1/2 und damit identisch zur traditionellen Hörfunknutzung.[431] Die *pressebegleitenden Angebote* unterteilt sie in Onlineangebote zu Publikumszeitschriften und Onlineangebote zu Tageszeitungen. Ausgehend von den Erwägungen zu den Publikumszeitschriften im Printbereich, wonach dort ein Abschlag wegen geringerer Suggestivkraft und Breitenwirkung vorzunehmen ist[432], ist bei Onlineangeboten die Suggestivkraft und Aktualität höher einzustufen. Zwar ist der Onlineauftritt weitgehend textbasiert, dennoch werden dort auch kurze Videos eingebunden. Im Vergleich zu den Printprodukten sind Onlineangebote aktueller. Die KEK geht davon aus, dass der Meinungseinfluss der Onlineangebote zu Publikumszeitschriften 1/5 des potentiellen Meinungseinflusses des Fernsehens entspricht.[433] Die Onlineangebote zu Tageszeitungen wertet die KEK mit einem Faktor von 3/4 und damit höher als die gedruckten Tageszeitungen (2/3). Begründet wird dies mit der höheren Aktualität und der aufgrund der Nutzung von Video-Clips höheren Suggestivkraft.[434]

Die KEK greift bei ihrer Berechnung auf die Visits (Anzahl der Seitenaufrufe) einer Webseite zurück. Sie nutzt dabei die von der IVW erhobenen Daten zu „redaktionellem Content". Dabei handelt es sich um Internetseiten, die redaktionelle Berichterstattung oder redaktionelle Aufbereitung zum Inhalt haben. Tatsächlich werden in diese Kategorie aber auch viele Seitenaufrufe von Seiten erfasst, die nicht redaktionell bearbeitet wurden. Die KEK nimmt daher an, dass die Datenbasis insgesamt unvollständig ist und auch nur etwa 50–60% aller Seitenaufrufe mit redaktionellem Inhalt ausweist.[435] Aufgrund dieser Erwägung

431 *Landesmedienanstalten* (Hrsg.), Von der Fernsehzentrierung zur Medienfokussierung, S. 250.

432 Siehe schon oben unter C. IV. 3. b. aa. (2) (c), sowie *Landesmedienanstalten* (Hrsg.), Von der Fernsehzentrierung zur Medienfokussierung, S. 235.

433 *Landesmedienanstalten* (Hrsg.), Von der Fernsehzentrierung zur Medienfokussierung, S. 250.

434 *Landesmedienanstalten* (Hrsg.), Von der Fernsehzentrierung zur Medienfokussierung, S. 250.

435 *Landesmedienanstalten* (Hrsg.), Von der Fernsehzentrierung zur Medienfokussierung, S. 249.

nimmt die KEK nach Ermittlung des Zuschaueranteilsäquivalent einen nochmaligen Abschlag von rund 50% vor.[436]

(5) Ballungsraumfernsehen

Gem. § 36 IV 1 RStV ist die KEK für die Sicherung der Meinungsvielfalt im bundesweit veranstalteten Fernsehen zuständig. Neben den bundesweit veranstalteten Programmen der privaten Anbieter gibt es auch regionale und lokale private Fernsehprogramme. Für die Sicherung der Meinungsvielfalt und Verhütung vorherrschender Meinungsmacht in diesen Regionalsendern ist die KEK nicht zuständig. Die Überwachung obliegt der für diesen Fernsehveranstalter zuständigen Landesmedienanstalt nach den Bestimmungen des jeweiligen Landesmediengesetzes. Zuständig ist die KEK indes, wenn ein bundesweiter Fernsehveranstalter im Bereich regionaler und lokaler Fernsehveranstaltung aktiv ist und dies die Meinungsvielfalt im bundesweiten Fernsehen beeinträchtigen kann. Als medienrelevanter verwandter Markt erlangt dabei das Ballungsraumfernsehen[437] besondere Bedeutung. Bei Ballungsraumfernsehen handelt es sich um die Veranstaltung von Fernsehen, meisten mit Ausrichtung auf lokale und regionale Themen, in einem Ballungsraum. Ein Ballungsraum ist ein Gebiet mit hoher Bevölkerungsdichte. Das Marktforschungsinstitut AC Nielsen definiert zurzeit 13 Ballungsräume.[438] Die Verflechtung eines bundesweiten Fernsehveranstalters mit einem Veranstalter von Ballungsraumfernsehen kann für den bundesweiten Rundfunksender eine weitere Verwertungsmöglichkeit seines Programms und den Zugang zu regionalen Informationen eröffnen. Eine Verflechtung mit mehreren Ballungsraumfernsehsendern kann zudem zu einer großflächigen Verbreitung eines einheitlichen Programms führen.[439]

---

436 KEK v. 10.01.2006 (*Axel Springer/ProSiebenSat.1*), KEK 293-1 bis -5, S. 61, 97f.; KEK v. 13.11.2012 (*RTL*), KEK 711, S. 23f., 29ff.

437 Siehe hierzu *Landesmedienanstalten* (Hrsg.), Von der Fernsehzentrierung zur Medienfokussierung, S. 285ff.

438 *Landesmedienanstalten* (Hrsg.), Von der Fernsehzentrierung zur Medienfokussierung, S. 285. Diese Ballungsräume sind Hamburg, Bremen/Bremerhaven, Hannover, Rhein-Ruhr, Rhein-Main, Rhein-Neckar, Stuttgart, Nürnberg, München, Berlin/Potsdam, Halle/Leipzig, Chemnitz/Zwickau und Dresden.

439 *Landesmedienanstalten* (Hrsg.), Von der Fernsehzentrierung zur Medienfokussierung, S. 286, 292. Verflechtungen zwischen bundesweiten Fernsehveranstaltern und Ballungsraumfernsehveranstaltern sind gering. Im Gegensatz dazu ist die cross-mediale Verflechtung zwischen Ballungsraumfernsehsendern und regionalen Zeitungsverlagen populär, *Landesmedienanstalten* (Hrsg.), Von der Fernsehzentrierung zur Medienfokussierung, S. 286, 292.

bb. Vorgelagerte Märkte

Die Gesetzesbegründung zum 3. RÄStV nennt als medienrelevante verwandte Märkte Rechte und Produktion[440]. Diese Segmente sind die Komponenten der Inhalteerstellung im Fernsehen und damit als Beschaffungsmärkte essentiell für die Fernsehveranstaltung. Eine vertikale Verflechtung von Fernsehveranstaltern mit Produktionsfirmen[441] und Inhabern von Filmrechten[442] kann Relevanz für die Meinungsvielfalt im Fernsehen haben. Die Integration eines Produktionsunternehmens versetzt den Fernsehveranstalter in die Lage, auf das zu produzierende Material inhaltlichen Einfluss nehmen zu können. Er ist nicht darauf angewiesen, sein Programm aus den auf dem Markt verfügbaren Angeboten zusammenzustellen. Der Einfluss, ein massenattraktives Programm zu erstellen, wird mit der Integration dieser vorgelagerten Stufe verstärkt. Durch die Integration eines Produzenten sinken das Beschaffungsrisiko für attraktives Programm und auch Transaktionskosten im Zusammenhang mit der Beschaffung von Programmmaterial bei einem Dritten. Ein weiterer publizistischer Effekt ist, dass der Absatz von Produktionen unabhängiger TV- und Filmproduzenten erschwert wird, weil Fernsehveranstalter ihren Bedarf an Inhalten durch Inhouse-Produktionen abdecken. Das kann bedeuten, dass Produktionen, die politisch, kulturell oder gesellschaftlich relevante Themen ansprechen, keinen Zugang zum Fernsehen finden.[443] Die Verflechtung mit einem Rechthändler verschafft die Möglichkeit kostengünstig – und je nach Lizenzvertrag ggf. exklusiv – auf Bild- und Film-Material zurückgreifen und verwerten zu können.[444] Die KEK hat bisher keine Gewichtungsfaktoren für diese Medienmärkte ermittelt, weil sich die von der KEK dafür herangezogenen Leistungsmerkmale nicht auf diese Märkte anwenden lassen.

---

440 *Landesmedienanstalten* (Hrsg.), Von der Fernsehzentrierung zur Medienfokussierung, S. 298ff.

441 Siehe für eine Übersicht derzeitiger Verflechtungen *Landesmedienanstalten* (Hrsg.), Von der Fernsehzentrierung zur Medienfokussierung, S. 312ff.

442 Siehe hierzu *Landesmedienanstalten* (Hrsg.), Von der Fernsehzentrierung zur Medienfokussierung, S. 318f.

443 *Landesmedienanstalten* (Hrsg.), Von der Fernsehzentrierung zur Medienfokussierung, S. 315.

444 *Landesmedienanstalten* (Hrsg.), Von der Fernsehzentrierung zur Medienfokussierung, S. 318.

cc. Nachgelagerte Märkte

Aufgrund der Digitalisierung sind auf der der Fernsehveranstaltung nachgelagerten Stufe, der Distribution und Vermarktung, neue Akteure aufgetreten.[445] Herausgegriffen werden hier nur die Plattformbetreiber und die Elektronischen Programmführer. Ebenso wie bei den vorgelagerten Märkten lassen sich für die nachgelagerten Märkte ebenfalls keine Gewichtungsfaktoren mithilfe der Leistungsmerkmale ermitteln.

(1) Plattformbetreiber

Die Digitalisierung der Fernsehübertragung schreitet weiter voran und führt dazu, dass im Vergleich zur analogen Fernsehsignalübertragung mehr Programme ausgestrahlt und empfangen werden können. Zwischen die Fernsehveranstalter und den Haushalten sind Plattformbetreiber[446] getreten. Sie bündeln eigen- und fremderstellte Fernsehprogramme nach inhaltlichen Auswahl- und Bewertungskriterien zu Programmbouquets und vermarkten diese an die Haushalte.[447] Damit ähnelt ihre Aktivität der Veranstaltung von Fernsehen.[448] Plattformbetreiber sind Gatekeeper, denn durch die Entscheidung über die zu vermarktenden Programme nimmt der Plattformbetreiber Einfluss auf die Reichweite und Aufmerksamkeit eines Programms. Das kann eine Gefahr für die Meinungsvielfalt bedeuten, wenn Fernsehprogrammangebote keinen Zugang zum Endkunden des Plattformbetreibers und damit zum Fernsehzuschauer bekommt.[449]

(2) Elektronischer Programmführer

Aufgrund der Zunahme der verfügbaren Programme erhalten Elektronische Programmführer (Electronic Programme Guide, EPG) zunehmend Bedeutung. EPGs sind im Grundsatz erst einmal mit einer gedruckten Programmzeitschrift vergleichbar. Der Nutzer wird über das aktuelle und zukünftige Fernsehprogramm informiert. Darüber hinaus können Sendungen über eine Funktion

---

445 Siehe hierzu *Landesmedienanstalten* (Hrsg.), Von der Fernsehzentrierung zur Medienfokussierung, S. 377ff.

446 Siehe hierzu *Landesmedienanstalten* (Hrsg.), Von der Fernsehzentrierung zur Medienfokussierung, S. 380ff.

447 *Landesmedienanstalten* (Hrsg.), Von der Fernsehzentrierung zur Medienfokussierung, S. 380.

448 *Landesmedienanstalten* (Hrsg.), Von der Fernsehzentrierung zur Medienfokussierung, S. 380.

449 *Landesmedienanstalten* (Hrsg.), Von der Fernsehzentrierung zur Medienfokussierung, S. 380.

gesucht und zur Aufnahme programmiert werden.[450] Es gibt zwei Arten von EPGs: die einfachen und die intelligenten EPGs. Die einfachen EPGs sind Basisnavigatoren. Ihr Funktionsspektrum entspricht dem eben ausgeführten. Sie sind werksmäßig bereits in fast allen Set-Top-Boxen[451] eingebaut. Die Zulieferung der Programmdaten erfolgt durch die Rundfunkveranstalter oder durch spezialisierte Firmen. Zu den Basisnavigatoren im weiteren Sinne zählen auch die von den Plattformbetreibern entwickelten EPGs, die lediglich die Plattformprogramme darstellen.[452] Die intelligenten EPGs unterscheiden sich von den einfachen durch ihre Lernfähigkeit. Intelligente EPGs werten das Nutzerverhalten aus und schlagen dem Nutzer thematisch vergleichbare interessante Sendungen vor.[453]

EPGs haben Bedeutung für die Meinungsvielfalt, weil sie in der Lage sind, den Nutzer, zum Beispiel durch die Anordnung der Sender und das Layout, auf bestimmte Programme zu lenken. Aufgrund der Zunahme der verfügbaren Programme kann die Programmanordnung dazu führen, dass Fernsehveranstalter von den Nutzern nicht wahrgenommen werden. § 52c RStV sieht die Gewährleistung des chancengleichen und diskriminierungsfreien Zugangs aller Rundfunkanbieter nur für Plattformbetreiber vor. Die Vorschrift ist nicht auf Hersteller von Set-Top-Boxen und Connected-TV (Smart-TV)[454], die den EPG in das Gerät integrieren, anwendbar.[455]

c. *Kritische Würdigung der Gewichtungsfaktoren*

In den Entscheidungen *Axel Springer/ProSiebenSat.1* aus dem Jahr 2006 und *RTL Television* aus dem Jahr 2012 hat die KEK zusammenfassend folgende Gewichtungsfaktoren erarbeitet:

---

450 *Landesmedienanstalten* (Hrsg.), Von der Fernsehzentrierung zur Medienfokussierung, S. 390.

451 Set-Top-Boxen sind Geräte, die am Fernseher angeschlossen werden, um Fernsehen über Satellit, Kabel, IPTV oder Pay-TV zu empfangen. Set-Top-Boxen sind auch Festplattenrekorder.

452 *Landesmedienanstalten* (Hrsg.), Von der Fernsehzentrierung zur Medienfokussierung, S. 390.

453 *Landesmedienanstalten* (Hrsg.), Von der Fernsehzentrierung zur Medienfokussierung, S. 390f.

454 Connected-TV, auch bekannt als Smart-TV oder Hybrid-TV, verbinden klassisches Fernsehen und Internet auf einem Bildschirm. Siehe dazu *Landesmedienanstalten* (Hrsg.), Von der Fernsehzentrierung zur Medienfokussierung, S. 392ff.

455 *Landesmedienanstalten* (Hrsg.), Von der Fernsehzentrierung zur Medienfokussierung, S. 391f.

Medienrelevanter verwandter Markt	Gewichtungsfaktor
Tagespresse	2/3
Programmzeitschrift	1/7
Publikumszeitschrift	1/10
Hörfunk	1/2
Begleitendes Angebot im Internet:	
- fernsehprogrammbegleitend	3/4
- radioprogrammbegleitend	1/2
- pressebegleitend:	
- Publikumszeitschriften	1/5
- Tageszeitungen	3/4

Bis zur Entscheidung in der Sache *Axel Springer/ProSiebenSat.1* war es nicht erforderlich, ein geeignetes Modell zur Bewertung cross-medialer Verflechtungen zu entwickeln. Gleichwohl hatte die KEK schon 2003 ein kommunikationswissenschaftliches Gutachten[456] in Auftrag gegeben, das die Frage nach der Handhabung medienrelevanter verwandter Märkte beantworten sollte. Auch führte sie 2005 eine öffentliche Befragung[457] und ein Symposium[458] zu dieser Problematik durch.[459] Ohne ein umsetzbares Ergebnis aus diesen Maßnahmen ziehen zu können, sah sie sich mit einem bis dahin nur theoretischem Problem in der Praxis konfrontiert. Das von ihr entwickelte Modell wurde im Anschluss an die *Axel Springer/ProSiebenSat.1*-Entscheidung kritisiert.

aa. Kompetenzüberschreitung der KEK

Die BLM, die als zuständige Landesmedienanstalt die Entscheidung der KEK umzusetzen hatte (§ 35 IX 5 u. 6 RStV) und die damals noch bestehende *KDLM* sehen in dem Gewichtungsmodell der KEK, womit sie Marktanteile auf medienrelevanten verwandten Märkten in Zuschaueranteile umrechnet, als klare Kompetenzüberschreitung. Dieser Standpunkt erklärt sich nicht nur aus dem zwischen der BLM und der KEK geführten Streit zur Reichweite der Kompetenz

456 *Hasebrink*, Zur Berücksichtigung medienrelevanter verwandter Märkte bei der Anwendung des Zuschaueranteilsmodells (§ 26 Abs. 2 Satz 2 RStV).

457 *KEK*, „Öffentliche Befragung zur Berücksichtigung medienrelevanter verwandter Märkte (§ 26 Abs. 2 Satz 2, 2. Alt. RStV)“, Pressemitteilung 05/05 v. 29.04.2005.

458 Dazu erschienen ist der Tagungsband *Landesmedienanstalten* (Hrsg.), Medienrelevante verwandte Märkte, Symposium v. 17.10.2005.

459 Nach *Huber* geschah die Befassung mit dem Problem unabhängig von einem konkreten Anlass. Es sei ein glücklicher Zufall, dass sie mit der Anmeldung der Veränderung über die Beteiligungsverhältnisse bei ProSiebenSat.1 zusammenfalle. *Huber*, Verw Bd. 40 (2007), 1 (15 Fn. 39).

der KEK[460], sondern insbesondere auch wegen ihres Standpunktes, wonach § 26 II RStV abschließend alle Kriterien zur Beurteilung vorherrschender Meinungsmacht im Sinne des § 26 I RStV enthalte (quantitativer Ansatz). Die KEK könne nicht die numerisch festgelegte Zuschaueranteilsgrenze missachten und Zuschaueranteile in den unbestimmten Rechtsbegriff der starken Stellung umdeuten, um auf diese Weise medienrelevante verwandte Märkte in die Prüfung einzubeziehen und damit zu vorherrschender Meinungsmacht zu gelangen.[461] Als ein Organ der Exekutive müsse sie sich an das Gesetz halten und könne nicht korrigierend in das legislativgesetzte Recht eingreifen. Dies habe sie aber getan, wenn sie sich über den verbindlichen § 26 II RStV und den dort enthaltenden Zuschaueranteilsschwellen hinwegsetze. Dafür gebe es keinen Grund. Der RStV wurde von den Ländern als den Staatsvertragsparteien geschlossen und enthalte ein umfassendes Konzept, wodurch ein Grundstandard gleichgewichtiger Vielfalt gesichert und damit die Sicherung der Meinungsvielfalt gewährleistet werde.[462] Namentlich trügen hierzu die inhaltlichen Programmanforderungen, die zur Ausgewogenheit, Sachlichkeit, Toleranz und Grundwertebeachtung verpflichteten (§§ 3, 41 I RStV), die Verpflichtung zur angemessenen Berücksichtigung der Vielfalt von Meinungen (§§ 25, 41 II RStV), die Öffnung für Inhalte von Dritten (§§ 6, 25 IV, 42 RStV), die Einrichtung von Sendezeit für unabhängige Dritte (§ 26 V RStV) und die Aufnahme von Fensterprogrammen (§ 25 IV RStV) bei.[463]

bb. Marktanteil als Messgröße

Die BLM beauftragte die TNS Infratest GmbH, ein Gutachten[464] zur Rechenmethode der KEK zu erstellen. Die TNS Infratest kritisiert in diesem Gutachten die Wahl der KEK, den Marktanteil als Bezugs- bzw. Messgröße zu nehmen, als nicht optimal. Im Fernsehmarkt sei der Zuschaueranteil die vom RStV vorgegebene Messgröße. Dieser definiere sich gemäß der AGF als „relative[r] Anteil der Sehdauer einer Sendung/eines Werbeblocks/eines bestimmten Zeitintervalls an der

460 Siehe dazu nur *Bornemann*, ZUM 2004, 739ff; *Bornemann.*, MMR 2006, 275 mwN; *Bornemann*, ZUM 2006, 200 (201) m.w.N.

461 *Bornemann*, ZUM 2006, 200 (201).

462 *Bornemann*, MMR 2006, 275 (277) m.w.N.

463 *Bornemann*, MMR 2006, 275 (277); *Bornemann*, ZUM 2006, 200 (205).

464 *TNS Infratest*, Beurteilung der Rechenmethode der KEK zur Bestimmung von Meinungsmacht als Grundlage für die Ablehnung der Übernahme der ProSiebenSat.1 Media AG durch die Axel Springer AG vom 25.01.2006.

Gesamtsehdauer aller Programme zum jeweiligen Zeitintervall"[465]. Zugrunde gelegt wird damit ein Sehdaueranteil am Gesamtprogramm.[466] Das Gutachten stellt die Forderung auf, dass eine Messgröße für die einzubeziehenden medienrelevanten verwandten Märkte gefunden werden müsse, die einen sinnvollen Vergleich mit der Messgröße Zuschaueranteil ermögliche.[467] Für den Tageszeitungsmarkt schlägt sie die Nutzungsdauer als Bezugsgröße vor. Das ist der Anteil der Lesedauer einer Zeitung an der Lesedauer aller Printtitel. Die TNS Infratest räumt aber ein, dass es hierüber keine Daten gebe.[468] Aus diesem Grund müsse eine möglichst ähnliche Messgröße gefunden werden.[469] Die Anzahl der Leser pro Ausgabe[470] wäre demnach ein akzeptabler Kompromiss.[471] Für völlig ungeeignet hält das Gutachten den von der KEK zugrunde gelegten Anteil der verkauften Auflagen, also den von der IVW ausgewiesenen Marktanteil. Dieser sage nichts darüber aus, ob die gekaufte Zeitung tatsächlich gelesen wurde, wie viele Personen dieses eine gekaufte Exemplar gelesen haben und welche Artikel gelesen wurden. Kurzum sage der ökonomische Marktanteil nichts über die tatsächliche Auswirkung auf die Meinungsbildung aus.[472]

---

465 *TNS Infratest*, Gutachten, S. 3.

466 *TNS Infratest*, Gutachten, S. 4.

467 *TNS Infratest*, Gutachten, S. 5.

468 *TNS Infratest*, Gutachten, S. 5.

469 *TNS Infratest*, Gutachten, S. 5.

470 „Der Leser pro Ausgabe (LpA) ist ein zentraler Begriff der Printmedienforschung. Der LpA ist ein Maß für die durchschnittliche Größe einer Zeitschriften- oder Zeitungsleserschaft, also der Reichweite. Die Größe des LpA wird in der Media-Praxis auch als Reichweite eines Titels bezeichnet. Die Größe des LpA wird durch den Leser pro Nummer (LpN) bestimmt. Während dieser durch direkte Abfrage als Leser im Erscheinungsintervall erhoben wird, wird der LpA aus der Lesefrequenz und aus den LpN-Angaben gebildet. Rechnerisch ist der LpA die durchschnittliche Nutzungswahrscheinlichkeit (= p-Wert) eines Titels multipliziert mit 100." https://www.agma-mmc.de/service/glossar/eintrag/lpa.html (zuletzt geprüft am 19.01.2016). Die Reichweiten werden von der Arbeitsgemeinschaft Media-Analyse (agma) in der „ma Pressemedien" ausgewiesen http://www.ma-reichweiten.de/ (zuletzt geprüft am 19.01.2016).

471 *TNS Infratest*, Gutachten, S. 9.

472 *TNS Infratest*, Gutachten, S. 5.

cc. Missachtung methodischer und wissenschaftlicher Grundsätze bei der Marktanteilsberechnung

Auf Kritik stößt in dem Gutachten der TNS Infratest auch die unreflektierte Addition von Marktanteilen aus Teilmärkten zu einem Gesamtmarktanteil ohne die Bezugsgröße Gesamtmarkt anzupassen.[473] Indem die KEK verschiedene Teilmärkte abgrenze, dort Marktanteile anhand von Gewichtungsfaktoren in Zuschaueranteilsäquivalente umrechne und diese so gewonnenen Zuschaueranteile miteinander addiere, verstoße sie fundamental gegen die Marktanteilskonzeption.[474] Mit dem so errechneten Marktanteil werden 100% überschritten. Dieser Gesamtmarktanteil, der 100% überschreite, müsse und könne rechnerisch auch wieder auf die absolute Größe von 100% reduziert werden. Dadurch relativiere sich insgesamt auch der Zuschaueranteil.[475]

dd. Willkür: Programmzeitschriften meinungsrelevanter als politische Publikumszeitschriften

Überspitzt formuliert wurden die Gewichtungsfaktoren bezüglich der Zeitschriften mit dem Vorwurf angegriffen, sie zeigen, dass die KEK Programmzeitschriften wie „Hörzu" und „Funkuhr" mehr Relevanz für die Meinungsbildung zuspreche als den Zeitschriften „Stern" und „Spiegel".[476] Hinter dieser Aussage steht der Vorwurf der Willkür. Dieser Willkürvorwurf basiert auf zwei Argumentationen.

Zum einen halten Kritiker das Zustandekommen der Gewichtungsfaktoren, die die KEK für die Umrechnung der Marktanteile auf medienrelevanten verwandten Märkten in Zuschaueranteile festlegt, wenig nachvollziehbar und von der KEK unzureichend begründet.[477] Die KEK versuche zwar mittels Anwendung der Leistungsmerkmale Suggestivkraft, Breitenwirkung und Aktualität auf die medienrelevanten verwandten Märkte eine Beweisgrundlage für ihre

---

473 *TNS Infratest*, Gutachten, S. 10.

474 *TNS Infratest*, Gutachten, S. 10ff. Die *TNS Infratest* errechnet im Gutachten beispielhaft anhand des Kfz-Marktes (bestehend aus den Teilmärkten PKW-Markt und LKW-Markt. Beide Märkte zusammen bilden als Kfz-Gesamtmarkt den PKW/LKW-Markt) und der Marke *Dailmer Chrysler*, wie Marktanteile aus Teilmärkten zusammengefasst werden. Sie zeigt auch, wie sich die unterschiedlichen Vorgehensweisen in der Zusammenrechnung auf den Marktanteil auswirken.

475 *TNS Infratest*, Gutachten, S. 14.

476 *Bornemann*, MMR 2006, 275 (278); *TNS Infratest*, Gutachten, S. 7.

477 *Bornemann*, MMR 2006, 275 (276f., 279); *TNS Infratest*, Gutachten, S. 9; *Koch*, AfP 2007, 305 (312).

Faktoren zu schaffen. Letztlich bleibe sie eine fundierte nachvollziehbare Begründung schuldig und die Gewichtungsfaktoren machen den Anschein, als seien sie aus der Luft gegriffen und damit nicht plausibel konstruiert. So messe die KEK Programmzeitschriften aufgrund ihres Fernsehbezuges eine höhere Meinungsbildungsrelevanz zu als (politischen) Publikumszeitschriften.[478] Auch wenn dieser Unterschied im Ergebnis nur marginal (1/7 zu 1/10[479]) sein mag, gehe hiervon eine Signalwirkung aus. Zwar hat das Bundesverfassungsgericht im *DSF*-Beschluss der Verflechtung mit Programmzeitschriften ein Bedrohungspotential für die Meinungsvielfalt zugesprochen[480] und das Gericht hat auch schon früh klargestellt, dass sich Meinungsbildung nicht allein in Nachrichten und politischen Beiträgen verwirkliche, sondern auch künstlerische Darstellungen einen wichtigen Teil der Meinungsbildung ausmachen[481]. Doch sei fraglich, ob das tatsächlich eine höhere Gewichtung von Programmzeitschriften begründen könne. Es gebe zum einen keine Studie, die belege, dass Programmzeitschriften tatsächlich einen Einfluss auf das Fernsehverhalten der Rezipienten nehme.[482] Zum anderen würde sich das Sehverhalten schon in den Zuschaueranteilen eines Fernsehsenders niederschlagen und damit schon bei der Berechnung des Zuschaueranteils des Senders Berücksichtigung finden.[483]

Der Verdacht der Willkür wird zum anderen auf die Abgrenzung im Printbereich gestützt. Kritisiert wird die Trennung von Publikums- und Programmzeitschriften.[484] Sie stößt auf wenig Verständnis. Programmzeitschriften sind ungeachtet ihrer Fernsehausrichtung Publikumszeitschriften. Sie bilden die größte Einheit im Zeitschriftenmarkt.[485] Löse man die Programmzeitschrift heraus und behandele sie als eigene Kategorie, dann schenke man ihr allein dadurch schon eine höhere Relevanz. Der Marktanteil dieses Segments fließe nicht

---

478 *Bornemann*, MMR 2006, 275 (278).

479 In Dezimalzahlen ausgedrückt: 0,14 zu 0,1.

480 BVerfGE 95, 163 (173). *Gounalakis/Zagouras*, Medienkonzentrationsrecht, S. 41.

481 BVerfGE 12, 205 (260).

482 *TNS Infratest*, Gutachten, S. 6, die aber auch zu erkennen gibt, dass ein solcher Einfluss auch nicht ausgeschlossen werden könne. *Bornemann*, MMR 2006, 275 (278) verweist darauf, dass die KEK nicht begründet, in wieweit Programmzeitschriften Meinungsbildungsrelevanz besitzen.

483 *Bornemann*, MMR 2006, 275 (278).

484 *Bornemann*, MMR 2006, 275 (278); *TNS Infratest*, Gutachten, S. 6.

485 KEK 293-1 bis -5, S. 48 (Abbildung 6) wonach Programmzeitschriften (im Jahr 2004) eine Reichweite von gut 40 Mio. Lesern hatten (~63% des Gesamtlesemarktes). Auch mit einer Gesamtauflage von rund 18 Mio. sind die Programmzeitschriften mit großem Abstand führend, KEK 293-1 bis -5, S. 47.

in den Gesamtmarktanteil aller Publikumszeitschriften ein, sondern bilde einen allein stehenden Marktanteil. Hierdurch verändere sich der errechnete Marktanteil.[486] In Kombination mit dem höheren Gewichtungsfaktor mache sich das bei der Berechnung des Zuschaueranteilsäquivalents bemerkbar.[487] Einen weiteren Hinweis auf Willkür sehen die Kritiker darin, dass die KEK die Mitgliederzeitschrift „ADAC Motorwelt" aus ihrem Markt für Publikumszeitschriften mit der Begründung herausnimmt, diese Zeitschrift bekämen nur ADAC-Mitglieder.[488] Verständlich sei diese Argumentation nicht, besagt sie im Kern, dass eine Mitgliederzeitschrift allein dadurch unberücksichtigt bleibe, weil sie eine Mitgliederzeitschrift ist. Mit ihrer Meinungsbildungsrelevanz setze sich die KEK indes nicht auseinander.[489] Die „ADAC Motorwelt" ist die reichweitenstärkste entgeltliche Publikumszeitschrift mit einem Marktanteil von 30%.[490] Durch die Herausnahme bestimmter Zeitschriften aus dem Publikumszeitschriftenmarkt könne die KEK den Gesamtmarkt nach Belieben variieren und nehme damit direkten Einfluss auf den errechneten Zuschaueranteil.[491]

ee. Stellungnahme

Zum Zeitpunkt des Symposiums im Oktober 2005 zum Thema „Medienrelevante verwandte Märkte in der rundfunkrechtlichen Konzentrationskontrolle"[492] war die KEK mit dem Verfahren in der Sache *Axel Springer/ProSieben.Sat.1* schon befasst[493] und die Klärung der Frage, wie medienrelevante verwandte Märke in der Rundfunkkonzentrationskontrolle zu behandeln sind, dürfte brennend gewesen sein. Das Symposium führte zu keinem eindeutigen Ergebnis bezüglich der Gewichtung medienrelevanter verwandter Märkte. Konsens bestand hingegen darin, dass der RStV mit dem Zuschaueranteilsmodell ein grobes

---

486 *Bornemann*, MMR 2006, 275 (278); *TNS Infratest*, Gutachten, S. 6.

487 *TNS Infratest*, Gutachten, S. 7.

488 *TNS Infratest*, Gutachten, S. 7; *Bornemann*, MMR 2006, 275 (277).

489 Die KEK wirft zwar kurz die Frage auf, ob diese Zeitschrift einzubeziehen sei. Ohne weitere Überlegungen dazu, lässt sie sie am Ende unberücksichtigt. KEK 293-1 bis -5, S. 49.

490 KEK 293-1 bis -5, S. 48 (Tabelle 14).

491 *TNS Infratest*, Gutachten, S. 7.

492 *Landesmedienanstalten* (Hrsg.), Medienrelevante verwandte Märkte, Symposium v. 17.10.2005.

493 Die geplante Übernahme wurde am 08.08.2005 bei der Landeszentrale für Medien und Kommunikation Rheinland-Pfalz (LMK), Medienanstalt Berlin-Brandenburg (MABB) und Bayerische Landeszentrale für neue Medien (BLM) angemeldet. KEK 293-1 bis -5, S. 3.

Instrument vorgebe, sich die Gewichtung der medienrelevanten verwandten Märkte daran orientieren und die Prüfung daher nicht zu stark ausdifferenziert werden solle. Der § 26 II RStV gebe schon vor, dass von den medienrelevanten verwandten Märkten ein Meinungseinfluss ausgehe. Die Prüfung der KEK brauche sich weniger quantitativ in einer mathematischen Formel zu erfüllen, als in einer qualitativen Bewertung der einzubeziehenden Märkte.[494] Gleichwohl hat die KEK in der Entscheidung *Axel Springer/ProSieben.Sat.1* viel Energie in die Behandlung medienrelevanter verwandter Märkte gesteckt und sich bemüht, ein aussagekräftiges Gewichtungsmodell zu erstellen.[495]

Der Kritik bezüglich der fehlenden Kompetenz der KEK ein solches Gewichtungsmodell zu erstellen, ist letztendlich eine Fortführung des Streits über das Verhältnis von Absatz 1 und 2 des § 26 RStV. Die Kritik setzt sich nicht mit dem Modell auseinander sondern negiert schlicht seine Notwendigkeit.

Die cross-mediale Rundfunkkonzentrationsvorschrift macht deutlich, dass die medienrelevanten verwandten Märkte ins Verhältnis zum Fernsehen gesetzt werden sollen. Notwendig ist damit eine Messgröße zu finden, die sich in Beziehung setzen lässt zum Zuschaueranteil. Die KEK hat hierbei einen Beurteilungsspielraum.[496] Der Rückgriff auf den Marktanteil ist schlüssig, wenn man die Wertung von § 26 II 2 1. Alt. RStV beachtet. Danach wird angenommen, dass eine marktbeherrschende Stellung nach Wettbewerbsrecht auf einem medienrelevanten verwandten Markt einem Zuschaueranteil von 5% entspricht.[497] Die marktbeherrschende Stellung wird im Wettbewerbsrecht bei Erreichen eines

494 *Landesmedienanstalten* (Hrsg.), Auf dem Weg zu einer medienübergreifenden Vielfaltssicherung, S. 382; *Scheuer*, in: Landesmedienanstalten (Hrsg.), Medienrelevante verwandte Märkte, Symposium v. 17.10.2005, S. 66; *Röper*, in: Landesmedienanstalten (Hrsg.), Medienrelevante verwandte Märkte, Symposium v. 17.10.2005, S. 87; *Hasebrink*, Zur Berücksichtigung medienrelevanter verwandter Märkte bei der Anwendung des Zuschaueranteilsmodells (§ 26 Abs. 2 Satz 2 RStV), S. 3.

495 KEK 293-1 bis -5, S. 85ff. Das Gewichtungsmodell berücksichtigt Ansätze des Gutachtens von *Hasebrink*, Zur Berücksichtigung medienrelevanter verwandter Märkte bei der Anwendung des Zuschaueranteilsmodells (§ 26 Abs. 2 Satz 2 RStV), S. 14ff.

496 VG München v. 8.11.2007, Az. M 17 K 06.2675, Tz. 61; BVerwG v. 29.01.2014, Az. 6 C 2.13, Rdnr. 29.

497 Vorherrschende Meinungsmacht wird vermutet, wenn das Unternehmen einen Zuschaueranteil von 25% erreicht und auf einem medienrelevanten verwandten Markt eine marktbeherrschende Stellung hat. Hat das Unternehmen keine marktbeherrschende Stellung, muss eine Gesamtbeurteilung der Aktivitäten im Fernsehen und auf medienrelevanten verwandten Märkten ergeben, dass der dadurch erzielte Meinungseinfluss dem eines Unternehmens mit einem Zuschaueranteil von 30 vom

bestimmten Marktanteils[498] vermutet. Den Marktanteil als Maßstab zu nehmen, widerspricht damit nicht grundsätzlich dem System der Rundfunkkonzentrationskontrolle. An den Marktanteil als Maßstab ist die KEK indes aber auch nicht gebunden. Sie hat den Maßstab zu wählen, dessen Aussagegehalt bezüglich der Meinungseinflusswirkung dem des Zuschaueranteils entspricht oder vergleichbar ist. Mit Blick auf den Pressebereich mag tatsächlich der Leser pro Ausgabe (LpA) die vorzugswürdigere Messgröße sein, da hierdurch, vergleichbar mit dem Zuschaueranteil, die Reichweite besser abgebildet werden kann. Hinter der Kritik, statt des Marktanteils hätte eine andere Bezugs- bzw. Messgröße gewählt werden müssen, wie die Lesedauer oder die Anzahl der Leser pro Ausgabe, steht Letzen Endes aber kein juristisches Problem, sondern ein kommunikationswissenschaftliches. Es geht dabei um die Beantwortung der Frage, ob und wie der Grad des Meinungseinflusses, der von einem Medienangebot ausgeht, gemessen werden kann. Diese Arbeit kann die Beantwortung dieser Frage nicht leisten. Die KEK ist aber im Rahmen ihrer Verwaltungspraxis gefordert, die Maßstäbe, die sie ansetzt, einer stetigen Kontrolle zu unterziehen und das Instrument anzuwenden, das die beste Möglichkeit bietet, das Meinungsbeeinflussungspotential widerzuspiegeln.

Dem Gutachten der TNS Infratest ist entgegenzusetzen, dass es übersieht, dass in § 26 II 2 2. Alt RStV mit der Gesamtbetrachtung der Aktivitäten im Fernsehen und auf medienrelevanten verwandten Märkten, die zusammen einem Zuschaueranteil von 30% entsprechen, selbst ein Überschreiten der 100% angelegt ist. Die nach § 27 RStV ermittelten Zuschaueranteile des privaten und öffentlich-rechtlichen Rundfunks auf dem Fernsehmarkt ergeben 100%. Mit der Einbeziehung medienrelevanter verwandter Märkte und der erforderlichen Umrechnung in fiktive Zuschaueranteile wird automatisch die 100%-Marke überschritten.[499] Für die Zukunft kann aber durchaus die Überlegung angestellt werden, den anhand des Gewichtungsmodells errechneten Gesamtanteil wieder auf 100% zu relativieren. Allerdings wird damit auch der zunächst gem. § 27 RStV ermittelte korrekte Zuschaueranteil der Fernsehsender verfälscht. Hierfür muss eine

---

Hundert im Fernsehen entspricht. Die marktbeherrschende Stellung entspricht damit der Differenz von 5% Zuschaueranteil.

498 Einzelmarktbeherrschung wird bei einem Marktanteil von mind. 40% (§ 18 IV GWB) und die gemeinsame Marktbeherrschung wird bei drei oder weniger Unternehmen bei einem Marktanteil von zusammen von 50%, bei fünf oder weniger Unternehmen bei einem Marktanteil von zusammen von zwei Dritteln (§ 18 VI GWB) vermutet.

499 *Renck-Laufke*, ZUM 2006, 907 (913); BayVGH v. 15.02.2012, Az. 7 BV 11.285, S.25 Rdnr. 59; *Koch*, AfP 2007, 305 (312).

Lösung gefunden werden. Das Gutachten der TNS Infratest lässt diesen Aspekt außer Acht und gibt keinen Ansatzpunkt zur Lösung.

Die unterschiedlichen Gewichtungen von Publikums- und Programmzeitschriften verwundern in der Tat. Ergänzend zu der oben vorgebrachten Kritik ist festzustellen, dass Programmzeitschriften zwar einen Fernsehbezug aufweisen und damit ein stärkeres Gewicht haben können. Aber die KEK erkennt selbst, dass aktuelle Zeitschriften eine Agenda Setting Wirkung[500] haben. Auch den Special-Interest-Zeitungen spricht sie abhängig von ihrer inhaltlichen Ausrichtung Meinungsbildungsrelevanz zu.[501] Fernsehbezug auf der einen, Agenda Setting Wirkung auf der anderen Seite argumentieren nicht zwangsläufig für eine unterschiedliche Gewichtung.

Wie von *Röper* während des oben erwähnten[502] Symposium im Jahr 2005 prophezeit, braucht das Finden des richtigen Umgangs mit den medienrelevanten verwandten Märkten und ihre Einbeziehung in die Prüfung Zeit und Erfahrungen.[503] Im Nachgang der Entscheidung würdigte *Hain* die Entscheidung.[504] Die KEK habe sich das erste Mal mit einer komplexen cross-medialen Verflechtung befassen müssen. Ihre Entscheidung, die darauf aufbaue, dass § 26 I RStV ein eigenständiger Tatbestand sei, habe sie als „Anfängerin" in einer „überraschenden argumentativen Dichte ausführlich und im Ergebnis zutreffend begründet"[505]. Bei der Entscheidung habe es zudem nicht *den* einzig richtigen Lösungsweg gegeben, den die KEK habe finden und beschreiten müssen. Vielmehr sei sie gefordert gewesen komplexe Wertungen anzustellen. Es sei nicht verwunderlich, dass zu diesem Zeitpunkt andere zu abweichenden Ergebnissen kämen. Für die Zukunft gelte, neue Entwicklungen und Änderungen von Verhältnissen in den Märkten im Blick zu behalten und sie zu berücksichtigen.[506] Die Rechtsprechung hat das Gewichtungsmodell akzeptiert. Die KEK habe ihre Vorgehensweise logisch und in sich stimmig begründet.[507] Ihre Entscheidung sei nachvollziehbar.[508] Die KEK war nicht verpflichtet, ein derart differenziertes Modell zu

500 Siehe zur Agenda Setting Wirkung Kapitel 2. A. II.

501 KEK 293-1 bis -5, S. 94.

502 Siehe Fn. 458.

503 *Röper*, in: *Landesmedienanstalten* (Hrsg.), Medienrelevante verwandte Märkte, Symposium v. 17.10.2005, S. 87f.

504 *Hain*, K&R 2006, 150 (154f.).

505 *Hain*, K&R 2006, 150 (154).

506 *Hain*, K&R 2006, 150 (155).

507 VG München v. 8.11.2007, Az. M 17 K 06.2675, Tz. 71.

508 VG München v. 8.11.2007, Az. M 17 K 06.2675, Tz. 70.

erarbeiten. Verwaltungsrechtlich zulässig wäre eine Behandlung cross-medialer Verflechtungen auch anhand abstrakter Erwägungen.[509] Das Gewichtungsmodell ist als solches damit insgesamt erst einmal zu begrüßen. Es schafft im Vergleich zu dem bloßen Normentext in § 26 I, II RStV etwas mehr Transparenz in der Rundfunkkonzentrationskontrolle. Über den Grundsatz der Selbstbindung der Verwaltung und des Gleichheitsgrundsatzes nach Art. 3 GG erhalten Rundfunkunternehmen mit dem Gewichtungsmodell etwas mehr Rechtssicherheit bei der Planung ihrer Diversifikationsstrategien. Allerdings trügt diese Rechtssicherheit und Transparenz. Das Gewichtungsmodell ist bisher reine Verwaltungspraxis der KEK und wird stetig weiterentwickelt und an die Entwicklungen des Medienbereichs angepasst. Es ist nirgendwo festgeschrieben. Wünschenswert wäre es daher, wenn das Gewichtungsmodell Verbindlichkeit bekäme.[510]

d. *Alternative Ansätze zur Berücksichtigung medienrelevanter verwandter Märkte*

Nach Bekanntgabe der Entscheidung in der Sache *Axel Springer/ProSiebenSat.1* wurden Vorschläge vorgestellt, wie zukünftig Aktivitäten auf medienrelevanten verwandten Märkten im Rahmen der Rundfunkkonzentrationskontrolle nach § 26 RStV berücksichtigt werden könnten.

aa. Änderung der Gewichtungsfaktoren: Nutzungsdauer als Gewichtungsgrundlage

Der erste Vorschlag stammt aus dem Gutachten der TNS Infratest und zielt auf eine Änderung der Gewichtungsfaktoren. Ausgehend vom Grundgedanken des Zuschaueranteils, wonach die Sehdauer eines Fernsehsenders sich auf die potentielle Meinungsmacht auswirke, soll die Nutzungsdauer der verschiedenen Mediengattungen zur Grundlage genommen werden. Das Verhältnis der Nutzungsdauer der einzelnen Mediengattungen gebe danach einen sinnvollen Indikator für die Bestimmung der Gewichtung. Je länger ein Medium genutzt werde, desto mehr Einfluss werde es auf die Meinungsbildung nehmen.[511] Daten zur Nutzungsdauer stellen ARD/ZDF in ihrer Langzeitstudie Massenkommunikation bereit.

---

509 Dazu *Gounalakis/Zagouras*, Medienkonzentrationsrecht, S. 152f.

510 Siehe für eine mögliche Umsetzung den Reformvorschlag unter Kapitel 5. B. V.

511 *TNS Infratest*, Gutachten, S. 12.

bb. 5%-Grenze als Bezugsgröße

Ein zweiter Ansatz nimmt die Bezugsgröße in den Fokus. Er orientiert sich an § 26 II 2 1. Alt. RStV. Die Vorschrift gebe vor, dass eine marktbeherrschende Stellung auf einem medienrelevanten verwandten Markt, beurteilt anhand des ökonomischen Marktanteils, einem umgerechneten Zuschaueranteil von 5% entsprechen müsse.[512] Das bedeute im Umkehrschluss, dass eine nicht marktbeherrschende Stellung nicht zu einem Zuschaueranteilsäquivalent von 5% oder mehr führen könne, sondern umgerechnet unter 5% liegen müsse.[513]

cc. Vorschlag von *Kepplinger*: Grundlegende Modifikation der Messung

Eine dritte Überlegung wurde von dem Publizistikwissenschaftler *Kepplinger*[514] geäußert. Hinter dem Ansatz steht eine grundsätzliche Modifikation der Messung und Vergleichbarkeit von Meinungsmacht im Fernsehen und auf medienrelevanten verwandten Märkten. Ausgangspunkt sind die Annahmen, dass erstens der Zuschaueranteil die denkbar schlechteste Grundlage biete, um Aussagen über die Meinungsmacht zu treffen[515] und zweitens, dass der Zuschaueranteil[516] und der ökonomische Marktanteil[517] nicht miteinander verglichen werden können.[518] Er versucht anhand der folgenden sechs zu klärenden Fragen einen Weg zu einer Vergleichsbasis zu finden: „1. Was ist die Grundgesamtheit? 2. Was ist die Messeinheit? 3. Was ist der Erfolgsindikator? 4. Wie wird komplementäre Nutzung erfasst? 5. Was bedeutet komplementäre Nutzung für die Beurteilung von Meinungsmacht? 6. Wie wird die Marktposition der Wettbewerber ermittelt?“[519] Er entwickelt sodann ein Modell, mit dem die Meinungsmacht auf unterschiedlichen Märkten dargestellt werden kann.[520] Das Modell greift, wie auch

---

512 Siehe dazu oben C. IV. 3. a. bb. sowie 3. c. ee. und dort auch Fn. 497.

513 *Bornemann*, MMR 2006, 275 (279).

514 *Kepplinger*, Wie kann man publizistische Meinungsmacht messen?, in: Möhring u.a. (Hrsg.), Festschrift für Beate Schneider, S. 141.

515 *Kepplinger*, Wie kann man publizistische Meinungsmacht messen?, in: Möhring u.a. (Hrsg.), Festschrift für Beate Schneider, S. 143ff., insbes. S. 145f.

516 Hier auch als Marktanteil bezeichnet.

517 Hier auch als Reichweite bezeichnet.

518 *Kepplinger*, Wie kann man publizistische Meinungsmacht messen?, in: Möhring u.a. (Hrsg.), Festschrift für Beate Schneider, S. 145f., ausdrücklich S. 147, 153 Nr. 1.

519 *Kepplinger*, Wie kann man publizistische Meinungsmacht messen?, in: Möhring u.a. (Hrsg.), Festschrift für Beate Schneider, S. 146ff.

520 *Kepplinger*, Wie kann man publizistische Meinungsmacht messen?, in: Möhring u.a. (Hrsg.), Festschrift für Beate Schneider, S. 154ff.

der oben zuerst genannte Vorschlag der TNS Infratest, auf die Nutzungszeiten der Mediengattungen zurück und entwickelt aus ihnen Gewichtungsfaktoren[521]. Für Fernsehen und Hörfunk ermittelt *Kepplinger* einen Faktor von jeweils 0,37, für CD/MC/LP/MP3 und Internet jeweils 0,07, für Tageszeitung 0,05, für Bücher 0,04, für Zeitschriften 0,02 und für Video/DVD 0,01.[522] Wende man diese Gewichtungsfaktoren auf die Marktanteile aller Akteure der jeweiligen Mediengattungen an, nicht nur auf denjenigen, der in einem Verfahren zu beurteilen sei, ergebe sich ein Gesamtbild, aus dem die Marktposition des betreffenden Unternehmens abgeleitet werden könne.[523]

dd. Vorschlag von *Schulz/Held*: Maluspunktesystem

Einen weiteren Vorschlag einer alternativen Berechnungsmethode haben *Schulz* und *Held* im Rahmen eines Gutachtens[524] eingebracht. Der Überlegung liegt ein Punktesystem zugrunde, mit dem sich langfristig der gesamte Medienmarkt bewerten lassen soll.[525] Das Punktesystem sieht vor, dass für Aktivitäten auf Medienmärkten je nach Rezipientenmarktanteil Punkte vergeben werden.[526] *Schulz/Held* führen exemplarisch an, dass für eine zurechenbare Beteiligung im bundesweiten Fernsehen, die zu Zuschaueranteilen von 20% und mehr führen, 6 Punkte vergeben werden könnten. Bei Zuschaueranteilen ab 25% und ab 30% könnten mehr Punkte vergeben werden. Eine Aktivität auf dem Tageszeitungsmarkt, die zu einem Marktanteil von 20% führt, könnte dem Vorschlag nach 4 Punkte entsprechen. Ein Anteil von über 20% am Programmzeitschriftenmarkt könnte mit 1 Punkt berechnet werden.[527] Für vielfaltssichernde Maßnahmen könnten wiederum Punkte in Abzug gebracht werden.[528] Die gesammelten Punkte je Medienmarkt werden abzüglich der Abzugspunkte für vielfaltssichernde

---

521 Die Nutzungszeiten entnimmt er der Langzeitstudie der ARD zur Massenkommunikation. Der Gewichtungsfaktor errechnet sich aus dem Anteil der Nutzungszeit der Mediengattung am Gesamtzeitbudget von 600 Min.

522 *Kepplinger*, Wie kann man publizistische Meinungsmacht messen?, in: Möhring u.a. (Hrsg.), Festschrift für Beate Schneider, S. 155.

523 *Kepplinger*, Wie kann man publizistische Meinungsmacht messen?, in: Möhring u.a. (Hrsg.), Festschrift für Beate Schneider, S. 155.

524 *Schulz/Held*, Die Zukunft der Kontrolle der Medienmacht, S. 71ff.

525 *Schulz/Held*, Die Zukunft der Kontrolle der Medienmacht, S. 67ff.

526 *Schulz/Held*, Die Zukunft der Kontrolle der Medienmacht, S. 71.

527 *Schulz/Held*, Die Zukunft der Kontrolle der Medienmacht, S. 71ff., siehe dort auch die Tabelle, S. 73.

528 *Schulz/Held*, Die Zukunft der Kontrolle der Medienmacht, S. 84f.

Maßnahmen sodann zu einer Gesamtpunktzahl addiert.[529] Festzulegen sei im Weiteren, welche Gesamtpunktzahl vorherrschende Meinungsmacht begründe.[530] Das Maluspunktesystem begründen *Schulz/Held* damit, dass es nicht wie das Gewichtungsmodell der KEK eine Pseudoexaktheit vorgebe. Das System versuche nicht Nutzungsanteile verschiedener Medien umstandslos miteinander zu verrechnen.[531] Ihr Modell sei deshalb transparenter. Für jeden Medienteilmarkt seien die Wertungen festgelegt.[532]

ee. Stellungnahme

Die vorangestellten alternativen Ansätze und Modelle verdeutlichen, dass es unterschiedliche Wege gibt, um Aktivitäten auf medienrelevanten verwandten Märkten bei der medienkonzentrationsrechtlichen Prüfung zu berücksichtigen.

Die *TNS Infratest* unterbreitet in ihrem Gutachten zwar einen allgemeinen Vorschlag zur Gewichtung der verschiedenen Mediengattungen, über eine tatsächliche Bezifferung schweigt sie aber. Das Modell dürfte sich in der Praxis als nicht besser geeignet erweisen als das Gewichtungsmodell der KEK. Die Orientierung an den Nutzungsdaten stößt nämlich dort an ihre Grenzen, wo nicht klassische Medien gewichtet werden sollen, sondern Aktivitäten auf vor- und nachgelagerten medienrelevanten verwandten Märkten. Mit dem Nutzungszeitindikator können beispielsweise Produktion und Vertrieb nicht erfasst werden.

Der zweite vorgebrachte Vorschlag, wonach eine nach ökonomischen Kriterien ermittelte marktbeherrschende Stellung, auf die § 26 II 2 1. Alt RStV Bezug nimmt, ein Zuschaueranteilsäquivalent von 5% haben müsse, ist erst einmal schlüssig. § 26 II 2 1. Alt. RStV selbst stellt die Verbindung zwischen einer marktbeherrschenden Stellung und einem 5% Zuschaueräquivalent her. Allerdings lässt auch dieser Vorschlag weiterführende Hinweise, wie dieser Ansatz praktisch umgesetzt werden könnte, vermissen. Rein mathematisch wäre die Vergleichbarkeit der ökonomischen marktbeherrschenden Stellung und dem 5% Zuschaueräquivalent denkbar, wenn man beide Werte zueinander ins Verhältnis setzt: Eine Einzelmarktbeherrschung wird bei einem Marktanteil von 40% vermutet (§ 18 IV GWB). Diesem 40%igen Marktanteil im ökonomischen Wettbewerb entsprechen 5% Zuschaueranteil im Fernsehen. Damit entspricht 1% ökonomischer Marktanteil 0,125% Zuschaueranteil (Formel: 5/40). Entsprechend

529 *Schulz/Held*, Die Zukunft der Kontrolle der Medienmacht, S. 71.
530 *Schulz/Held*, Die Zukunft der Kontrolle der Medienmacht, S. 73.
531 *Schulz/Held*, Die Zukunft der Kontrolle der Medienmacht, S. 71.
532 *Schulz/Held*, Die Zukunft der Kontrolle der Medienmacht, S. 71.

müsste bei der gemeinsamen marktbeherrschenden Stellung verfahren werden: Eine Gesamtmarktbeherrschung von zwei bis drei Unternehmen wird ab einem Marktanteil von 50% vermutet (§ 18 VI 1 Nr. 1 GWB). Damit entspricht 1% ökonomischer Marktanteil 0,1% Zuschaueranteil (Formel: 5/50). Bei vier bis fünf Unternehmen wird eine Gesamtmarktbeherrschung bei einem Marktanteil von ca. 66% vermutet (§ 18 VI 1 Nr. 2 GWB). Damit entspricht 1% ökonomischer Marktanteil 0,076% Zuschaueranteil (Formel: 5/66). Diese mathematische Herangehensweise führt zu dem Ergebnis, dass die ökonomische marktbeherrschende Stellung zu unterschiedlichen Zuschaueranteilsäquivalenten führt. Eine reine mathematische Übersetzung der ökonomischen Marktanteile in Zuschaueranteile ist daher nicht angebracht. Damit ergibt sich, dass der Vorschlag, der die 5% Zuschaueranteilsäquivalent als Bezugsgröße nehmen möchte, ebenfalls mit Wertungen und Modifikationen arbeiten muss, um ein praxistaugliches Modell zu erhalten.

Der Vorschlag von *Kepplinger* beabsichtigt zu zeigen, dass sich das derzeit geltende Gewichtungsmodell nicht mit kleinen Änderungen modifizieren lasse, um die Medienwirkung auf die Meinungsbildung abbilden zu können. Es sei eine vollständige Novellierung erforderlich, die die cross-mediale Regelung in § 26 II 2 RStV aufgebe. Seine Überlegung enthält Ansatzpunkte, um ein Modell zu entwickeln, mit dem sich die Wirkung von Aktivitäten im Fernsehen und auf medienrelevanten verwandten Märkten vergleichen und messen lassen. Es ist allerdings zu bezweifeln, dass sein Vorschlag umgesetzt wird. Die KEK geht in Anlehnung an das Gutachten *Hasebrinks* und den Ergebnissen des Symposiums von der Prämisse aus, „dass sich die Einbeziehung verwandter Märkte möglichst an der Logik des Zuschaueranteilsmodells, […] orientieren sollte“[533]. Eine zu detaillierte Berücksichtigung medienrelevanter verwandter Märkte würde dem groben Instrument des Zuschaueranteilsmodells zuwider laufen.[534] *Kepplingers* Vorschlag ist zudem eine Aufforderung eine Multimediaregulierung de lege ferenda zu installieren. Er entfernt sich mit seinem Anspruch vom derzeitigen § 26 RStV und der Fokussierung auf das Fernsehen.

Am interessantesten in der Diskussion über eine alternative Berechnungsmethode könnte sich indes der Vorschlag von *Schulz/Held* erweisen. Zwar

---

533 *Landesmedienanstalten* (Hrsg.), Crossmediale Verflechtungen als Herausforderung für die Konzentrationskontrolle, S. 382; *Hasebrink*, Zur Berücksichtigung medienrelevanter verwandter Märkte bei der Anwendung des Zuschaueranteilsmodells (§ 26 Abs. 2 Satz 2 RStV), S. 3.

534 *Landesmedienanstalten* (Hrsg.), Crossmediale Verflechtungen als Herausforderung für die Konzentrationskontrolle, S. 382.

intendieren auch sie mit ihrem Punktesystem ein Modell, mit dem sich zukünftig der gesamte Medienmarkt betrachten lasse. Im Vergleich zu *Kepplingers* Überlegungen wäre es aber mit geringerem Aufwand umsetzbar. Auch ließe sich mit dem Modell, so lange kein Bedarf an einer Gesamtmarktregulierung besteht, an der Fernsehzentrierung festhalten. Der von *Schuld/Held* selbst vorgebrachte Einwand, dass auch dieses Punktesystem mit Wertungen arbeiten müsse[535], wiegt nicht schwer. Letztlich muss jedes System mit dem die Meinungsbildungrelevanz von Mediengattungen und die Auswirkungen auf die Meinungsvielfalt dargestellt werden soll, mit Wertungen arbeiten.

Bei genauerer Betrachtung des Maluspunktesystems fällt auf, dass es die Gewichtungsfaktoren der KEK widerspiegelt. *Schulz/Held* gehen in ihrem Modell beispielhaft davon aus, dass die Rundfunkveranstaltung im bundesweiten Fernsehen, die zu einem Zuschaueranteil von über 20% führt mit 6 Punkten belegt wird. Ein Marktanteil von über 20% am Tageszeitungsmarkt wird von ihnen mit 4 Punkten berechnet. 4 Punkte im Tageszeitungsmarkt sind 2/3 von 6 Punkten im Fernsehmarkt. Weiter überlegen *Schulz/Held* 1 Punkt zu berechnen, wenn ein Marktanteil von über 20% im Programmzeitschriftenmarkt besteht. Hier kommt wiederum, wenn auch gerundet, der Gewichtungsfaktor der KEK von 1/7 zum Ausdruck. Auffällig ist des Weiteren, dass *Schulz/Held* den Schwellenwert des Fernsehzuschauermarktes auf 20% festlegen wollen. Damit kehren sie sich von der 25%- bzw. 30%-Vermutungsschwelle bei cross-medialen Verflechtungen ab.

4. Wachstum und vielfaltssichernde Maßnahmen

Zum Abschluss der Analyse des Rechtsrahmens der Rundfunkkonzentrationskontrolle sollen noch die Konsequenzen erörtert werden, die aus dem Entstehen vorherrschender Meinungsmacht resultieren. § 26 III, IV RStV enthalten Regelungen zum Wachstum eines Fernsehveranstalters und zu vielfaltssichernden Maßnahmen.

a. Externes und internes Wachstum

Das Rundfunkkonzentrationsrecht verbietet die Entstehung vorherrschender Meinungsmacht durch externes und internes Wachstum. Externes Wachstum ist in § 26 III RStV und internes Wachstum in § 26 IV RStV normiert.

535 *Schulz/Held*, Die Zukunft der Kontrolle der Medienmacht, S. 71.

aa. Externes Wachstum, § 26 III RStV

§ 26 III RStV begrenzt das externe Wachstum eines Rundfunkveranstalters, wenn er dadurch vorherrschende Meinungsmacht erlangt. § 26 III RStV erfasst drei Fallgruppen. Ein Rundfunkunternehmen mit vorherrschender Meinungsmacht darf keine weitere Sendeerlaubnis für einen weiteren, neu zugründenden Sender erhalten.[536] Der Rundfunkveranstalter darf sich auch nicht an einem schon bestehenden Sender beteiligen, wenn ihm die Beteiligung gem. § 28 RStV zuzurechnen ist. Schließlich verwehrt § 26 III RStV einem Rundfunkunternehmen eine Minderheitsbeteiligung an einem Sender derart zu erhöhen, so dass er die Zurechnungsschwelle des § 28 RStV übersteigt.[537] Die Vorschrift eröffnet der KEK keinen Ermessensspielraum. Bei einer beantragten Neuzulassung gem. § 37 I RStV bzw. einer Anmeldung von Beteiligungsveränderungen gem. § 29 RStV muss sich die KEK an die in § 26 III RStV vorgesehene Rechtsfolge halten und die Zulassung oder die Beteiligungsveränderung versagen.[538]

In Bezug auf das externe Unternehmenswachstum ist umstritten, ob die in § 26 IV 1 RStV für das interne Wachstum genannten vielfaltssichernden Maßnahmen auch für das externe Wachstum gelten. Gegen die Anwendung der Rechtsfolge im Rahmen von Absatz 3 sprechen sowohl der Wortlaut des § 26 III als auch die Systematik. § 26 III RStV erwähnt vielfaltssichernde Maßnahmen nicht. Ausgehend vom Wortlaut gibt es keinen Anknüpfungspunkt, um die Maßnahmen aus Absatz 4 in Absatz 3 hineinlesen zu können.[539] In systematischer Hinsicht spreche gegen den Transfer der Rechtsfolge, dass externes und internes Wachstum in zwei getrennten Absätzen geregelt sind. Es bestehe kein Anlass zu der Annahme, dass die Rechtsfolge aus einem nachfolgenden Absatz auch für einen vorangegangen Absatz gelten soll. Zuzustimmen ist indes der Gegenansicht, wonach für die Berücksichtigung vielfaltssichernder Maßnahmen als Rechtsfolge bei externem Wachstums der Grundsatz der Verhältnismäßigkeit spricht.[540] Die Rechtsfolge des § 26 III RStV stellt einen erheblichen Eingriff in die Rundfunk- und Unternehmensfreiheit des Rundfunkveranstalters dar. Durch die Ergreifung vielfaltssichernder Maßnahmen kann eine negative

---

536 *Gounalakis/Zagouras*, Medienkonzentrationsrecht, S. 123 ordnen diesen Fall hingegen als internes Wachstum ein.

537 *Grünwald*, in: Spindler/Schuster, Recht der elektronischen Medien, § 26 Rdnr. 27.

538 *Grünwald*, in: Spindler/Schuster, Recht der elektronischen Medien, § 26 Rdnr. 28.

539 *Grünwald*, in: Spindler/Schuster, Recht der elektronischen Medien, § 26 Rdnr. 29 m.w.N.

540 *Landesmedienanstalten* (Hrsg.), Crossmediale Verflechtungen als Herausforderung für die Konzentrationskontrolle, S. 385.

Bescheidung eines Zulassungsantrags oder eines Antrag auf Veränderung der Beteiligungsverhältnisse verhindert werden.[541] Gleichzeitig wird aufgrund der Ergreifung vielfaltssichernder Maßnahmen der Entstehung vorherrschender Meinungsmacht entgegengewirkt und damit dem Ziel der Rundfunkkonzentrationskontrolle entsprochen.

bb. Internes Wachstum, § 26 IV RStV

Internes Wachstum ist das Ergebnis aus der Zunahme des Zuschaueranteils, ohne dass weitere Sender hinzugekauft oder andere externe Wachstumsmaßnahmen vorgenommen wurden.[542]

b. Vielfaltssichernde Maßnahmen

Erreicht ein Rundfunkveranstalter durch internes oder – nach der hier vertretenen Ansicht – durch externes Wachstum vorherrschende Meinungsmacht, sehen § 26 IV 1 Nr. 1 bis 3 RStV drei vielfaltssichernde bzw. vielfaltsfördernde Maßnahmen als Rechtsfolgen vor.[543] § 26 IV 2 RStV geht dabei von einem kooperativem Verhalten zwischen der KEK und dem betroffenen Rundfunkunternehmen aus. Gemeinsam soll eine einvernehmliche Lösung gefunden werden.[544] Die vielfaltfördernden Maßnahmen stehen gleichwertig nebeneinander und können miteinander kombiniert werden. Zudem wird die Aufzählung als nicht abschließend verstanden.[545] Des Weiteren wirken sich die Einrichtung von regionalen Fensterprogrammen und der Widerruf von Rundfunkzulassungen mittelbar vielfaltsfördernd aus.

---

541 *Grünwald*, in: Spindler/Schuster, Recht der elektronischen Medien, § 26 Rdnr. 29; *Trute*, in: Hahn/Vesting, Rundfunkrecht, § 26 RStV Rdnr. 56.

542 *Landesmedienanstalten* (Hrsg.), Crossmediale Verflechtungen als Herausforderung für die Konzentrationskontrolle, S. 385; *Grünwald*, in: Spindler/Schuster, Recht der elektronischen Medien, § 26 Rdnr. 30ff.

543 *Gounalakis/Zagouras*, Medienkonzentrationsrecht, S. 124; *Grünwald*, in: Spindler/Schuster, Recht der elektronischen Medien, § 26 Rdnr. 31.

544 *Gounalakis/Zagouras*, Medienkonzentrationsrecht, S. 124; *Trute*, in: Hahn/Vesting, Rundfunkrecht, § 26 RStV Rdnr. 57.

545 *Gounalakis/Zagouras*, Medienkonzentrationsrecht, S. 124; *Grünwald*, in: Spindler/Schuster, Recht der elektronischen Medien, § 26 Rdnrn. 31, 33; *Trute*, in: Hahn/Vesting, Rundfunkrecht, § 26 RStV Rdnr. 63 wonach auch eine Vereinbarungen geschlossen werden könne, die eine andere vielfaltssichernde Maßnahme vorsehe.

aa. § 26 IV Nr. 1 RStV

Die erste vielfaltssichernde Maßnahme greift den Fall auf, bei der vorherrschende Meinungsmacht eines Rundfunkveranstalters durch horizontale Konzentration entstanden ist. Der Rundfunkveranstalter muss seine vorherrschende Meinungsmacht auflösen, indem er ihm zurechenbare Beteiligungen an Veranstaltern in dem Umfang aufgibt, bis der ihm zurechenbare Zuschaueranteil unter die Grenze von 30% im Sinne des § 26 II 1 RStV fällt.[546] Diese Maßnahme kann als „Shrink-To-Fit"[547] verstanden werden.

bb. § 26 IV Nr. 2 RStV

Die zweite mögliche Maßnahme knüpft an die Konstellation, dass ein Rundfunkunternehmen durch cross-mediale Verflechtungen zu vorherrschender Meinungsmacht gelangt ist. Der Rundfunkveranstalter muss dann Beteiligungen auf medienrelevanten verwandten Märkten bis zu dem Maße reduzieren, bis er keine vorherrschende Meinungsmacht im Sinne von § 26 II 2 RStV mehr hat.[548]

cc. § 26 IV Nr. 3, §§ 30 ff. RStV

Die dritte zu ergreifende Maßnahme sind vielfaltssichernde Maßnahmen nach §§ 30 bis 32 RStV. Nach § 31 RStV kann als vielfaltssichernde Maßnahme Sendezeit für unabhängige Dritte eingerichtet werden. § 32 RStV sieht die Einrichtung eines Programmbeirats vor. Im Gegensatz zu den beiden vorangegangenen Maßnahmen lassen die Maßnahmen nach §§ 31 und 32 RStV die Beteiligungsverhältnisse des Rundfunkunternehmens außer Acht. Diese Maßnahmen haben einen binnenpluralistischen Charakter und korrigieren die Schwächen des außenpluralistischen Modells.[549] Die beiden in Nr. 3 vorgesehenen vielfaltssichernden Maßnahmen greifen nur gering in die wirtschaftlichen Interessen des Rundfunkunternehmens ein.[550] Im Ergebnis wird den Maßnahmen aber wenig Wirkungskraft für die Auflösung der vorherrschenden Meinungsmacht des

---

546 *Gounalakis/Zagouras*, Medienkonzentrationsrecht, S. 124; kritisch *Trute*, in: Hahn/Vesting, Rundfunkrecht, § 26 RStV Rdnr. 59, der diese Maßnahme unter Bezugnahme auf die *Axel Springer/ProSiebenSat.1* Entscheidung der KEK als wenig praktikabel sieht.

547 *Gounalakis/Zagouras*, Medienkonzentrationsrecht, S. 124.

548 *Gounalakis/Zagouras*, Medienkonzentrationsrecht, S. 124; *Grünwald*, in: Spindler/Schuster, Recht der elektronischen Medien, § 26 Rdnr. 32; *Trute*, in: Hahn/Vesting, Rundfunkrecht, § 26 RStV Rdnr. 60.

549 *Trute*, in: Hahn/Vesting, Rundfunkrecht, § 26 RStV Rdnr. 62.

550 *Grünwald*, in: Spindler/Schuster, Recht der elektronischen Medien, § 26 Rdnr. 33.

betroffenen Rundfunkunternehmens zugesprochen.[551] Zu berücksichtigen ist auch, dass ein Voll- bzw. Spartenprogramm mit dem Schwerpunkt Information mit einem Zuschaueranteil von 10 % bzw. eine Sendergruppe mit einem Gesamtzuschaueranteil von 20 % ohnehin nach § 26 V RStV Sendezeit für unabhängige Dritte bereitstellen muss.

dd. Regionales Fensterprogramm

Obgleich keine direkte vielfaltssichernde Maßnahme im Sinne von § 26 IV RStV wirkt die Aufnahme von regionalen Fensterprogrammen mittelbar vielfaltsfördernd. Ein Regionalfensterprogramm ist gemäß der Definition in § 2 II Nr. 6 RStV ein zeitlich und räumlich begrenztes Rundfunkprogramm mit im Wesentlichen regionalen Inhalten im Rahmen eines Hauptprogramms. Solche schon bestehenden Fensterprogramme können im Rahmen von § 31 II RStV berücksichtigt und angerechnet werden.[552] Zudem werden für die Einrichtung regionaler Fensterprogramme gem. § 26 II 3 RStV bei der Rundfunkkonzentrationskontrolle 2 Bonuspunkte vom Zuschaueranteil in Abzug gebracht.[553] Die beiden bundesweit verbreiteten reichweitenstärksten Vollprogramme sind unabhängig vom Bestehen oder Nichtbestehen vorherrschender Meinungsmacht gem. § 25 IV RStV zur Aufnahme von regionalen Fensterprogrammen verpflichtet.

ee. Widerruf von Zulassungen

Kommt eine Vereinbarung zwischen der KEK und dem betroffenem Rundfunkunternehmen über vielfaltssichernde Maßnahmen nicht zustande oder wird eine Vereinbarung nicht fristgerecht umgesetzt, kann die KEK gem. § 26 IV 3 RStV als letztes Mittel so viele Zulassungen des Rundfunkunternehmens widerrufen, bis das Unternehmen nicht mehr über vorherrschende Meinungsmacht verfügt. Die Grenzen, bis zu der Zulassungen widerrufen werden können, sind die in § 26 II RStV genannten Voraussetzungen, die auch zur Bestimmung vorherrschender Meinungsmacht herangezogen werden. Beim Widerruf von Zulassungen als vielfaltssichernde Maßnahme handelt es sich um eine Entflechtung.[554]

---

551 *Gounalakis/Zagouras*, Medienkonzentrationsrecht, S. 125; *Trute*, in: Hahn/Vesting, Rundfunkrecht, § 26 RStV Rdnr. 62.

552 *Grünwald*, in: Spindler/Schuster, Recht der elektronischen Medien, § 25 Rdnr. 19. A.A. *Rossen-Stadtfeld*, in: Hahn/Vesting, Rundfunkrecht, § 25 RStV Rdnr. 63.

553 *Grünwald*, in: Spindler/Schuster, Recht der elektronischen Medien, § 25 Rdnr. 19.

554 *Gounalakis/Zagouras*, Medienkonzentrationsrecht, S. 128; *Trute*, in: Hahn/Vesting, Rundfunkrecht, § 26 RStV Rdnrn. 57, 68ff.

D. Verwaltungspraxis der KEK

Die Verwaltungspraxis der KEK hat maßgeblich zum Verständnis und der Auslegung der Rundfunkkonzentrationskontrolle beigetragen.

I. Axel Springer AG/ProSiebenSat.1 Media AG, KEK 293-1 bis -5

Mit Schreiben vom 08.08.2005 meldete die ProSiebenSat.1 Media AG die vollständige Übernahme durch die Axel Springer AG bei der LMK, MABB und BLM an.[555] Die Senderfamilie ProSiebenSat.1[556] setzte sich zum Zeitpunkt des geplanten Zusammenschlusses aus den Veranstaltern Sat.1, ProSieben, Kabel 1, N24 und 9Live zusammen. Ihre Kernaktivität lag damals und liegt auch heute noch in der Veranstaltung bundesweit verbreiteten privaten Rundfunks. Mit einem Anteil von rund 45% an den Netto-Umsätzen im werbefinanzierten Fernsehen gilt sie als größter Fernseh-Werbepartner.[557] Daneben ist sie auch in den Segmenten Merchandising, Multimedia, Dienstleistungen im Bereich Film- und Fernsehproduktion und Online aktiv.[558] In Planung war zum damaligen Zeitpunkt des Weiteren der Einstieg ins Pay-TV.[559] Die Axel Springer AG[560] ist ein Medienunternehmen, das überwiegend im Pressesegment aktiv ist. Sie produzierte und vertrieb im Jahr 2005 Tageszeitungen[561], Programminformationsquellen[562], Publikumszeitschriften[563] und Anzeigeblätter[564]. Darüber hinaus ist sie im Onlinebereich[565], auf dem Hörfunkmarkt[566] und in weiteren

555 KEK v. 10.01.2006 (*Axel Springer/ProSiebenSat.1*), KEK 293-1 bis -5.

556 Die KEK nimmt eine kurze programmliche Einordnung der Veranstalter vor und stellt das Unternehmen ProSiebenSat.1 sodann vor, KEK 293-1 bis -5, S. 12ff.

557 KEK 293-1 bis -5, S. 14. Die RTL-Gruppe hat einen fast gleichstarken Marktanteil. Beide Unternehmen bilden deshalb im Werbemarkt ein Oligopol. Der Marktanteil des öffentlich-rechtlichen Rundfunks liegt bei 8%, die der übrigen privaten Sender bei 4%.

558 KEK 293-1 bis -5, S. 14.

559 KEK 293-1 bis -5, S. 15.

560 Die KEK stellt die Axel Springer AG ausführlich vor und ordnet ihre Bedeutung im jeweiligen Markt ein. KEK 293-1 bis -5, S. 15ff.

561 KEK 293-1 bis -5, S. 18ff.

562 KEK 293-1 bis -5, S. 41ff.

563 KEK 293-1 bis -5, S. 46ff.

564 KEK 293-1 bis -5, S. 53ff.

565 KEK 293-1 bis -5, S. 56ff.

566 KEK 293-1 bis -5, S. 51ff.

Medienbereichen[567] aktiv. Der endgültigen Entscheidung der KEK sind Verhandlungen vorausgegangen, um den geäußerten Bedenken über die medienkonzentrationsrechtliche Unbedenklichkeit des geplanten Zusammenschlusses durch Modifizierungen des Antrags unter Einbeziehung vielfaltssichernder Maßnahmen auszuräumen.[568] Die Beteiligten schlugen die Einrichtung eines senderübergreifenden Programmbeirats für ProSieben, Sat.1, Kabel 1 und N24 vor.[569] Die KEK hingegen stellte sich als vielfaltssichernde Maßnahme einen Erwerbsverzicht eines zuschaueranteilsstarken Senders (Sat.1 oder ProSieben) analog § 26 IV Nr. 2 RStV[570] vor. Dieser Vorschlag wurde von der Axel Springer AG zurückgewiesen. Die KEK war hingegen der Ansicht, dass die Errichtung eines senderübergreifenden Programmbeirats nicht ausreichend sei, um ihre Befürchtung, der Zusammenschluss könne vorherrschende Meinungsmacht entstehen lassen, auszuräumen. Stattdessen stellte sie die Umwandlung von Sat.1 oder ProSieben in einen binnenpluralistisch strukturierten Sender zur Disposition.[571] Dadurch würde der Zuschaueranteil dieses binnenpluralistischen Fernsehsenders nicht mehr in die Zuschaueranteilsermittlung eingerechnet werden.[572] Der Vorschlag zur binnenpluralistischen Umwandlung wurde von den Beteiligten abgelehnt.[573] Am 10.01.2006 entschied die KEK, dass „die [...] geplanten Veränderungen von Beteiligungsverhältnissen [...] vorherrschende Meinungsmacht [begründen] und [...] nach den Vorschriften des Rundfunkstaatsvertrags über die Sicherung der Meinungsvielfalt nicht als unbedenklich bestätigt [werden können]“[574].

567 KEK 293-1 bis -5, S. 65f. Zu diesen weiteren Aktivitäten im Medienbereich zählen die TV-Produktion, das Druckereigeschäft, Logistik- und Vertriebstätigkeiten und elektronische Programmführer.

568 KEK 293-1 bis -5, S. 66ff.

569 KEK 293-1 bis -5, S. 67 Rdnr. 4.

570 Siehe zur entsprechenden Anwendung vielfaltssichernder Maßnahmen bei externem Wachstum oben unter C. IV. 4. a. aa.

571 Siehe dazu epd medien 99/2005, 15f.

572 KEK 293-1 bis -5, S. 67f. Rdnr. 5. Die KEK übermittelte der Axel Springer AG bezüglich der binnenpluralistischen Ausgestaltung ein Eckpunktepapier (abgedruckt in: epd medien 1/2006, 37ff. Zusammenfassend KEK 293-1 bis -5, S. 68), das die Essentialia einer binnenpluralistischen Ausgestaltung enthielt.

573 Siehe dazu epd medien 1/2006, 9f.

574 KEK 293-1 bis -5, S. 2.

1. Entscheidungsgründe

Die ProSiebenSat.1 Media AG kam im Beurteilungszeitraum 08/2004 -07/2005 auf einen Zuschaueranteil von 22,06%. Damit unterschritt sie die 30%- und 25%-Vermutungsgrenze aus § 26 II 1, 2 RStV.[575]

Wie schon dargelegt[576] entwickelte die KEK in dieser Entscheidung ein Gewichtungsmodell, um mit diesem die Marktanteile auf medienrelevanten verwandten Märkten in Zuschaueranteile umzurechnen.[577] Im Ergebnis errechnete sie, dass die Aktivitäten der Axel Springer AG auf dem Tageszeitungsmarkt dem Einfluss im Fernsehen in Höhe von 17 %[578] Zuschaueranteil entspreche, für den Programmzeitschriftenmarkt ein Zuschaueranteilsäquivalent von 4%[579] und auf dem Markt für Publikumszeitschriften ein Äquivalent von 1%[580] Zuschaueranteil anzunehmen sei. Die Online-Aktivitäten der Axel Springer AG seien aufgrund einer unzureichenden Datenlage mit 3%[581] Zuschaueranteilsäquivalenz anzurechnen. Den Aktivitäten auf dem Markt für Anzeigenblätter und im Hörfunkmarkt wird kein Einflusspotential auf die Meinungsbildung im Fernsehen zugesprochen.[582] Damit errechnete die KEK für die Axel Springer AG auf medienrelevanten verwandten Märkten einen Zuschaueranteil der dem im Fernsehen von 25% entspricht. Mit dem Zuschaueranteil der ProSiebensat.1 Media AG von rund 22% addierte sich der Zuschaueranteil, dem der Zusammenschluss zuzurechnen war, auf 47%. Im Weiteren berücksichtigte sie vielfaltsverstärkende Umstände.[583] Sie stellte fest, dass die Voraussetzungen von Regionalfenstern gem. § 26 II 3 RStV derzeit noch nicht erfüllt seien und daher die vom RStV

---

575 KEK 293-1 bis -5, S. 85.

576 Siehe dazu oben unter C. IV. 3. a. cc. sowie 3. b.

577 KEK 293-1 bis -5, S. 87ff.

578 KEK 293-1 bis -5, S. 91.

579 KEK 293-1 bis -5, S. 94.

580 KEK 293-1 bis -5, S. 95.

581 KEK 293-1 bis -5, S. 98. Im Bereich der Marktanteilsberechnung für die Online-Aktivitäten der Axel Springer AG und der ProSiebenSat.1 Media AG griff die KEK auf die Daten über die Seitenaufrufe einer Webseite der IVW zurück. Im Referenzzeitraum erreichten die Internetangebote der Beteiligten ca. 11,3% der IVW-Seitenaufrufe. Die KEK führte aus, dass die IVW-Datenlage unvollständig sei und schätzungsweise nur 50% aller Seitenaufrufe der werberelevanten oder redaktionell gestalteten Webseiten ausweise. Daher sei ein fiktiver Abschlag von 50% vorzunehmen. Den Marktanteil an den Seitenaufrufen reduziere sich daher von 11,3% auf 5,7%. Auf diesen Wert wird dann der Gewichtungsfaktor 1/2 angewendet. KEK 293-1 bis -5, S. 60f. 97.

582 KEK 293-1 bis -5, S. 96, 98.

583 KEK 293-1 bis -5, S. 100ff.

bewilligten 2%-Bonuspunkte nicht abgezogenen werden könnten.[584] Die Voraussetzungen für die Einrichtung von Sendezeit für unabhängige Dritte liegen indes vor, sodass hierfür 3% als Bonus abgezogen werden könnten.[585] Insgesamt könne daher nur ein Bonus in Ansatz gebracht werden, der deutlich unter 5% liege. Damit sei derzeit von einem Zuschaueranteil auszugehen, der über 42% liege.[586] Zukunftsgerichtet stellt sie fest, dass selbst bei Erfüllung der Voraussetzungen für die 2% Bonuspunkte gem. § 26 II 3 RStV der Zuschaueranteil noch bei 42% liege.[587]

2. *Kritik an der Entscheidung*

Die Entscheidung der KEK hat in der Medienwelt große Aufmerksamkeit erfahren. Neben der schon oben vorgestellten Kritik betreffend das Gewichtungsmodell[588] wurde die Entscheidung auch im Übrigen kritisiert.[589]

a. Ungenaue und widersprüchliche Berechnungsmethode

Eine Kritik richtet sich gegen die Berechnungsmethode. Betrachte man die Berechnungsmethode und das Zusammenrechnen der ermittelten Werte entstehe der Eindruck, dass ungenau und widersprüchlich gearbeitet wurde. Mit Blick auf den Online-Markt gebe die KEK ganz offen in ihrer Entscheidung zu, dass sie wegen unvollständiger Daten fiktive zugrunde legt.[590] Im Referenzzeitraum erreichten die Internetangebote der Axel Springer AG und der ProSiebenSat.1 Media AG ca. 11,3% der IVW-Seitenaufrufe. Sie schätzt, ohne darzulegen, worauf diese Annahme sich gründet, dass die IVW aber wohl nur 50% aller Seitenaufrufe auf

---

584 KEK 293-1 bis -5, S. 100ff.

585 KEK 293-1 bis -5, S. 102.

586 KEK 293-1 bis -5, S. 102.

587 KEK 293-1 bis -5, S. 102.

588 Siehe dazu oben unter C. IV. 3. c.

589 *Bremer/Grünwald*, MMR 2009, 80; *Bornemann*, MMR 2006, 275; *Bornemann*, ZUM 2006, 200; *Dittmann*, Die allzu kecke KEK?, in: Geiß/Mailänder (Hrsg.), Festschrift für Karl Peter Mailänder, S. 469ff.; *Gounalakis/Zagouras*, NJW 2006, 1624; *Hain*, K&R 2006, 150; *Herkel*, Menschen-Machen-Medien, 02-03/2006; *Holznagel/Krone*, MMR 2005, 665; *Holznagel*, Rechtsgutachten zur Auslegung des § 26 Absatz 2 Satz 2 RStV, S. 28ff.; *Huber*, Verw. 40, 1; *Dörr*, Vielfaltssicherung in Gefahr?, in: Geiß/Mailänder (Hrsg.), Festschrift für Karl Peter Mailänder, S. 481; *Koch*, AfP 2007, 305 (312); *Lange*, Media-Perspektiven 11/2005, 546; *Mailänder*, AfP 2007, 297; *Monopolkommission*, XVI. Hauptgutachten (2004/2005), S. 26, Tz. 21ff.; *Renck-Laufke*, ZUM 2006, 907.

590 KEK 293-1 bis -5, S. 97.

werberelevante oder redaktionell gestaltete Web-Seiten ausweise. Damit sei grob gerechnet ein Marktanteil der *Axel Springer/ProSiebenSat.1*-Webseiten nicht in Höhe von 11,3% sondern nur von ungefähren 5,7% zu veranschlagen.[591] Aus diesen ungefähren 5,7% werden nach Anwendung des Gewichtungsfaktors von 1/2 und dem erneuten Verweis, dass die Werte unter Vorbehalt anzunehmen seien, exakt 3% Zuschaueranteilsäquivalent festgeschrieben.[592]

Auch die Handhabung vielfaltssichernder Maßnahmen und der Bonuspunkte blieb nicht ohne Kritik. Die KEK setze sich bei der Berücksichtigung vielfaltsfördernder Maßnahmen in Widerspruch zu ihren Aussagen und Vorschlägen, die sie im Rahmen der geführten Verhandlungen gegenüber den Beteiligten äußerte. Im Vorwege ihrer endgültigen Entscheidung schlug sie die Aufgabe oder zumindest die binnenpluralistische Umgestaltung von ProSieben oder Sat.1 vor.[593] Sat.1 hatte zum Zeitpunkt der Entscheidung einen Zuschaueranteil von etwas über 10%, während der Zuschaueranteil von ProSieben bei gerundeten 7 % lag.[594] Schon die Aufgabe oder die binnenpluralistische Umstrukturierung von ProSieben wäre demnach nach Ansicht der KEK ausreichend gewesen, die Übernahme zu genehmigen. Nach Abzug dieser 7% hätte der Medienverbund aus der Axel Springer AG und ProSiebenSat.1 Media AG aber immer noch einen errechneten Zuschaueranteil von 35% gehabt. Auch dieser Wert liege deutlich über der Zuschaueranteilsgrenze von 30%. Die KEK äußerte sich dazu, dass der Anteil von ProSieben schon im Vorwege abzuziehen gewesen wäre.[595] Der daraus resultierende Zuschaueranteil von 15% hätte danach in den Augen der KEK keine Veranlassung für eine Gesamtbetrachtung unter Einbeziehung medienrelevanter verwandter Märkte i.S.d. § 26 II 2 2. Alt. RStV gegeben. Es irritiert, dass die 7% für ProSieben schon zu Beginn abgezogen werden, während die Bonuspunkte i.H.v. 5% für Fensterprogramme und Drittsendezeiten in der Entscheidung erst am Ende in Abzug kommen. Die KEK setze sich damit dem § 26 II 3 RStV zuwider[596], der die Bonuspunkte schon bei der Berechnung der Zuschaueranteile berücksichtige. Die nachträgliche Subtraktion könne nur dahingehend gedeutet werden, dass die KEK einen so errechneten Zuschaueranteil von 17% immer

591 KEK 293-1 bis -5, S. 97. *TNS Infratest*, Gutachten, S. 8 merkt dazu an, dass es auch sein könnte, dass die IVW auch nur 25% aller Seitenaufrufe messe. Dann würde der Marktanteil nur noch 2,8% betragen.
592 *Bornemann*, ZUM 2006, 200 (201f.).
593 KEK 293-1 bis -5, S. 67f.
594 KEK 293-1 bis -5, S. 84.
595 *Bornemann*, ZUM 2006, 200 (202).
596 *Bornemann*, ZUM 2006, 200 (202).

noch für so gewichtig halte, dass eine Gesamtbetrachtung im Sinne des § 26 II 2 2. Alt geboten sei.[597] Es bleibt dann aber zu fragen, warum 15% keine Veranlassung zur weiteren Prüfung gebe, 17% hingegen schon. Unklar bleibe, bei welchem Wert die KEK die Grenze ziehe.[598]

b. Bertelsmann als Gegengewicht

Die Bertelsmann AG ist ein national und international aktives Medienunternehmen. Sie zählt zu den weltweit größten Medienkonzernen.[599] Zu Bertelsmann gehört die RTL-Gruppe. Im privaten bundesweiten Fernsehen ist die RTL-Gruppe ein starkes Gegengewicht zur ProSiebensat.1 Media AG. Im Referenzzeitraum der Entscheidung lag der Zuschaueranteil der Programme der RTL-Gruppe bei 25,43%.[600] Es überrascht daher nicht, dass die KEK in der Gesamtbetrachtung die Bertelsmann AG als Gegengewicht zu einem Medienverbund aus Axel Springer AG und ProSiebenSat.1 Media AG untersucht. Auf Unverständnis bei den Kritikern stößt aber die Ansicht der KEK, dass Bertelsmann die vorherrschende Meinungsmacht des *Axel Springer/ProSiebenSat.1* Medienverbundes nicht ausgleichen könne. Die KEK schließt das aus dem Umstand, dass Bertelsmann im entscheidenden medienrelevanten verwandten Markt der Tagespresse über keine starke Stellung verfüge, welche ihre Position im Fernsehen verstärken könne.[601] Im Gegensatz zur KEK unterziehen die Gegner der Entscheidung Bertelsmann einer Prüfung anhand jener Gewichtungsfaktoren, die die KEK entwickelt hat. Sie errechnen auf diese Weise für die Bertelsmann AG unter Abzug von 5% Bonuspunkten einen Zuschaueranteil von 37%.[602] Nach dieser Rechnung müsse die Bertelsmann AG mit ihrer RTL-Gruppe als ein Unternehmen gelten, das über vorherrschende Meinungsmacht im Fernsehen verfüge.[603]

---

597 *Bornemann*, ZUM 2006, 200 (202).

598 *Bornemann*, ZUM 2006, 200 (202).

599 *Landesmedienanstalten* (Hrsg.), Auf dem Weg zu einer medienübergreifenden Vielfaltssicherung, S. 72.

600 KEK 293-1 bis -5, S. 103.

601 KEK 293-1 bis -5, S. 103.

602 *TNS Infratest*, Gutachten, S. 13 stellt die Marktanteile der Axel Springer AG/ProSiebenSat.1 Media AG mit denen der Bertelsmann AG gegenüber. Siehe auch *Bornemann*, ZUM 2006, 200 (203).

603 *TNS Infratest*, Gutachten, S. 14.

c. *Zweckentfremdung der Rundfunkkonzentrationskontrolle*

Die Monopolkommission äußerte sich zur gescheiterten Übernahme dahingehend, dass der § 26 RStV, der allein die Sicherung der Meinungsvielfalt im Fernsehen bewirken soll, zweckentfremdet werde, um andere Medienbereiche zu disziplinieren.[604] Sie macht diese Behauptung an der Überlegung fest, dass die Axel Springer AG mit dem errechneten Zuschaueranteilsäquivalent von 25% jegliche zurechenbare Beteiligung an einem Fernsehsender verwehrt sein müsste. Mit jeder Beteiligung, selbst wenn der Sender nur 1% Zuschaueranteil habe und damit als nicht meinungsbildungsrelevant gelten dürfte, überschreite die Axel Springer AG die 25%- Schwelle des § 26 II 2 RStV.[605]

d. *Die Verhinderung der Verbindung von „BILD, BamS und Glotze"*

Die Phrase „BILD, BamS und Glotze" stammt vom ehemaligen Bundeskanzler Gerhard Schröder, der sagte, zum Regieren brauche er nur Bild, BamS und Glotze.[606] Obwohl er diese Aussage mittlerweile relativiert hat[607], hat sich dieser Ausspruch für die Verbindung zwischen der Bild-Zeitung und dem Fernsehen und der daraus erwachsenen potentiellen Bedrohung der Meinungsvielfalt gefestigt. Der Bild-Zeitung als auflagenstärkste Boulevardzeitung mit einer Auflage von über 3,7 Mio. Exemplaren und einer Leserreichweite von 11,82 Mio. im Jahr 2005[608] wird eine Kampagnenfähigkeit nachgesagt, die ihresgleichen sucht. Schließt sich nun die Bild-Zeitung mit der ProSiebenSat.1 Senderfamilie zusammen, zu der die Sender ProSieben, Sat.1, Kabel 1, N24 und 9Live zählen, könne man das ungute Gefühl[609] nicht von der Hand weisen, dass dieses neue Medienunternehmen hierdurch in die Lage versetzt werde, medienübergreifend in Presse und Rundfunk eine dominierende Präsenz zu zeigen. Für die KEK-Entscheidung wird deshalb

---

604 *Monopolkommission*, Hauptgutachten XVI. (2004/2005), S. 27, Rdnr. 24.

605 *Monopolkommission*, Hauptgutachten XVI. (2004/2005), S. 27, Rdnr. 24.

606 *Diekmann/Quoos/Zauritz*, Warum braucht man zum Regieren BILD, BamS und Glotze, Herr Schröder?, BILD v. 23.06.2012. Siehe auch: *Theurer*, Bild, Bams und Glotze, FAZ v. 05.08.2005, Nr. 181, S. 11.

607 *Diekmann,/Quoos/Zauritz*, Warum braucht man zum Regieren BILD, BamS und Glotze, Herr Schröder?, BILD v. 23.06.2012.

608 Daten bei KEK 293-1 bis -5, S. 28, 29 (Tabelle 4).

609 *Herkel*, Menschen-Machen-Medien, 02-03/2006 beschreibt den Medienverbund als Alptraum. *Bornemann*, MMR 2006, 275 (276, 279), wonach man die Bedeutung des Zusammenschlusses fühlen konnte und auch den Titel den Aufsatzes entsprechend formuliert. Zwischen den Zeilen auch *Theurer*, Bild, Bams und Glotze, FAZ v. 5.08.2005, Nr. 181, S. 11.

auch argumentiert, dass die Verbindung des größten Zeitungshauses in Deutschland mit der zweitgrößten bundesweiten privaten Senderfamilie offensichtlich zu vorherrschender Meinungsmacht führen müsse.[610]

3. *Stellungnahme*

Es erscheint widersprüchlich, dass die Zuschaueranteile für ProSieben, wäre der Sender aufgegeben oder binnenplural umstrukturiert worden, zu Beginn abgezogen worden wären, während die Bonuspunkte erst am Ende als vielfaltssichernde Maßnahme in Abzug kommen. Die strittige Frage nach dem richtigen Zeitpunkt des Abzugs der Bonuspunkte erklärt *Mailänder*, Mitglied der KEK, so, dass im vorliegenden Fall wegen Unterschreitung der Zuschaueranteilsgrenze § 26 II RStV nicht direkt anwendbar gewesen sei. Der § 26 I RStV sehe an sich keinen Abzug von Bonuspunkten vor. Die Wertung des § 26 II RStV und die Bonifizierung von Regional- und Drittfensterprogrammen würden aber als Leitbild bei § 26 I RStV berücksichtigt werden. Deshalb könne bei einer Prüfung, die allein auf § 26 I RStV basiere, Bonuspunkte nur bei einer Gesamtbetrachtung Berücksichtigung finden.[611] Mit dieser Argumentation erklärt sich auch, warum im kurz darauf folgenden *n-tv*-Verfahren[612] die Bonuspunkte zu Beginn abgezogen werden. In dem Verfahren war die RTL Group über die 25% Zuschaueranteilshürde gekommen. Die Vorgehensweise ist weniger ein Ausdruck des Eingestehens eines methodischen Fehlers, als vielmehr eine Bestätigung der Verwaltungspraxis der KEK. Obgleich sich der unterschiedliche Zeitpunkt des Abzugs von Bonuspunkten so durchaus erklären lässt, ist die unterschiedliche Berücksichtigung der Bonuspunkte im Hinblick auf die Verhinderung vorherrschender Meinungsmacht wenig einleuchtend. Vielfaltssichernde Maßnahmen sollen die Meinungsvielfalt fördern. Diese Wirkung entfalten sie unabhängig davon, ob sie im Rahmen von § 26 II RStV zu Beginn oder im Rahmen des Grundtatbestands (§ 26 I RStV) am Ende der Prüfung berücksichtigt werden. Dieses im Gesetz angelegte Defizit sollte bei einer Novellierung der Rundfunkkonzentrationskontrolle behoben werden.[613]

Hinter dem Vorwurf der Monopolkommission, dass der § 26 RStV zweckentfremdet werde, steht die Befürchtung, dass die KEK eine Konzentrationskontrolle des gesamten Medienmarktes vornehmen könne. Dem ist entgegenzusetzen,

610 *Renck-Laufke*, ZUM 2006, 904 (914).

611 *Mailänder*, AfP 2007, 297 (303).

612 KEK v. 8.05.2006 (*n-tv*), KEK 309. Siehe dazu auch unten unter D. II.

613 Siehe für eine mögliche Umsetzung den Reformvorschlag unter Kapitel 5. B. V.

dass Ausgangspunkt des § 26 RStV die Verhinderung vorherrschender Meinungsmacht im Fernsehen ist. Nur hierauf erstreckt sich die Kompetenz der KEK. Eine Ausweitung ihrer Prüfung auf den Gesamtmedienmarkt ohne den Bezugspunkt zur Verhinderung der vorherrschenden Meinungsmacht herzustellen, würde ihre Entscheidung rechtwidrig machen und einer gerichtlichen Prüfung nicht Stand halten. Gegen das von der Monopolkommission vorgestellte Beispiel ist einzuwenden, dass bei einem solchen Zusammenschluss die Meinungsvielfalt im Fernsehen nie bedroht wäre. Ausgangspunkt der Prüfung der KEK sind die Zuschaueranteile im Fernsehen. Liegen die, wie in dem Beispiel bei 1%, wäre schon der Vermutungstatbestand in § 26 II RStV nicht eröffnet. Wie im Verfahren *N24*[614] zu zeigen sein wird, nimmt die KEK bei einer so deutlichen Unterschreitung der Vermutungsgrenze keine Prüfung auf Grundlage des § 26 I RStV vor.[615]

Der Rechtsstreit, der im Anschluss an die Entscheidung der KEK geführt wurde, fand im Januar 2014 vor dem Bundesverwaltungsgericht seinen Abschluss. Während in der ersten Instanz das VG München im Rahmen einer Fortsetzungsfeststellungklage die Entscheidung grundsätzlich für rechtmäßig hielt[616], entschied das Bundesverwaltungsgericht letztinstanzlich richtigerweise, dass die Entscheidung der KEK rechtwidrig war[617]. Es begründete diese Entscheidung mit dem oben dargestellten vermittelnden Ansatz und der Ansicht, dass die Bonuspunkte zu Beginn der Prüfung abzuziehen gewesen seien, so dass bei einem Ausgangszuschaueranteil von 17% nach der Wertung des Gesetzgebers keine vorherrschende Meinungsmacht vorgelegen habe.[618]

II. n-tv Nachrichtenfernsehen GmbH & Co. KG, KEK 309

Im selben Jahr wie die angemeldete Übernahme der ProSiebenSat.1 Media AG durch die Axel Springer AG, meldete die RTL Group S.A.[619] eine Veränderung der Beteiligungsverhältnisse am Fernsehsender n-tv Nachrichtenfernsehen GmbH & Co. KG (n-tv) dahingehend an, dass RTL die von der CNN/Time Warner Beteiligungs OHG an n-tv gehaltenen Kommandit- und Geschäftsanteile übernimmt. RTL und CNN/Time Warner Beteiligungs OHG sind jeweils zu 50%

614 KEK v. 11.02.2014 (*N24 GmbH*) – KEK 767. Siehe dazu auch unten unter D. IV.

615 So auch ausdrücklich *Mailänder*, AfP 2007, 297 (304).

616 VG München v. 8.11.2007, Az. M 17 K 06.2675, Tz. 50ff.

617 BVerwG v. 29.01.2014, Az. 6 C 2.13.

618 BVerwG v. 29.01.2014, Az. 6 C 2.13, Rdnr. 31ff.

619 KEK v. 08.05.2006 (*n-tv*), KEK 309.

an n-tv beteiligt. Mit dieser Übernahme würde RTL über sämtliche Kapitalanteile der n-tv verfügen und ihre Alleingesellschafterin werden.[620] Am 08.05.2006 bestätigte die KEK die angemeldete Beteiligungsveränderung bei n-tv nach den Vorschriften über die Sicherung der Meinungsvielfalt als unbedenklich.[621] Mehrere Erwägungen waren hierfür maßgeblich: Die KEK ermittelt für die RTL Group im Referenzzeitraum 11/2004-10/2005 einen Zuschaueranteil von 25,2%. Zuzurechnen sind ihr dabei die Fernsehsender RTL, RTL II, Super RTL, VOX, n-tv, Traumpartner TV und K1010.[622] Ausgehend von den Vermutungstatbeständen des § 26 II 2 RStV stellt die KEK zunächst fest, dass die RTL Group die 25%-Grenze überschreite. Nach Evaluation des Vorliegens von Regionalfenstern gem. §§ 26 II 3, 25 IV RStV[623] und dem dadurch erwirkten Abzug von 2% Bonuspunkten von dem zurechenbaren Zuschaueranteil, beendet die KEK die Prüfung nach § 26 II 2 RStV. Mit dem so errechneten Zuschaueranteil von 23,2% (25,2% Zuschaueranteil abzüglich 2% Bonuspunkte) sei eine weitere Beurteilung nach § 26 II 2 RStV nicht mehr möglich.[624] Stattdessen komme eine medienkonzentrationsrechtliche Prüfung nach § 26 I RStV zur Anwendung. Dabei entfalte der Zuschaueranteil aus den Vermutungsregelungen seine Leitbildfunktion. Aus der Einbeziehung medienrelevanter verwandter Märkte in die Vermutungsregelungen lasse sich die Wertung des Gesetzgebers ablesen, dass auch durch andere Medien Meinungseinfluss auf das Fernsehen genommen werden könne.[625]

Bevor die KEK medienrelevante verwandte Märkte konkretisiert, erörtert sie den Umstand, dass die Zuschaueranteile von n-tv bereits bisher der RTL Group zuzurechnen gewesen seien. Eine Beteiligungsveränderung hin zu einer vollständigen Übernahme werde daher keine Auswirkungen auf den Zuschaueranteil der RTL Group nehmen. Die interne Wachstumsvorschrift § 26 III RStV erfordere aber dennoch eine Zulassungsprüfung.[626] Mit dem Ausscheiden der CNN/Time Warner als Mitgesellschafterin werde die RTL Group in die Lage versetzt, als Alleingesellschafterin n-tv nunmehr, ohne dass andere Gesellschafter mitbestimmen können, nach eigener Unternehmensstrategie zu führen. Die

620 KEK 309, S. 2. Das BKartA genehmigte kartellrechtlich nach einem ersten Abmahnschreiben den Zusammenschluss als Sanierungsfusion, BKartA v. 11.04.2006, Az: B 6 – 142/05, S. 39ff. Ziff. 4.
621 KEK 309, S. 1.
622 KEK 309, S. 43f.
623 KEK 309, S. 36ff., 45f.
624 KEK 309, S. 46.
625 KEK 309, S. 46f.
626 KEK 309, S. 48.

KEK vermutet durch die Eingliederung eine zukünftig verstärkte Zusammenarbeit mit den anderen Sendern der Senderfamilie.[627] Eine solche Steigerung der Einflussmöglichkeiten könne zwar nicht allein die Annahme der Entstehung vorherrschender Meinungsmacht begründen, müsse aber in der Gesamtwürdigung berücksichtigt werden.[628] Im Rahmen der Berücksichtigung medienrelevanter verwandter Märkte greift die KEK einerseits auf das in der *Axel Springer/ProSiebenSat.1*-Entscheidung entwickelte Gewichtungsmodell zurück.[629] Anderseits eröffnete die vorliegende Entscheidung Gelegenheit, sich mit Medienmärkten zu befassen, die sich nicht in einem Zuschaueranteilsäquivalent darstellen lassen.[630] Für die medienrelevanten verwandten Märkte Hörfunk[631], Internet[632] und Publikumszeitschriften[633] errechnet die KEK unter Anwendung der Gewichtungsfaktoren einen potentiellen Meinungseinfluss, der dem eines Fernsehsenders mit 7% Zuschaueranteilen entspricht.[634] Für die Publikumsmärkte Tageszeitungen[635] und TV-Supplement[636] ermittelt sie kein Zuschaueranteilsäquivalent, beabsichtigt aber, diese Märkte bei der Gesamtwürdigung zu beachten.[637] Des Weiteren würdigt die KEK medienrelevante verwandte Märkte, die sich ihrer Ansicht nach nicht in Zuschaueranteilen ausdrücken lassen. Hinsichtlich der Bertelsmann AG berücksichtigt die KEK die Bereiche TV-Produktion[638], Rechtehandel[639], Buch,

---

627 KEK 309, S. 48f.

628 KEK 309, S. 49 mit Verweis auf die st. Spruchpraxis.

629 KEK 309, S. 49ff.

630 KEK 309, S. 52.

631 Der zurechenbare Hördaueranteil beträgt 6,6%. Das entspricht einem Zuschaueranteil von 3%. KEK 309, S. 50.

632 Die IVW weist einen 12,6%igen Anteil der Onlineangebote der Bertelsmann AG/RTL Group aus. Nach Berücksichtigung, dass die IVW möglicherweise nur 50% der Webaufrufe registriert, geht die KEK von einem Marktanteil von 6,3% aus. Das entspricht einem Zuschaueranteil von 3%. KEK 309, S. 50f.

633 Der Marktanteil der Bertelsmann AG, der Mutterkonzern der RTL Group, liegt hier bei 9,3%. Das entspricht einem Zuschaueranteil von 1% oder gar mehr, wenn man die starke Stellung bei den politischen Wochenzeitschriften (Stern, Spiegel) ausdrücken will. KEK 309, S. 51f. Siehe zur Problematik, ob der Stern als politische Wochenzeitschrift zu klassifizieren ist, KEK 309, S. 24f.

634 KEK 309, S. 52.

635 Bei einem Marktanteil von 2,3% geht die KEK nicht davon aus, dass dadurch die Meinungsbeeinflussung im Fernsehen nennenswert verstärkt werde. KEK 309, S. 50.

636 KEK 309, S. 51.

637 KEK 309, S. 50f.

638 KEK 309, S. 28ff., 52f.

639 KEK 309, S. 31ff., 52.

Musik, Video/DVD und mobile Dienste.[640,641] Insbesondere auf dem TV-Produktionsmarkt verfüge die RTL Group mit der FremantleMedia über eine sehr starke Position.[642] Zur Bewertung von Aktivitäten auf vorgelagerten Märkten führt die KEK aus, dass Fernsehveranstalter aus Vorprodukten ein marktreifes Endprodukt auswählen und zusammenstellen. Erst dieses Paket wird dem Zuschauer angeboten und erst dann kann es Relevanz für die Meinungsbildung entfalten.[643] Die einzelnen Vorprodukte bilden in ihrer Zusammenstellung die Fernsehveranstaltung. Eine starke Stellung von Fernsehveranstaltern auf diesem Markt sei deshalb bei der Gesamtbewertung zu berücksichtigen.[644] Hinsichtlich der Aktivitäten der Bertelsmann AG auf dem Buch-, DVD- und Musikmarkt stellt die KEK lediglich fest, dass sie auf ersterem zu den größten Unternehmen zähle[645], auf den letzteren eher eine schwache Position habe.[646] Die vorgenannten Märkte kennzeichneten sich durch den Vertrieb von Einzelprodukten. Im Einzelfall können diese Aktivitäten Meinungsbildungsrelevanz haben.[647] Schließlich weist die KEK auf die möglichen publizistischen und ökonomischen Auswirkungen hin, die aus cross-medialen Verflechtungen erwachsen können.[648] In der nach diesen Ausführungen anschließenden Gesamtbewertung bringt die KEK zunächst 5% Bonuspunkte für Regional- und Drittfenster in Abzug und addiert dann 7% Zuschaueranteilsäquivalent für die Aktivitäten der Bertelsmann AG auf medienrelevanten verwandten Märkten. Ohne sich, wie zuvor noch erklärt, im Weiteren mit den sonstigen Medienaktivitäten der Bertelsmann AG/RTL Group auseinanderzusetzen und sie im Rahmen der Gesamtbewertung zu gewichten[649], kommt die KEK zu dem Ergebnis, dass der so erreichte Zuschaueranteil von 27% deutlich unterhalb der Grenze von 30% liege.[650]

640 KEK 309, S. 33ff., 53.
641 KEK 309, S. 52.
642 KEK 309, S. 28ff.
643 KEK 309, S. 52.
644 KEK 309, S. 52.
645 KEK 309, S. 53.
646 KEK 309, S. 53.
647 KEK 309, S. 53. Die KEK führt beispielhaft das Zusammenspiel von Musik und Jugendkultur auf.
648 KEK 309, S. 53.
649 Allein eine starke Stellung auf dem Markt für politische Zeitschriften wird kurz erwähnt.
650 KEK 309, S. 54.

III. RTL Television GmbH, KEK 711

Im Jahr 2012 hatte die KEK über einen Zulassungsantrag der RTL Television GmbH auf Verlängerung der Zulassung des Fernsehvollprogramms RTL Television für weitere fünf Jahre ab dem 01.07.2013 zu entscheiden.[651] Ihr werden im Konzernverbund mit der RTL Group S.A. und der Bertelsmann SE & Co. KGaA (vormals Bertelsmann AG) die Programme RTL, RTL Crime, RTL Living, RTL Nitro, RTL II, Super RTL, VOX, n-tv, Passion und autor motor und sport Channel zugerechnet.[652] Die KEK ermittelt für den Beurteilungszeitraum 05/2011-04/2012 für die zuzurechnenden Programme einen Zuschaueranteil von 26,3%.[653] Die KEK untersucht das Vorliegen der Voraussetzungen von § 26 II 2 1. Alt. RStV[654], wonach vorherrschende Meinungsmacht vermutet wird, wenn die zuzurechnenden Programme 25% Zuschaueranteile erreichen und das Unternehmen auf einem medienrelevanten verwandten Markt eine marktbeherrschende Stellung hat. Sie stellt fest, dass die RTL Group auf dem medienrelevanten verwandten Fernsehwerbemarkt[655] über eine marktbeherrschende Stellung verfügt. Zusammen mit der ProSiebenSat.1 Media AG bildet sie ein Duopol.[656] Damit wäre die Vermutung aus § 26 II 2 1. Alt. RStV an sich erfüllt.[657] Allerdings müsse dem Zuschaueranteil insgesamt 5% Bonuspunkte für die Einrichtung von Regionalfensterprogrammen und Sendezeit für Dritte im Sinne von § 26 II 3 RStV abgezogen werden.[658] Dadurch fällt der Zuschaueranteil auf 21,3% und somit unterhalb die Vermutungsgrenze von 25%.[659] Trotz der marktbeherrschenden Stellung auf dem Fernsehwerbemarkt sei die Vermutung aus § 26 II 2 1. Alt. RStV nicht erfüllt und daher hieraus keine vorherrschende Meinungsmacht abzuleiten.[660] In einem weiteren Schritt prüft die KEK die zweite Alternative des § 26 II 2 RStV[661], wonach

---

651 KEK v. 13.11.2012 (*RTL Television*), KEK 711.

652 KEK 711, S. 6, 8.

653 KEK 711, S. 10. Der Zuschaueranteil schwankt in den darauffolgenden Monaten nur leicht. Im Juli 2012 erreicht die RTL Group/Bertelsmann 24,8%, im August 2012 24,0% und im September 2012 26,3% Zuschaueranteil.

654 KEK 711, S. 11ff.

655 Siehe zur Abgrenzung und Einbeziehung des Fernsehwerbemarktes als medienrelevanten verwandten Markt, KEK 711, S. 11f.

656 KEK 711, S. 11f.

657 KEK 711, S. 13.

658 KEK 711, S. 14.

659 KEK 711, S. 14f.

660 KEK 711, S. 15.

661 KEK 711, S. 15ff.

vorherrschende Meinungsmacht vermutet wird, wenn der Zuschaueranteil 25% erreicht und eine Gesamtbeurteilung der Aktivitäten des Unternehmens im Fernsehen und auf medienrelevanten verwandten Märkten einem Zuschaueranteil von 30% entspricht. Die KEK betrachtet bei der Beurteilung der medienrelevanten verwandten Märkte die Aktivitäten von Bertelsmann. Sie nimmt bei der Beurteilung den Fernsehwerbemarkt heraus, weil dieser Einfluss auf den Zuschaueranteil nehme und über diesen schon in die Bewertung einfließe.[662] Für die medienrelevanten verwandten Märkte Hörfunk und Publikumszeitschriften schließt die KEK auf einen potentiellen Meinungseinfluss von zusammen 4% Zuschaueranteilsäquivalent.[663] Die KEK bewertet in dieser Entscheidung ihre Einschätzungen und Gewichtungen zum Onlinebereich neu und entwickelt ein differenzierteres Gewichtungsmodell.[664] In der Summe kommt sie hinsichtlich der Online-Aktivitäten der Bertelsmann AG zu einem Zuschaueranteilsäquivalent von 3,4% bis 4,1%.[665] Ausgehend vom Ausgangszuschaueranteil (26,3%), dem hinzuzurechnenden Einfluss auf medienrelevanten verwandten Märkten (3,4% – 4,1%) und dem Abzug von Bonuspunkten (5%) erreicht die RTL Group/ Bertelsmann einen Zuschaueranteil von 28,7% bis 29,4%.[666] Damit ist auch die Vermutung aus § 26 II 2 2. Alt. RStV nicht erfüllt. Die KEK nimmt zum Schluss noch Bezug auf den Grundtatbestand in § 26 I RStV. Die Grenzwerte in den Vermutungen in § 26 II RStV seien „vom Gesetzgeber getroffene Wertungen [und daher] zu beachten und hinzunehmen, solange sich nicht der Einzelfall auf Grund individueller Besonderheiten vom Normalfall so deutlich abhebt, dass ein Festhalten an der regelmäßig vorgesehenen Rechtsfolge, dass kein Eingriff gegen vorherrschende Meinungsmacht geboten ist, unangemessen erscheint."[667]

---

662 KEK 711, S. 15f.

663 KEK 711, S. 15 mit Verweis auf frühere Entscheidungen (KEK 341, KEK 309 und KEK 683 dort Punkt III 3.2.1.3). Für den Hörfunk geht die KEK von einem Zuschaueranteilsäquivalent von 3% und für die Publikumszeitschriften von 1 % aus.

664 KEK 711, S. 16ff., 24ff. Siehe dazu oben die Ausführungen unter C. IV. 3. b. aa. (4).

665 Die fernsehprogrammbegleitenden Angebote im Internet seien mit einem Zuschaueranteil vergleichbar, der zwischen 1,75% und 2,12% liege, KEK 711, S. 30. Für die publikumszeitschriftenbegleitenden Angebote im Internet wird ein Zuschaueranteilsäquivalent von 0,17% bis 0,2% ermittelt, KEK 711, S. 32. Für tageszeitungsbegleitende Angebote im Internet liege der ermittelte Zuschaueranteilvergleichswert bei 1,5% bis 1,8%, KEK 711, S. 33.

666 KEK 711, S. 34.

667 KEK 711, S. 35 mit Verweis auf das 1. Revisionsurteil des BVerwG i.d.S. *Axel Springer/ ProSiebenSat.1*, BVerwG v. 24.11.2010, Az. 6 C 16.09, Tz. 44.

So eine besondere Lage sei hier nicht ersichtlich, weshalb ein Rückgriff auf § 26 I RStV zu keinem anderen Ergebnis kommen könne, als bei § 26 II RStV.[668]

IV. N24 Gesellschaft für Nachrichten und Zeitgeschehen GmbH, KEK 767

Im Dezember 2013 meldete die N24 Gesellschaft für Nachrichten und Zeitgeschehen GmbH (N24 GmbH) den Erwerb sämtlicher Geschäftsanteile an der N24 Media GmbH durch die Axel Springer SE an.[669] Die N24 GmbH ist Veranstalterin des Informationsspartenprogramms N24 mit den Schwerpunkten Nachrichten, Wirtschaft und Dokumentation.[670] Die N24 Media GmbH ist die Muttergesellschaft von N24 GmbH und über Tochtergesellschaften und Unternehmensbeteiligungen in der Fernsehproduktion tätig.[671] Der Zeitungsverlag Axel Springer SE befand sich in der Zeit des Verfahrens in einem Umstrukturierungsprozess. Die noch zum Portfolio gehörenden Regionalzeitungen sowie die Segmente Frauenzeitschriften und Programmzeitschriften waren teilweise schon mit Genehmigung des Bundeskartellamtes an die Funke Mediengruppe verkauft.[672] Schon im Jahr 2009 hatte der Axel Springer Verlag diverse Beteiligungen an Regionalzeitungen veräußert.[673] Zum Zeitungsportfolio gehören unter anderem die Marken *Bild* und *Welt*. Im Zeitschriftenmarkt ist sie mit Musikzeitschriften und der Bildmarke zu den Themen Auto, Computer und Sport vertreten. Zum Zeitpunkt des Verfahrens bei der KEK war der Verkauf des Programmzeitschriftensegments noch nicht durch das Bundeskartellamt genehmigt.[674] Die Axel Springer SE bezeichnet sich als „digital ausgerichteten Verlag“[675] und ist im Onlinebereich nicht nur mit ihren Printmarken aktiv (bild.de und Welt Online), sondern auch an diversen Betreibern von Onlinediensten beteiligt.[676] Im Übrigen ist die Axel Springer SE an Hörfunkveranstaltern beteiligt

---

668 KEK 711, S. 35.

669 KEK v. 11.02.2014 (*N24 GmbH*), KEK 767.

670 KEK 767, S. 3 (I 2.1).

671 KEK 767, S. 3 (I 2.2).

672 BKartA, Pressemitteilung vom 03.12.2013, „Springer/Funke: Übernahme von Regionalzeitungen und Frauenzeitschriften freigegeben“ http://www.bundeskartellamt.de/SharedDocs/Meldung/DE/Pressemitteilungen/2013/03_12_2013_Funke-Springer-Freigabe.html?nn=3591568 (zuletzt geprüft am 23.01.2016)

673 KEK 767, S. 7 (I 2.3.4).

674 KEK 767, S. 7ff. (I 2.3.4.1 und I 2.3.4.2).

675 KEK 767, S. 6 (I 2.3.4).

676 KEK 767, S. 10 (I 2.3.4.3), siehe dort eine Aufzählung der Beteiligungen.

und in der Fernsehproduktion aktiv.[677] Hinter dem Erwerb des Informationsspartensenders N24 steht die Strategie des Axel Springer Verlages „N24 und die WELT-Gruppe zusammenzuführen, um im deutschsprachigen Raum das führende multimediale Nachrichtenunternehmen für Qualitätsjournalismus zu etablieren." [678] Die Redaktionen sollen zusammengelegt werden und inhaltlich eng zusammenarbeiten. Die gemeinsame Redaktion soll die journalistischen Inhalte für N24, die digitalen Kanäle und die Printprodukte der Welt-Gruppe produzieren. N24 sollte dabei unter anderem auch zum Lieferanten für Bewegtbilder für alle Marken des Verlages werden.[679]

Die KEK hat die Übernahme für vereinbar mit den Vorschriften zur Sicherung der Meinungsvielfalt erklärt. Die angezeigte Beteiligungsveränderung führe nicht zu vorherrschender Meinungsmacht. Im Referenzzeitraum 12/2012 bis 11/2013 erreicht das Programm von N24 einen durchschnittlichen Zuschaueranteil von 1%.[680] Damit sind die Vermutungsgrenzwerte aus § 26 II 1 und 2 RStV (30% bzw. 25% Zuschaueranteil) nicht erreicht.[681] Unter Bezugnahme auf das erste Urteil des Bundesverwaltungsgerichts in der Sache *Axel Springer/ProSiebenSat.1* aus dem Jahr 2010 lehnt die KEK eine Prüfung im Rahmen des § 26 I RStV ab. Die Rundfunkkonzentrationskontrolle sei fernsehzentriert. Die KEK habe die Wertung des Gesetzgebers zu beachten, dass ein zurechenbarer Zuschaueranteil unter 25% in der Regel unbedenklich sei und sich die Einbeziehung von Aktivitäten auf medienrelevanten verwandten Märkten verbiete. Nur wenn die Untergrenze von 25% nicht ganz erreicht sei und zur Verhinderung einer drohenden vorherrschender Meinungsmacht eine Gesamtabwägung nach § 26 I RStV geboten sei, könne eine solche Prüfung vorgenommen werden.[682] Die KEK führt aus, dass 1% Zuschaueranteil dem Programm N24 keine Stellung im Fernsehmarkt vermittele, mit der ein signifikanter Einfluss auf die Meinungsbildung einhergehe.[683]

677 KEK 767, S. 11 (I 2.3.4.4).
678 KEK 767, S. 11 (I 2.3.5).
679 KEK 767, S. 11 (I 2.3.5).
680 KEK 767, S. 14 (III 3.1).
681 KEK 767, S. 15 (III 3.2.1).
682 KEK 767, S. 15f. (III 3.2) m.N. auf BVerwG v. 24.11.2010, Az. 6 C 16.09, Tz. 44.
683 KEK 767, S. 16 (III 3.2).

V. Stellungnahme

Die Entscheidung zur Beteiligungsveränderung bei n-tv hat gezeigt, dass das Gewichtungsmodell jenseits der Märkte mit Publikumskontakt an seine Grenzen stößt. Anstatt für deren Einbeziehung erneut ein Modell zu konstruieren, um deren potentielle Meinungseinfluss handhabbar zu machen, belässt es die KEK dabei, die Aktivitäten des betreffenden Unternehmens auf diesen medienrelevanten verwandten Märkte zu analysieren und zu beabsichtigen, sie gegebenenfalls in die Betrachtung einzubeziehen. Diese Vorgehensweise kann zu Rechtsunsicherheiten führen, da kein Maßstab erkennbar ist, unter welchen Voraussetzungen solche Aktivitäten bei der Rundfunkkonzentrationskontrolle doch Beachtung finden. Allerdings dürfte aufgrund der Ausführungen der KEK in dem Verfahren n-tv zu folgern sein, dass solche Aktivitäten in der Regel wohl keine ernsthaften relevanten Wirkungen auf die Meinungsbildung im Fernsehen haben bzw. mittelbar über den Zuschaueranteil Berücksichtigung finden. Die unterschiedlichen Beurteilungen zum Vorliegen vorherrschender Meinungsmacht beim Medienverbund *Axel Springer/ProSiebenSat.1* und *Bertelsmann/RTL* resultiert aus den unterschiedlichen Schwerpunkten der Medienmarktaktivitäten. Beim *Axel Springer/ProSiebenSat.1*-Medienverbund hätte sich eine zuschaueranteilsstarke Senderfamilie mit einem marktstarken Zeitungsverleger verbunden. Obgleich das Bundesverfassungsgericht keine publizistische Gewaltenteilung forderte, maß es der Verbindung von Fernsehen und Presse großes Potential zur Meinungsbeeinflussung zu. Bertelsmann hingegen tritt sehr diversifiziert im Medienmarkt auf, ohne dadurch zwangsläufig im Fernsehen kumulativ mehr Meinungsmacht zu erlangen. Ihre Aktivitäten im Musik- und Buchbereich sind wenig geeignet den Meinungseinfluss der Fernsehsender der RTL-Gruppe zu verstärken. Die Berücksichtigung von Aktivitäten im Bereich der TV-Produktion muss hingegen auch nicht zu stark erfolgen. Diese Vorprodukte bilden in Programme zusammengefasst das Kernprodukt der Fernsehveranstalter.[684] Dort schlägt sich diese Aktivität im Endeffekt in den Zuschaueranteilen des Senders nieder. Die Entscheidung zur Verlängerung der Zulassung des Fernsehvollprogramms von RTL Television hat gezeigt, dass die KEK die Entwicklung des Onlinebereichs berücksichtigt und ihre Gewichtungsfaktoren an die sich verändernden Verhältnisse anpasst. Die Entscheidung zur Übernahme des Senders N24 durch den Axel Springer Verlag widerlegt die Befürchtung der Monopolkommission, dass sich ein großer Zeitungsverleger, dem im Zeitungsmarkt einige Meinungsmacht

684 KEK 309, S. 52.

zugesprochen wird, sich de facto an keinem Fernsehsender beteiligen könne.[685] Obwohl die Zusammenlegung der Redaktionen des Informationsspartensenders N24 mit der überregionalen Zeitung „Die Welt" und der damit einhergehenden Homogenisierung der Inhalte die Abnahme von Meinungsvielfalt befürchten lässt, ist die KEK nicht dazu berufen, die Meinungsvielfalt im Medienbereich zu sichern, sondern im Fernsehen.

685 Diese Kritik wurde im Zusammenhang mit der Entscheidung *Axel Springer/ProSiebenSat.1* vorgebracht, siehe dazu oben unter D. I. 2. c.

Kapitel 3. Ökonomischer Wettbewerb – Die kartellrechtliche Zusammenschlusskontrolle

Die privaten Rundfunkveranstalter charakterisiert eine Doppelnatur. Einerseits handeln sie mit einem Kulturgut, indem sie mit ihrer publizistischen Arbeit zur Bildung der öffentlichen Meinung beitragen. Andererseits stellen eben diese Erzeugnisse auch ein Wirtschaftsgut dar. Medienunternehmen sind Wirtschaftsunternehmen, die am Wirtschaftsleben teilnehmen. Ihre Ware hat nicht nur einen publizistischen, sondern auch einen ökonomischen Wert. Diese Arbeit würde also zu kurz greifen, würde sie nur die publizistischen Aspekte eines cross-medialen Zusammenschlusses betrachten. Notwendig ist daher auch den ökonomische Wettbewerb und die kartellrechtliche Zusammenschlusskontrolle in den Blick zu nehmen.

A. Ökonomische Ursachen für Zusammenschlüsse

Als Wirtschaftsunternehmen unterscheiden sich private Rundfunkanbieter nicht von Unternehmen anderer Wirtschaftsbereiche. Ihr Handeln im Wettbewerb ist von ökonomischen Überlegungen geleitet. Bei einer Verflechtung von Medienunternehmen geht es um die Erzielung von Effizienzvorteilen, die dazu führen, dass die Wettbewerbsposition verbessert wird.[686] Zwar spielen die ökonomischen Ursachen eines Unternehmenszusammenschlusses in der Zusammenschlusskontrolle keine Rolle und werden auch nicht im Prüfungsverfahren vom Bundeskartellamt berücksichtigt. Dennoch ist es sinnvoll, sich die verschiedenen Ursachen von Medienverflechtungen zu vergegenwärtigen. Sie geben Aufschluss über das Wettbewerbsverhalten von Medienunternehmen und ihren Diversifikationsstrategien. Diese Strategien, die dann in einem Zusammenschlussvorhaben realisiert werden, werden wiederum in der Zusammenschlusskontrolle bei der Bewertung, welche Wirkung das Vorhaben auf den Wettbewerb haben kann, berücksichtigt.

---

686 *Heinrich*, Medienökonomie, Bd. 1, S. 128; *Bender*, Cross-Media-Ownership, S. 69.

I. Fixkostendegression

Die Fernsehproduktion, ebenso wie auch die Produktion von Presseerzeugnissen, unterliegt der Fixkostendegression.[687] Die Erklärung der Fixkostendegression[688], teilweise auch als Kontaktgrößendegression bezeichnet[689], liegt in der Nicht-Rivalität des Konsums von Informationen.[690] Eine Information, beispielsweise für einen Fernsehbeitrag oder einen Zeitungsartikel, muss nur einmal beschafft werden. Die Kosten und Aufwendungen für die Produktion dieses Prototyps, bzw. der Blaupause, müssen nur einmal aufgewendet werden (so genannte „first-copy-cost"). Sie sind unabhängig von der Empfängerreichweite und damit fix. In der Regel entsprechen die Fixkosten den Gesamtkosten der Produktion des Prototyps.[691] Bei der Vervielfältigung von Zeitungen und Zeitschriften entstehen mit den Distributionskosten (Papier, Zustellung) zusätzliche variable Kosten. Beim Fernsehen ist die Ausstrahlung an eine Vielzahl hingegen praktisch kostenlos.[692] Die Nicht-Rivalität besteht nun darin, dass der Fernsehbeitrag, die Zeitung, kurzum das Medienprodukt, von einer Vielzahl von Rezipienten zu beliebigen Zeitpunkten, auch gleichzeitig, konsumiert werden kann, ohne dass sich der Inhalt des Produkts, das immaterielle Gut, verbraucht.[693] Die Fixkostendegression drückt sich dadurch aus, dass sich die Produktionskosten (Fixkosten) anteilsmäßig auf die Vervielfältigungen verteilen. Bei Printmedien und Pay-TV geschieht dies direkt über den Absatz auf dem Leser-/Pay-TV-Markt. Die Stückkosten sinken mit steigender Rezipientenzahl. Im Free-TV erfolgt dieser Effekt über die Werbespot-Reichweiten-Spirale. Je höher die Reichweite des Programms ist, desto mehr Werbeeinnahmen können erzielt werden, desto geringer sind die Stückkosten.[694] Fernsehunternehmen haben bei der Beschaffung und Produktion von

---

687 *Heinrich*, Medienökonomie, Bd. 1, S. 129; *Heinrich*, Medienökonomie, Bd. 2, S. 120ff.; *Schaarschmidt*, Cross-Promotion durch Medienkonglomerate, S. 32f.; *Landesmedienanstalten* (Hrsg.), Auf dem Weg zu einer medienübergreifenden Vielfaltssicherung, S. 17; *Rodenhausen*, Die Kontrolle von Medienkonglomeraten mittels des GWB, S. 33.

688 Siehe dazu ausführlich *Heinrich, Medienökonomie*, Bd. 1, S. 96ff.; ebenso *Schaarschmidt*, Cross-Promotion durch Medienkonglomerate, S. 32f.

689 *Heinrich*, Medienökonomie, Bd. 1, S. 129.

690 *Heinrich*, Medienökonomie, Bd. 1, S. 96; *Heinrich*, Medienökonomie, Bd. 2, S. 121.

691 *Heinrich*, Medienökonomie, Bd. 1, S. 129; *Heinrich*, Medienökonomie, Bd. 2, S. 121.

692 *Heinrich*, Medienökonomie, Bd. 1, S. 96; *Heinrich*, Medienökonomie, Bd. 2, S. 121.

693 *Heinrich*, Medienökonomie, Bd. 1, S. 96; *Heinrich*, Medienökonomie, Bd. 2, S. 121.

694 Dieses Prinzip gilt gleichermaßen auch für den Lesermarkt mit der Anzeigen-Auflagen-Spirale. Ein Zeitungs-/Zeitschriftenverlag finanziert sich zu 40–50% aus dem Verkaufserlös des Printprodukts und zu 50–60% aus Werbeeinnahmen.

Sendungen sehr hohe Kosten, die es zu amortisieren gilt. Dies kann aufgrund der beschriebenen Fixkostendegression über eine hohe Zuschauerreichweite erfolgen. Aus diesem Grund schließen sich Fernsehunternehmen horizontal zu Sendergruppen zusammen. Der Fernsehbeitrag, der Film, die Nachrichten u.s.w. können über alle Sender ausgestrahlt werden und damit eine höhere Zuschauerreichweite nutzen.[695] Cross-medial kann auch das Internet als weiterer Verbreitungs- und Übertragungsweg die Rezipientenreichweite erhöhen.

II. Netzeffekte in zweiseitigen Märkten, Verbund von Rezipienten- und Werbemarkt

Rundfunkunternehmen publizieren einerseits Inhalte für die Rezipienten, andererseits bieten sie der Werbung treibenden Wirtschaft eine Werbefläche. Es entsteht ein Zusammenspiel von Rezipientenreichweite und Werbemarkt.[696] Der Marktpreis der Werbung berechnet sich nach der Reichweite, dem so genannten Tausenderkontaktpreis[697]. Mit steigender Reichweite wird der Rundfunksender für den Werbetreibenden attraktiver. Nicht nur, weil er je höher die Reichweite desto mehr potentielle Konsumenten ansprechen kann, sondern auch, weil mit steigender Reichweite der Tausenderkontaktpreis anteilsmäßig sinkt.[698] Mittelfristig wird das Rundfunkunternehmen seinen Werbegrundpreis anheben, sodass auch der Tausenderkontaktpreis steigt.[699] Die so erzielten Gewinne können in die Programmgestaltung und die Qualitätsverbesserung investiert werden. Dadurch kann wiederum eine höhere Reichweite erzielt werden. Dieser Prozess wird allgemein auch als Anzeigen-Auflagen-/Werbespot-Reichweiten-Spirale bezeichnet.[700] Durch die Gründung von Senderfamilien, aber auch durch die Nutzung des Internets als weiteren Verbreitungs- und Übertragungsweg, können

---

695 *Landesmedienanstalten* (Hrsg.), Von der Fernsehzentrierung zur Medienfokussierung, S. 17; *Heinrich*, Medienökonomie, Bd. 2, S. 123f.

696 *Heinrich*, Medienökonomie, Bd. 1, S. 129f.; *Landesmedienanstalten* (Hrsg.), Von der Fernsehzentrierung zur Medienfokussierung, S. 17f.

697 Siehe zum Tausenderkontaktpreis *Heinrich*, Medienökonomie, Bd. 2, S. 545f. (Werbegrundpreis/Zahl der erreichten Personen) x 1000 = Tausenderkontaktpreis (TKP). Dem Werbegrundpreis liegt beim Fernsehen in der Regel ein 30-Sekunden-Werbespot zugrunde.

698 *Heinrich*, Medienökonomie, Bd. 1, S. 129f.; *Landesmedienanstalten* (Hrsg.), Von der Fernsehzentrierung zur Medienfokussierung, S. 17.

699 *Heinrich*, Medienökonomie, Bd. 1, S. 130.

700 *Heinrich*, Medienökonomie, Bd. 1, S. 130; *Landesmedienanstalten* (Hrsg.), Von der Fernsehzentrierung zur Medienfokussierung, S. 17.

höhere Reichweiten erzielt werden. Auch die Möglichkeit eines Medienunternehmens cross-mediale Werbekampagnen anbieten zu können, wirkt sich positiv auf die Spirale aus.

III. Reduktion des Beschaffungsrisikos

Die Reduktion des Beschaffungsrisikos ist ein ökonomischer Anreiz, der sich durch eine vertikale Integration verschiedener Wertschöpfungsstufen ausdrückt. Für Fernsehprogrammveranstalter ist besonders die Verflechtung mit Produzenten und Rechtehändlern sinnvoll. Die Verflechtung mit einem Produzenten senkt die Transaktionskosten. Das sind unter anderem solche Kosten, die für die Suche von Informationen und ihre Beschaffung, Vertragsverhandlungen, Kontrolle und Anpassungen entstehen.[701] Der Vorteil dieser Verflechtung besteht im Weiteren auch darin, dass bei einer Verflechtung mit der vorgelagerten Wertschöpfungsstufe Material dauerhaft und exklusiv abgefragt werden kann. Das schafft einen Wettbewerbsvorteil gegenüber Wettbewerbern.[702] Der Rundfunkunternehmer kann bei einem Zusammenschluss mit einem Produzenten auch Einfluss auf das Produkt selbst nehmen, indem er Ausrichtung, Gestaltung, Konzeptionierung etc. bestimmt.[703] Durch die Fertigung einer Eigenproduktion[704] kann z.B. ein Fernsehfilm oder eine TV-Serie auf die Zuschauerzielgruppe des Fernsehsenders abgestimmt werden.

Die zusätzliche Integration eines Rechtehändlers reduziert zum einen die Kosten, die der Rundfunkveranstalter für die Verwendung von Fremdmaterial zahlen müsste. Sie kann sich zum anderen aber auch zu einer Erlösquelle entwickeln, wenn Eigenproduktionen weiterverkauft werden.[705]

---

701 *Heinrich*, Medienökonomie, Bd. 1, S. 131; *Heinrich*, Medienökonomie, Bd. 2, S. 245.

702 *Landesmedienanstalten* (Hrsg.), Von der Fernsehzentrierung zur Medienfokussierung, S. 18; *Heinrich*, Medienökonomie, Bd. 1, S. 132.

703 *Landesmedienanstalten* (Hrsg.), Von der Fernsehzentrierung zur Medienfokussierung, S. 18.

704 Siehe zur Wirtschaftlichkeit von Eigenproduktionen auch *Heinrich*, Medienökonomie, Bd. 1, S. 131; *Heinrich*, Medienökonomie, Bd. 2, S. 245.

705 *Landesmedienanstalten* (Hrsg.), Auf dem Weg zu einer medienübergreifenden Vielfaltssicherung, S. 18; *Heinrich*, Medienökonomie, Bd. 1, S. 132.

IV. Kontrolle der Vertriebswege und dadurch Sicherung des Zugangs zum Rezipientenmarkt

Ein weiterer Anreiz für vertikale Zusammenschlüsse liegt darin, den Zugang zum Rezipientenmarkt zu sichern, indem der Vertriebsweg kontrolliert wird. Zum Vertriebsweg zählen unter anderem die technischen Dienstleistungen im digitalem Fernsehen, wie zum Beispiel Elektronische Programmführer (EPG), Conditional-Access-Systeme und Playout-Center sowie die Übertragung von Programmsignalen via Kabel, Satellit, Terrestrik, Internet und Mobilfunk.[706] Durch die Verflechtung mit einem Unternehmen dieser Wertschöpfungsstufe sichert sich der Rundfunkveranstalter den Zugang zum Zuschauer. Diese Teilhabe an der Verbreitungsebene verschafft dem Rundfunkunternehmen darüber hinaus eine Gatekeeper-Position. Es wird in die Lage versetzt, den Zugang zur Verbreitungsebene für aktuelle und potentielle Wettbewerber zu erschweren. Durch diese Kontrolle erhöht sich auch die Marktzutrittsbarriere für neue Rundfunkveranstalter.[707]

V. Unternehmensexpansion und Reduktion von Substitutionskonkurrenz

Ein cross-medialer Zusammenschluss ist die Expansion in andere Mediengattungen, die bisher nicht zum Kerngeschäft des Unternehmens zählten. Diese Form der Expansion ist kein Phänomen neuerer (Internet-)Zeit. Schon in den 1980er/90ern strebte die Zeitungsbranche in das neue junge Medium Privat-Rundfunk. Sie sahen in dem werbefinanziertem Rundfunk einen Konkurrenten im Anzeigegeschäft und befürchteten erhebliche finanzielle Einbußen.[708] Mit der Digitalisierung, dem Konvergenzprozess und der technischen Fortentwicklung des Internets ist zu beobachten, dass klassische Medien ins Internet expandieren, indem sie eigene Webseiten launchen oder sich an existierenden Onlineanbietern beteiligen. Im Unterschied zur Expansion in den Rundfunkmarkt durch die Zeitungsbranche betrifft das Internet alle klassischen Mediengattungen der Offlinewelt als möglichen Substitutionskonkurrenten. Zeitungsartikel, Fernsehsendungen und Radio können wegen der Digitalisierung ohne großen Aufwand

---

706 Siehe für eine Übersicht *Landesmedienanstalten* (Hrsg.), Von der Fernsehzentrierung zur Medienfokussierung, S. 20.

707 *Landesmedienanstalten* (Hrsg.), Von der Fernsehzentrierung zur Medienfokussierung, S. 18.

708 *Monopolkommission*, Wettbewerbsprobleme bei der Einführung von privatem Hörfunk und Fernsehen, S. 9 Tz. 5.

ins Internet übertragen werden, aber auch originär für das Internet produziert und dort verbreitet werden. Der Einstieg in das Internet durch die klassischen Medienunternehmen soll die von originären Onlineunternehmen ausgehende Substitutionskonkurrenz verhindern.[709]

VI. Risikominimierung und Quersubventionierung

Eine weitere Motivation zu cross-medialen Zusammenschlüssen ist die Erzielung von Verbundvorteilen (*economies of scope*)[710]. Zu diesen Verbundvorteilen zählen, wie auch die beiden nachfolgenden Punkte (VII. und VIII.), die Risikominimierung und Quersubventionierung. Mit dem Überangebot von Medienprodukten in einer schnelllebigen Zeit ist das Verhalten der Konsumenten nur schwer einzuschätzen. Auch die Vorhersage, ob ein Produkt Erfolg haben wird, ist nur noch selten mit Sicherheit zu treffen. Kundenpräferenzen können sich ändern und auf ein anderes mediales Angebot verlagern, worauf auch die Werbewirtschaft reagieren muss. Eine aufwendig produzierte Fernsehserie oder ein Film kann bei den Zuschauern sehr gut ankommen oder ein Flop sein. Medienunternehmen müssen sich deshalb durch die Diversifikation in verschiedene Mediengattungen absichern. Sollte der Absatz eines Produkts auf einem Medienmarkt nicht den Erwartungen entsprechen oder wegen kürzlich erfolgter Markteinführung noch nicht rentabel sein, wirkt sich das im Umsatz nicht so gravierend aus, als wenn das Unternehmen nur auf diesem Markt tätig wäre.[711] Durch derartige Diversifikation und Risikostreuung können auch gewagte Projekte realisiert werden,

---

709 *Landesmedienanstalten* (Hrsg.), Von der Fernsehzentrierung zur Medienfokussierung, S. 19; *Bender*, Cross-Media-Ownership, S. 73f.

710 Verbundvorteil beschreibt die Kostenersparnis, die dadurch entsteht, wenn zwei oder mehrere Produkte von einem diversifizierten Unternehmen produziert werden, statt von selbstständigen Unternehmen. Siehe zu den Verbundvorteilen Gabler Wirtschaftslexikon, Stichwort „Economies of Scope". Bei der Thematisierung von Verbundvorteilen wäre auch die Auseinandersetzung mit den Größenvorteilen (*economies of scale*) naheliegend. Darauf wird in dieser Arbeit verzichtet, weil für medienspezifische Konzentrationen keine gesonderten Größenvorteile auszumachen sind, denn die Unternehmensgröße im Medienbereich führt nicht automatisch zu Effizienzen, wie die Reduktion von Produktionskosten. Dies zeigt die Wirtschaftlichkeit vieler kleinerer Verlage und Rundfunkunternehmen, dazu *Heinrich*, Medienökonomie, Bd. 1, S. 128f.; *Bender*, Cross-Media-Ownership, S. 74.

711 *Schaarschmidt*, Cross-Promotion durch Medienkonglomerate, S. 14, 44; *Landesmedienanstalten* (Hrsg.), Von der Fernsehzentrierung zur Medienfokussierung, S. 19; *Heinrich*, Medienökonomie, Bd. 1, S. 134; *Bender*, Cross-Media-Ownership, S. 71f.; *Rodenhausen*, Die Kontrolle von Medienkonglomeraten mittels des GWB, S. 31f.

weil ein Scheitern nicht zwangsläufig das wirtschaftliche Ende des Unternehmens bedeutet.[712] Daher folgt aus der Diversifikation auch die Möglichkeit zur Quersubventionierung. Dank einer starken Marktstellung mit hohen Umsätzen auf einem Markt können Produkte auf einem anderen Markt intern subventioniert werden.[713] Die Möglichkeit der Quersubventionierung schafft einen großen Wettbewerbsvorteil gegenüber nichtdiversifizierten Unternehmen. Das diversifizierte Unternehmen kann durch diese Finanzierungsmöglichkeit und die Nutzung eines (Image-)Markentransfers[714] einen Markteinstieg einfacher vollziehen, als ein nichtdiversifizierter Marktneuling, der auf dem Markt noch völlig unbekannt ist. Mittels solcher Quersubventionierungen kann auch eine Marktverdrängungsstrategie verfolgt werden.[715]

VII. Cross-Promotion

Ein Medienunternehmen kann mit einer Verflechtung mit Unternehmen aus anderen Mediengattungen eine medienübergreifende Werbeplattform errichten. Auf der kann es nicht nur für konzerneigene Produkte werben, sondern seine Werbeplattform der Werbung treibenden Wirtschaft zur Verfügung stellen.[716] Die Cross-Promotion als Werbeform wird unten[717] ausführlich behandelt.

VIII. Rationalisierung der Ressourcen

Ein ökonomischer Vorteil wird bei einem cross-medialen Zusammenschluss auch in der Rationalisierung der Ressourcen gesehen. Diese Rationalisierung betrifft zum einen den Bereich Organisation des Unternehmens. Abteilungen des technischen Personals (Cutter, Medientechniker, Hausmeister), der Verwaltung (Buchhaltung, Personalabteilung) und das Management können jeweils zusammengelegt werden und dadurch Kosten eingespart werden.[718] Zum anderen kann durch Zusammenführung zuvor getrennter Medienunternehmen der Zugang zu

---

712 *Schaarschmidt*, Cross-Promotion durch Medienkonglomerate, S. 44.

713 *Landesmedienanstalten* (Hrsg.), Von der Fernsehzentrierung zur Medienfokussierung, S. 19; *Bender*, Cross-Media-Ownership, S. 72.

714 *Rodenhausen*, Die Kontrolle von Medienkonglomeraten mittels des GWB, S. 35f.

715 *Schaarschmidt*, Cross-Promotion durch Medienkonglomerate, S. 34f.

716 *Landesmedienanstalten* (Hrsg.), Von der Fernsehzentrierung zur Medienfokussierung, S. 19; *Bender*, Cross-Media-Ownership, S. 70; *Rodenhausen*, Die Kontrolle von Medienkonglomeraten mittels des GWB, S. 37f.

717 Siehe dazu unten unter B. II. 1. b. bb.

718 *Heinrich*, Medienökonomie, Bd. 1, S. 133; *Schaarschmidt*, Cross-Promotion durch Medienkonglomerate, S. 12.

Know-How, Archiven und Dokumentationen entstehen oder vergrößert und dadurch Beschaffungskosten reduziert werden.[719]

B. Zusammenschlusskontrolle nach dem GWB

I. Anwendungsbereich der Zusammenschlusskontrolle

Die Zusammenschlusskontrolle ist eine präventive Kontrolle zum Schutz funktionsfähigen Wettbewerbs.[720] Vor dem Vollzug des Zusammenschlusses ist das geplante Vorhaben bei dem Bundeskartellamt anzumelden (§ 39 I 1 GWB). Die in den §§ 35 ff. GWB normierte Zusammenschlusskontrolle ist anwendbar, wenn das geplante Vorhaben ein Zusammenschluss im Sinne von § 37 I, II GWB ist, nicht die Europäische Kommission wegen der gemeinschaftsweiten Bedeutung des Vorhabens vorrangig zuständig ist (§ 35 III GWB, Art. 21 II, III FKVO[721]) und die Aufgreifschwellen nach § 35 I GWB erreicht werden. Die Aufgreifschwellen richten sich nach dem erzielten Umsatz. Grundsätzlich gilt danach, dass die Zusammenschlusskontrolle zur Anwendung kommt, wenn im Geschäftsjahr vor dem Zusammenschluss die beteiligten Unternehmen insgesamt mehr als 500 Mio. Euro weltweiten Umsatz erwirtschaftet haben. Außerdem muss mindestens ein beteiligtes Unternehmen Umsatzerlöse von mehr als 25 Millionen Euro und ein anderes beteiligtes Unternehmen Umsatzerlöse von mehr als 5 Millionen Euro im Inland erzielt haben. Für Presse-[722] und Rundfunkunternehmen[723] gelten dabei gem. § 38 III GWB besondere Berechnungsgrößen. Während vor der 8. GWB-Novelle die Umsätze für beide Branchen mit 20 multipliziert wurden, gelten nunmehr unterschiedliche Faktoren. Für Pressefusionen wurde der Faktor auf 8 herabgesetzt.[724] Der Grund für die Erhöhung der Aufgreifschwelle liegt

---

719 *Heinrich*, Medienökonomie, Bd. 1, S. 133.

720 *BKartA*, Leitfaden zur Marktbeherrschung in der Fusionskontrolle vom 29.03.2012, Rdnr. 6.

721 Verordnung (EG) Nr. 139/2004 des Rates vom 20. Januar 2004 über die Kontrolle von Unternehmenszusammenschlüssen („EG-Fusionskontrollverordnung"), ABl. Nr. L 24/1.

722 Pressunternehmen umfasst nach § 38 III 1. Alt GWB den Verlag, die Herstellung und den Vertrieb von Zeitungen, Zeitschriften und deren Bestandteilen.

723 Nach § 38 III 2. Alt. GWB ist damit die Herstellung, der Vertrieb und die Veranstaltung von Rundfunkprogrammen und der Absatz von Rundfunkwerbezeiten gemeint.

724 Damit liegen die Aufgreifschwellen bei einem gemeinsamen weltweiten Umsatz bei 62,5 Mio. Euro. Die Schwelle des Inlandsumsatzes beträgt 3,125 Mio. Euro für das eine und 625.000 Euro für das andere am Zusammenschluss beteiligte Unternehmen.

in den geänderten wirtschaftlichen Rahmenbedingungen, denen sich der Pressemarkt aufgrund der zunehmenden digitalen Mediennutzung gegenübersieht. Wegen des Internets als Informationsmedium tritt das Pressewesen in Konkurrenz mit neuen medialen Anbietern und Mediengattungen. Mit der Erhöhung wird der Spielraum kleinerer und mittlerer Presseunternehmen erweitert. Sie können einfacher fusionieren und bleiben so wettbewerbsfähig gegenüber anderen Mediengattungen.[725] Für Zusammenschlüsse auf dem Rundfunkmarkt wird auch nach der 8. GWB-Novelle das 20-fache in Ansatz gebracht, so dass es bei einer Umsatzschwelle von weltweit 25 Mio. Euro und im Inland von 1,25 Mio. Euro und 250.000 Euro bleibt. Hier gilt weiterhin, dass Medienkonzentration im regionalen und lokalen Rundfunkmarkt mit der Anwendung der Zusammenschlusskontrolle entgegengewirkt werden soll.[726]

II. Eingreifkriterien

Mit der 8. GWB-Novelle wurde im Jahr 2013 die deutsche Zusammenschlusskontrolle geändert. § 36 I GWB normiert nun, dass ein Zusammenschluss, durch den wirksamer Wettbewerb erheblich behindert würde, insbesondere von dem zu erwarten ist, dass er eine marktbeherrschende Stellung begründet oder verstärkt, vom Bundeskartellamt zu untersagen ist. In die Zusammenschlusskontrolle wurde damit der SIEC-Test (*significant impediment of effective competition*), der in der europäischen Fusionskontrolle seit 2004 in Art. 2 III FKVO enthalten ist, aufgenommen. Grund für die Übernahme des SIEC-Tests in die Zusammenschlusskontrolle ist die Rechtsangleichung des deutschen und europäischen Kartellrechts.[727] Der SIEC-Test, mit dem untersucht wird, ob wirksamer Wettbewerb aufgrund eines Zusammenschlusses erheblich behindert würde, ist

725 Begründung Bundestag zum Gesetzesentwurf BReg, Entwurf eines Achten Gesetzes zur Änderung des Gesetzes gegen Wettbewerbsbeschränkungen (8. GWB-ÄndG) vom 31.05.2012, BT-Drs. 17/9852, S. 20, 29.

726 Der Berechnungsfaktor von 20 wurde für den Rundfunk mit der 6. GWB-Novelle eingefügt. Siehe zu den rechtspolitischen Gründen der Verhinderung der Konzentration auf regionalen und lokalen Märkten: Begründung Bundesrat zum Gesetzesentwurf BReg, Entwurf eines Sechsten Gesetzes zur Änderung des Gesetzes gegen Wettbewerbsbeschränkungen vom 7.11.1997, BR-Drs. 852/97, S. 59; *Bauer*, in: Loewenheim/Meessen/Riesenkampff, Kartellrecht, § 38 GWB Rdnr. 14; *Mestmäcker/Veelken*, in: Immenga/Mestmäcker, GWB, 4. Aufl. (2007), § 38 GWB Rdnr. 27, 33; *Bechtold*, GWB, § 38 Rdnr. 8.

727 Begründung Bundesrat zum Gesetzesentwurf BReg, Entwurf eines Achten Gesetzes zur Änderung des Gesetzes gegen Wettbewerbsbeschränkungen (8. GWB-ÄndG)

im Gegensatz zum strukturbezogenen Marktbeherrschungstest effektbezogen. Der SIEC-Test berücksichtigt die wettbewerblichen Auswirkungen im Sinne eines *effects based approach*-Ansatzes.[728] Der Marktbeherrschungstest bleibt der Zusammenschlusskontrolle als Regelbeispiel erhalten. Der Gesetzgeber, das Bundeskartellamt und das OLG Düsseldorf, bestätigt durch den BGH, gehen davon aus, dass bei positivem Ergebnis des Marktbeherrschungstests, nicht nur in der Regel, sondern stets auch eine Behinderung des wirksamen Wettbewerbs vorliegt.[729]

1. *Marktbeherrschungstest als Regelbeispiel*

Mit der Beibehaltung des Marktbeherrschungstest als Regelbeispiel ist wie vor der 8. GWB-Novelle zunächst der relevante Markt abzugrenzen und sodann die Begründung oder Verstärkung einer marktbeherrschenden Stellung zu prüfen.

a. *Marktabgrenzung*

Ausgehend vom Bedarfsmarktkonzept definiert sich der Markt dadurch, dass Erzeugnisse zum selben Markt gehören, „die sich nach ihren Eigenschaften, ihrem wirtschaftlichen Verwendungszweck und ihrer Preislage so nahe stehen, dass der verständige Verbraucher sie als für die Deckung eines bestimmten Bedarfs geeignet in berechtigter Weise abwägend miteinander vergleicht und als gegeneinander austauschbar ansieht.“.[730]

Unter Anwendung des Bedarfsmarktkonzepts hat das Bundeskartellamt in seiner Entscheidungspraxis eine Vielzahl von Märkten im Wirtschaftssektor „Medien“ abgegrenzt.[731] Die Märkte im Rahmen der kartellrechtlichen Zusammenschlusskontrolle decken sich nicht mit den medienrelevanten verwandten Märkten, die bei der

vom 30.03.2012, BR-Drs. 176/12, S. 22, 36. *Thomas*, in: Immenga/Mestmäcker, Wettbewerbsrecht, § 36 Rdnr. 2.

728 *Thomas*, in: Immenga/Mestmäcker, Wettbewerbsrecht, § 36 Rdnr. 17.

729 Begründung Bundesrat zum Gesetzesentwurf BReg, Entwurf eines Achten Gesetzes zur Änderung des Gesetzes gegen Wettbewerbsbeschränkungen (8. GWB-ÄndG) vom 30.03.2012, BR-Drs. 176/12, S. 37; BKartA, Beschluss v. 22.02.2013, Az. B7 – 70/12, Tz. 39; OLG Düsseldorf, Beschluss v. 25.4.2013, Az. VI Kart 4/12 (V), Tz. 48; BGH, Beschluss v. 23.09.2014 – KVZ 82/13 Tz. 8.

730 *Bechtold*, GWB, § 18 Rdnr. 7; *Thomas*, in: Immenga/Mestmäcker, Wettbewerbsrecht, § 36 Rdnr. 75; BGH, Beschluss v. 25.06.1985, Az.: KVR 3/84 (*Edelstahlbestecke*) Rdnr. 30; BGH, Beschluss v. 22.09.1987, Az.: KVR 5/86 (*Gruner + Jahr/Zeit II*), Rdnr. 20.

731 Siehe für eine Übersicht *Rinne*, in: Gersdorf/Paal, BeckOK Informations- und Medienrecht, GWB, § 36 Rdnrn. 6ff.

Rundfunkkonzentrationskontrolle gem. § 26 I, II RStV relevant sind. Der Grund liegt in den unterschiedlichen Zielrichtungen – Sicherung der Meinungsvielfalt bei der Rundfunkkonzentrationskontrolle und Sicherung des funktionierenden Wettbewerbs bei der Zusammenschlusskontrolle – der jeweiligen Kontrollen.

b. Begründung oder Verstärkung einer marktbeherrschenden Stellung

Konglomerate Zusammenschlüsse sind in der Regel wettbewerbsrechtlich unbedenklich[732], weil sie effizienzsteigernde Wirkungen in Form von Verbundvorteilen haben können.[733] Ein Unternehmen kann zum Beispiel aufgrund des Zusammenschlusses in die Lage versetzt werden seine Produktion und den Vertrieb zu verbessern. Werden aufgrund des Zusammenschlusses komplementäre Produkte in einem Unternehmen integriert, können daraus Funktionalitätsverbesserungen resultieren, indem Produkte besser auf einander abgestimmt werden.[734] Möglich ist aber auch, dass aus einer konglomeraten Verbindung negative Wirkungen für den Wettbewerb folgen. Solche wettbewerbsrechtliche Probleme sind insbesondere dann zu befürchten, wenn das zusammengeschlossene Unternehmen auf einem oder mehreren Märkten über Marktmacht verfügt und dadurch die Möglichkeit besteht, dass die Marktmacht von einem Markt auf den anderen Markt übertragen wird.[735]

aa. Allgemeine Kriterien zur Bewertung konglomerater Zusammenschlüsse

Das Bundeskartellamt formuliert in seinem „Leitfaden zur Marktbeherrschung in der Fusionskontrolle" vom 29.03.2012[736] diverse mögliche wettbewerbsbeeinträchtigende Effekte durch konglomerate Zusammenschlüsse. Diese Fallgruppen

---

732 *Thomas*, in: Immenga/Mestmäcker, Wettbewerbsrecht, § 36 Rdnr. 507; BKartA, Leitfaden zur Marktbeherrschung in der Fusionskontrolle vom 29.03.2012, Rdnr. 161. Die Europäische Kommission sieht ebenfalls grundsätzlich keine Wettbewerbsprobleme durch konglomerate Zusammenschlüsse, Europäische Kommission, Leitlinie zur Bewertung nichthorizontaler Zusammenschlüsse gemäß der Ratsverordnung über die Kontrolle von Unternehmenszusammenschlüssen, ABl. Nr. C 265/6, Rdnr. 92.

733 *Kallfaß*, in: Langen/Bunte, Kartellrecht, Bd. 1, § 36 Rdnr. 109.

734 *Kallfaß*, in: Langen/Bunte, Kartellrecht, Bd. 1, § 36 Rdnr. 109.

735 *Kallfaß*, in: Langen/Bunte, Kartellrecht, Bd. 1, § 36 Rdnr. 109; *Thomas*, in: Immenga/Mestmäcker, Wettbewerbsrecht, § 36 Rdnr. 508.

736 Der Leitfaden hat trotz Einführung des SIEC-Tests in die Zusammenschlusskontrolle nach wie vor Bedeutung. In Rdnr. 1 informiert das BKartA darüber, dass es den Leitfaden nach der Gesetzesänderung überarbeiten wird, sobald genügend Fallpraxis zum SIEC-Test vorliegt. Bisher ist eine Überarbeitung des Leitfadens nicht veröffentlicht.

sind nicht auf eine bestimmte Wirtschaftsbranche zugeschnitten, sondern können bei allen konglomeraten Zusammenschlüssen auftreten, so auch bei konglomeraten Medienzusammenschlüssen. Mit medienspezifischen Effekten, wie den cross-medialen Effekten, die das Bundeskartellamt im Verfahren *Axel Springer/ ProSiebenSat.1* entwickelte, setzt sich der Leitfaden indes nicht auseinander.

(1) Verlust von Randwettbewerb und potentiellem Wettbewerb

Das Entfallen von Randwettbewerb und potentiellem Wettbewerb kann bei einem konglomeraten Zusammenschluss Wettbewerbsprobleme hervorrufen. Die Abgrenzung dieser beiden Effekte zu einem horizontalen Zusammenschluss kann manchmal schwierig sein. Aus diesem Grund wird ein solcher konglomerater Zusammenschluss teilweise auch als „quasi-horizontaler" Zusammenschluss bezeichnet.[737]

Randwettbewerb besteht, wenn die Produkte, die nach dem Bedarfsmarktkonzept zu unterschiedlichen Märkten gehören, zueinander in einer Substitutionsbeziehung stehen. Erwirbt zum Beispiel ein Unternehmen ein anderes, das ein solches Randsubstitut anbietet, entfällt der Randwettbewerb zwischen ihnen.[738] Ebenfalls kann der Randwettbewerb beeinträchtigt werden, wenn zwei Unternehmen, die auf einem Markt ein marktbeherrschendes Oligopol bilden, auf einem benachbarten Markt ein Gemeinschaftsunternehmen gründen, um mit diesem auf dem anderen Markt in den Wettbewerb einzusteigen. Da von Randsubstituten in der Regel nur schwacher Wettbewerbsdruck ausgeht, geht das Bundeskartellamt davon aus, dass der Verlust von Randwettbewerb lediglich eine schon bestehende marktbeherrschende Stellung verstärken, aber nicht erstmals entstehen lassen könne.[739] Ein Entfallen des Randwettbewerbs, teilweise auch als Substitutionswettbewerb bezeichnet, sah das Bundeskartellamt in den

737 *Kallfaß*, in: Langen/Bunte, Kartellrecht, Bd. 1, § 36 Rdnr. 110; Das *BKartA*, Leitfaden zur Marktbeherrschung in der Fusionskontrolle vom 29.03.2012, Rdnr. 164 verweist auf hier auf seine Ausführungen zu den Horizontalzusammenschlüssen, dort Rdnr. 75ff.

738 *BKartA*, Leitfaden zur Marktbeherrschung in der Fusionskontrolle vom 29.03.2012, Rdnr. 163.

739 *BKartA*, Leitfaden zur Marktbeherrschung in der Fusionskontrolle vom 29.03.2012, Rdnr. 163.

Fällen *Axel Springer/ProSiebenSat.1*[740] und *Amazonas*[741]. Im ersten Fall wurde angenommen, dass die Bild-Zeitung ein Randsubstitut zur Fernsehwerbung sei. Im Fall *Amazonas* wurde ein Randwettbewerb zwischen der Fernsehwerbung und der In-Stream-Video-Werbung bei online abrufbaren Videos gesehen.

Wettbewerbsbeeinträchtigende Folgen können auch daraus resultieren, dass ein Unternehmen einen potentiellen Wettbewerber erwirbt. Bei der Prüfung des negativen Ausmaßes für den Wettbewerb durch einen solchen Erwerb kann die vor dem Erwerb bestehende Wahrscheinlichkeit eines Markteintritts des zu erwerbenden potentiellen Wettbewerbers, dessen bisherige Wettbewerbsstrategie, sowie das Vorhandensein weiterer potentieller Wettbewerber herangezogen werden.[742]

(2) Wettbewerbsbeschränkung durch Kopplung oder Bündelung

Schließen sich Unternehmen zusammen, deren Produkte in einer komplementären Beziehung zu einander stehen, kann dies das Unternehmen zu Kopplung und Bündelung[743] dieser Produkte veranlassen. Bei beiden Formen werden die Produkte derart miteinander verknüpft, dass entweder nur der Erwerb des Pakets möglich ist oder, dass der Paketerwerb gegenüber dem Einzelerwerb der Produkte für die Abnehmer und Kunden wirtschaftlich sinnvoller ist. Hierdurch kann eine bestehende Marktmacht von dem einen Produktmarkt auf den anderen Produktmarkt übertragen und so der Markt abgeschottet werden.[744]

---

740 BKartA, Beschluss v. 19.01.2006, Az. B6 – 103/05 (*Axel Springer/ProSiebenSat.1*). Zur Entscheidung siehe auch unten unter C. I.

741 BKartA, Beschluss v. 17.03.2011, Az.: B6-94/10 (*Amazonas*). Zur Entscheidung siehe auch unten unter C. II.

742 *BKartA*, Leitfaden zur Marktbeherrschung in der Fusionskontrolle vom 29.03.2012, Rdnr. 164. BGH, Beschluss v. 21.12.2014, Az. KVR 26/03 (*Deutsche Post/trans-o-flex*), Rdnrn. 23ff.

743 Eine Kopplung liegt vor, wenn zwei Produkte (z.B. ein Drucker und die dazugehörigen Originaldruckerpatronen), die in einem variablen (Mengen-)Verhältnis zueinander stehen, nur zusammen erworben bzw. genutzt werden können. Von einer Bündelung spricht man, wenn die Produkte in einem fixen (Mengen-)Verhältnis zueinander stehen. BKartA, Leitfaden zur Marktbeherrschung in der Fusionskontrolle vom 29.03.2012, S. 67 Fn. 236.

744 *BKartA*, Leitfaden zur Marktbeherrschung in der Fusionskontrolle vom 29.03.2012, Rdnr. 165ff; *Kallfaß*, in: Langen/Bunte, Kartellrecht, Bd. 1, § 36 Rdnr. 111; BKartA, Beschluss v. 21.12.2012, Az. B3-113/12 („*Becton Dickinson/Safety Syringes*"), Rdnr. 129ff.

(3) Portfolioeffekte

Bei der Ermittlung eines Portfolioeffekts stehen die Produkte weder in einer Komplementaritäts- oder Substitutionsbeziehung zueinander, noch sind die Zusammenschlussbeteiligten potentielle Wettbewerber.[745] Ein Portfolioeffekt kann entstehen, wenn durch den Erwerb eines Unternehmens, die Produktpalette des Erwerbers erweitert wird und die Kunden diese vergrößerte Auswahl verschiedener Produkte nachfragen. Das kann zum Beispiel der Fall sein, wenn ein Lieferant möglichst viele Produkte, die zur Herstellung eines anderen Produkts benötigt werden, anbieten kann.[746] Das Unternehmen wird dadurch in die Lage versetzt ein Angebot aus einer Hand anzubieten. Dies kann dann zu einem Problem für den Wettbewerb werden, wenn es für die Nachfrager der einzelnen Produkte attraktiver ist, alles bei einem Unternehmen zu beschaffen (*one-stop shopping*), statt einzeln.[747]

Ein solcher Portfolioeffekt kann bei diversifizierten Medienunternehmen entstehen, wenn, das Medienunternehmen Werbung nicht nur in einem Medienteilbereich (z.B. Zeitung) anbieten kann, sondern durch den Zusammenschluss in die Lage versetzt wird, eine Werbeplattform für mehrere Medienteilbereich (z.B. Zeitung und Fernsehen) anzubieten. Das Bundeskartellamt klassifiziert einen solchen Effekt hingegen nicht als Portfolioeffekt, sondern als cross-medialen Effekt.[748]

(4) Stärkung von Ressourcen, insbesondere Finanzkraftzuwachs

Ein Zuwachs von Ressourcen kann zu einer Verschlechterung der Wettbewerbsstruktur führen.[749] Insbesondere der Zuwachs an Finanzkraft hat hier Bedeutung, da durch eine starke Finanzkraft zum einen eine Abschreckungswirkung gegenüber aktuellen und potentiellen Wettbewerbern ausgehen kann, zum anderen kann eine starke Finanzkraft dafür eingesetzt werden, Wettbewerber aus

745 *BKartA*, Leitfaden zur Marktbeherrschung in der Fusionskontrolle vom 29.03.2012, Rdnr. 176.

746 *BKartA*, Leitfaden zur Marktbeherrschung in der Fusionskontrolle vom 29.03.2012, Rdnr. 176.

747 *Kallfaß*, in: Langen/Bunte, Kartellrecht, Bd. 1, § 36 Rdnr. 114; *BKartA*, Leitfaden zur Marktbeherrschung in der Fusionskontrolle vom 29.03.2012, Rdnr. 176. BKartA, Beschluss v. 29.05.2002, Az. B4-171/01 (*Getinge/Heareus*), S. 37ff.

748 Zu den cross-medialen Effekten unten unter B. II. 1. b. bb.

749 *Kallfaß*, in: Langen/Bunte, Kartellrecht, Bd. 1, § 36 Rdnr. 115.

dem Markt zu verdrängen (Verdrängungswirkung).[750] Die starke Finanzkraft eines Unternehmens allein löst noch keine Abschreckungs- oder Verdrängungswirkung aus. Notwendig ist, dass die Wahrscheinlichkeit besteht, dass ein solcher Effekt eintritt. Hierbei ist auf die Sicht der aktuellen und potentiellen Wettbewerber abzustellen, ob sie aufgrund der Finanzkraft des Konglomerats von Wettbewerbsvorstößen Abstand nehmen (Entmutigungseffekt). Dabei sind die finanziellen Ressourcen sowie die Marktanteile der Wettbewerber, der Zugang zum Absatzmarkt und die Marktzutrittsschranken zu berücksichtigen.[751]

Im Pressebereich wurde aus diesen Erwägungen ein Zusammenschluss der überregional vertriebenen Süddeutschen Zeitung (SZ) und dem regional vertriebenen Donau-Kurier (DK) untersagt.[752]

(5) Verbesserte Verhaltenskoordination

Ein konglomerater Zusammenschluss kann eine gemeinsame Marktbeherrschung oder die Verstärkung einer schon bestehenden gemeinsamen starken Marktstellung nach sich ziehen, wenn die Tätigkeitbereiche und Unternehmensstrukturen der Oligopolisten symmetrischer werden. Wenn sich die Oligopolisten eines Marktes aufgrund der Veränderung der Unternehmensstruktur eines Oligopolmitglieds auf einem oder mehreren anderen Märkten als Wettbewerber begegnen, kann auf diese Weise das Verhalten der Oligopolisten koordiniert werden. Es kann zu einem wettbewerbsbeeinträchtigenden Parallelverhalten kommen. Ein solcher Effekt ist auch anzunehmen, wenn der konglomerate Zusammenschluss dazu führt, dass die Oligopolmitglieder auf einem anderen Markt miteinander in einem Gemeinschaftsunternehmen verflochten werden.[753]

---

750 *BKartA*, Leitfaden zur Marktbeherrschung in der Fusionskontrolle vom 29.03.2012, Rdnr. 177 mit Verweis auf die Rdnrn. 54ff.

751 *Kallfaß*, in: Langen/Bunte, Kartellrecht, Bd. 1, § 36 Rdnr. 115; *BKartA*, Leitfaden zur Marktbeherrschung in der Fusionskontrolle vom 29.03.2012, Rdnr. 54f.; BGH, Beschluss v. 21.02.1978, Az. KVR 4/77 (*KFZ-Kupplungen*), Rdnr. 67f.

752 BGH, Beschluss v. 27.05.1986 (*SZ/Donau-Kurier*), Az. KVR 7/84, Rdnr. 57. Es handelte sich dabei um einen konglomeraten Zusammenschluss, weil die SZ als überregionale Abonnementenzeitung mit Hauptverbreitungsgebiet im Wirtschaftsraum München (Stadt München, Landkreis München und sieben umliegende Landkreise) und der Donau Kurier als regionale Abonnementenzeitung mit Kernverbreitungsgebiet in Ingolstadt und umliegenden Landkreisen zu verschiedenen räumlichen Märkten gehören.

753 *BKartA*, Leitfaden zur Marktbeherrschung in der Fusionskontrolle vom 29.03.2012, Rdnr. 179.

Diese beiden Konstellationen traten im Fall *Axel Springer/ProSiebenSat.1* auf. Durch den Zusammenschluss hätten sich die geschäftlichen Betätigungsfelder von *Axel Springer/ProSiebenSat.1* an die von Bertelsmann angeglichen. Außerdem hätten beide Unternehmen gemeinsam das Tiefdruckunternehmen Prinovis kontrolliert.[754]

(6) Markttransparenz

Eine symmetrische Angleichung der Tätigkeitsfelder und Unternehmensstruktur kann auch zu mehr Markttransparenz führen. Hierdurch kann abweichendes Koordinationsverhalten leichter entdeckt und durch Wettbewerbshandlungen auf einem anderen Markt sanktioniert werden. Folge einer solchen symmetrischen Angleichung ist, dass der Wettbewerb zwischen den Oligopolisten stark beeinträchtigt wird. Diese Folge kann bis zur Wettbewerbslosigkeit führen, wenn die Oligopolisten über ungefähr gleichhohe Markanteile, vergleichbare Ressourcen und ähnlichen Zugang zu den Absatz- und Beschaffungsmärkten verfügen.[755]

bb. Medienspezifische Kriterien zur Bewertung konglomerater Zusammenschlüsse: Cross-mediale Effekte

In der Verwaltungspraxis des Bundeskartellamtes spielten bis zur Entscheidung in der Sache *Axel Springer/ProSiebenSat.1* Effekte, die spezifisch nur im Medienbereich auftauchen bei der Zusammenschlusskontrolle keine Rolle. Konglomerate Zusammenschlüsse unter Beteiligung von Unternehmen der Medienbranche wurden anhand der vorgenannten allgemeinen Bewertungskriterien beurteilt. In der eben genannten Entscheidung wurden die sogenannten cross-mediale Effekte erstmals[756] kartellrechtlich berücksichtigt und damit als Bewertungskriterien für die Handhabung cross-medialer Verflechtungen im Medienbereich in das kartellrechtlichen Zusammenschlussverfahren aufgenommen. Im Konkreten geht es bei den cross-medialen Effekten um die Cross-Promotion und die cross-medialen Werbekampagnen.[757]

---

754 Ausführlicher hierzu unten unter C. I. 1.

755 *BKartA*, Leitfaden zur Marktbeherrschung in der Fusionskontrolle vom 29.03.2012, Rdnr. 180; BKartA, Beschluss v. 19.01.2006, Az. B6-103/05 (*Axel Springer/ProSiebenSat.1*), S. 38.

756 *Steger*, WuW 2010, 282 (287); *Gounalakis/Zagouras*, NJW 2006, 1624; *Braun*, 23. Abschnitt: GWB, in: Paschke (Hrsg.), Hmb.-Kommentar Gesamtes Medienrecht, Rdnr. 81.

757 Die Unterteilung in Cross-Promotion (cross-mediale Werbung zugunsten von Konzernprodukten und publizistische Cross-Promotion) und cross-mediale

(1) Cross-Promotion

Cross-Promotion wird je nach Schwerpunktsetzung unterschiedlich definiert. *Platho* versteht unter Cross-Promotion „die Ausstrahlung von Hinweisen zugunsten eines anderen als des ausstrahlenden Programms, und zwar sowohl den generellen Hinweis auf dessen Existenz und Programminhalt wie auch den konkreten Programmhinweis unter Verwendung von Programmtrailern“[758]. Hiervon nicht erfasst sein sollen laut *Platho* Hinweise wie „Mehr Fußball gibt's bei den lieben Kollegen von ran“, weil solche Querverweise, innerhalb und außerhalb einer Senderfamilie, Serviceleistungen an den Zuschauer mit überwiegend informationsvermittelnden Gehalt darstellen und daher als Programm einzuordnen seien.[759] *Schaarschmidt* zieht bei seiner Definition die Absatzwirkung durch Werbung in einem anderen Konzernmedium in den Mittelpunkt. Danach bezeichnet der Begriff Cross-Promotion „die Förderung des Absatzes eines konzerneigenen Medienprodukts durch Einsatz der werblichen und publizistischen Kapazitäten eines anderen Konzernmediums“[760]. In dieser Arbeit wird die Definition *Schaarschmidts* zugrunde gelegt. Die hier verwendete Definition erfasst zwei unterschiedliche Formen der Cross-Promotion. Cross-Promotion kann zum einen im Werbeteil als cross-mediale Werbung für konzerneigene Produkte, zum anderen im redaktionellen und damit im publizistischen Teil erfolgen.

(a) Cross-mediale Werbung für Konzernprodukte

Eine Variante der Cross-Promotion ist die cross-mediale Werbung für konzerneigene Produkte. Wechselseitig wird für die zum Konzern gehörenden Unternehmen und ihre Produkte geworben. Diese Form von Cross-Promotion bringt eine Reihe von Vorteilen mit sich.[761] Der Zugang zu und die Bereitstellung von

---

Werbekampagnen orientiert sich an der Entscheidung des Bundeskartellamtes in der Sache *Axel Springer/ProSiebenSat.1*. Vereinzelt sind in der Literatur die Einordnungen anders getroffen und benannt. *Knobloch*, M&K 2003, 38 (39f.) unterscheidet bspw. zwischen redaktionelle Verweise (i. e. publizistische Cross-Promotion), Cross-Promotion (i. e. cross-mediale Werbung für Konzernprodukte) und Mediawerbung/Fremdwerbung (i. e. cross-mediale Werbekampagnen).

758 *Platho*, MMR 2003, 21 (22).

759 *Platho*, MMR 2003, 21 (22 Fn 7).

760 *Schaarschmidt*, Cross-Promotion durch Medienkonglomerate, S. 2, siehe zur Herleitung dieser Definition *ebenda*, S. 49ff.

761 Siehe auch zusammenfassend *Schaarschmidt*, Cross-Promotion durch Medienkonglomerate, S. 219f.; *Rodenhausen*, Die Kontrolle von Medienkonglomeraten mittels des GWB, S. 38f.

Werbekapazitäten gestaltet sich innerhalb eines Medienkonzerns leichter.[762] Für konzernzugehörige Unternehmen gelten in der Regel günstigere als die marktüblichen Konditionen. So werden Preisnachlässe gewährt oder die Bereitstellung von Werbekapazitäten erfolgt als Tausch gegen Medialeistungen.[763] Durch den Einsatz von voneinander abgestimmten medienübergreifenden Werbemaßnahmen („Media-Mix") werden Multiplikator- und Synergieeffekte erwartet, die die Wirkung von Werbung in nur einzelnen ausgewählten Medien übersteigt. Durch Einsatz der kommunikationsspezifischen Wirkungen von Werbung und der medienübergreifenden Präsenz besteht eine erhöhte Werbeerinnerung, wodurch Kaufanreize zunehmen sollen.[764] Außerdem kann auf diese Weise die Zielgruppe erweitert werden, indem neue Empfänger angesprochen und auf das konzerneigene Produkt gelenkt werden.[765] Die Bewerbung einer Zeitung im Fernsehen kann zum Beispiel den Zuschauer dazu verleiten beim nächsten Kioskbesuch eben diese Zeitung zu kaufen.[766] Von Interesse ist bei der Cross-Promotion auch, dass durch die Bewerbung eines konzerneigenen Produkts in einem Medium, das bei den Konsumenten ein hohes Ansehen hat, ein Image- und Markentransfer erreicht werden kann.[767] Ein weiterer Aspekt der werblichen Cross-Promotion wird in der Möglichkeit zur Diskriminierung von Konkurrenzprodukten gesehen. Die Bewerbung von Konkurrenzprodukten kann ausgeschlossen oder Werbekapazitäten für konkurrierende Dritte können reduziert werden. Die Werbebelegung kann hierbei bewusst suboptimal angelegt werden.[768] Auch können für Konkurrenzprodukte höhere Werbepreise gelten. Mit dieser Diskriminierung soll den Konkurrenzunternehmen der Zugang zu Werbeplattformen erschwert werden, was sich wiederum marktstärkend auf das eigene Unternehmen auswirken kann.[769] Bei der Diskriminierung ist aber zu beachten, dass das Medienkonglomerat auf Werbeeinnahmen auch von Konkurrenzunternehmen angewiesen

---

762 Siehe dazu *Schaarschmidt*, Cross-Promotion durch Medienkonglomerate, S. 57f.

763 *Schaarschmidt*, Cross-Promotion durch Medienkonglomerate, S. 57; *Rodenhausen*, Die Kontrolle von Medienkonglomeraten mittels des GWB, S. 39.

764 *Schaarschmidt*, Cross-Promotion durch Medienkonglomerate, S. 58; *Rodenhausen*, Die Kontrolle von Medienkonglomeraten mittels des GWB, S. 39.

765 *Schaarschmidt*, Cross-Promotion durch Medienkonglomerate, S. 59; *Rodenhausen*, Die Kontrolle von Medienkonglomeraten mittels des GWB, S. 39.

766 Das Beispiel gibt die Konstellation aus dem *Axel Springer/ProSiebenSat.1*-Verfahren wieder. Siehe für weitere Beispiele *Schaarschmidt*, Cross-Promotion durch Medienkonglomerate, S. 59.

767 *Schaarschmidt*, Cross-Promotion durch Medienkonglomerate, S. 58f.

768 *Rodenhausen*, Die Kontrolle von Medienkonglomeraten mittels des GWB, S. 39.

769 *Schaarschmidt*, Cross-Promotion durch Medienkonglomerate, S. 58.

ist, weil Werbeeinnahmen zu marktüblichen Preisen zu den Hauptsäulen der Finanzierung gehören.[770]. Der vollständige Ausschluss von Werbung für Konkurrenzunternehmen wird deshalb langfristig keine ökonomischen Vorteile bieten. Des Weiteren ist in diesem Zusammenhang zu bedenken, dass Werbekapazität eine begrenzte Ressource ist. Beim Fernsehen sind die Werbezeiten gesetzlich geschränkt (§ 45 I RStV). Bei Presseprodukten gibt es keine gesetzliche Vorgabe. Allerdings nimmt die Attraktivität des Produkts für den Kunden ab je höher der Werbeteil ist. Die Belegung der Werbung für konzerneigene Produkte reduziert daher die Werbekapazitäten für Werbung von Dritten. Dadurch verringern sich wiederum die Werbeeinnahmen. Mit Blick auf die Konkurrenten, die über kein Potential zur Cross-Promotion verfügen, kann die werbliche Cross-Promotion einen Abschreckungseffekt haben und zur Erhöhung der Marktzutrittsbarrieren führen.[771]

(b) Publizistische Cross-Promotion

Die zweite Variante ist die publizistische Cross-Promotion.[772] Dabei erfolgt die Werbung nicht in den Anzeigeteilen und Werbeblöcken des Medienprodukts, sondern in den redaktionell gestalteten Teilen. Die publizistische Cross-Promotion versetzt das Medienunternehmen in die Lage Produkte tendenziell, das bedeutet im Sinne einer einseitigen Wertung, zu behandeln.[773] In den Beiträgen können konzerneigene Produkte positiv, Konkurrenzprodukte entweder verschwiegen oder im Rahmen des journalistisch erlaubten[774] negativ dargestellt werden.[775] Vor dem Hintergrund, dass die klassischen Medien Agenda Setter[776] sind, kommt dieser Werbeform große Bedeutung zu. Bei klassischer, kennzeichnungspflichtiger[777] Werbung ist dem Konsumenten bewusst, dass die Werbung interessengeleitet ist und der Absatzförderung dient. Demgegenüber kann sich

---

770 *Schaarschmidt*, Cross-Promotion durch Medienkonglomerate, S. 64.

771 *Schaarschmidt*, Cross-Promotion durch Medienkonglomerate, S. 65; *Rodenhausen*, Die Kontrolle von Medienkonglomeraten mittels des GWB, S. 40f.

772 Siehe auch *Schaarschmidt*, Cross-Promotion durch Medienkonglomerate, S. 220.

773 *Schaarschmidt*, Cross-Promotion durch Medienkonglomerate, S. 59; *Rodenhausen*, Die Kontrolle von Medienkonglomeraten mittels des GWB, S. 40.

774 *Beater*, Medienrecht, § 9 Rdnr. 741.

775 *Schaarschmidt*, Cross-Promotion durch Medienkonglomerate, S. 60.

776 Siehe dazu oben unten Kapitel 2. A. II.

777 Für den Rundfunk ist die Kennzeichnungspflicht in § 7 III 1 RStV normiert. Die Landespressegesetze enthalten ebenfalls Kennzeichnungspflichten, siehe z. B. § 10 HmbPresseG.

die publizistische Werbung den Umstand zu Nutze machen, dass den redaktionell gestalteten Beiträgen Vertrauen auf inhaltliche Richtigkeit entgegengebracht wird. Bei einem durch einen Journalisten redaktionell bearbeiteten Beitrag wird von dessen Objektivität ausgegangen.[778]

Mit der publizistischen Cross-Promotion kann auch die Übertragung eines positiven Images von einem bei den Rezipienten geschätzten Medienangebots auf ein anderes Medienprodukt verfolgt werden.[779] Die Ausnutzung des Images und des Vertrauens des Konsumenten kann negative Folgen haben. Wird zu extensiv und offensichtlich zum Zwecke der Absatzförderung in den redaktionellen Inhalten für ein konzerneigenes Produkt geworben, kann damit ein Glaubwürdigkeitsverlust einhergehen. Die Folge kann ein Zuschauer- bzw. Auflagenrückgang sein, was mit Umsatzeinbußen verbunden ist und eine negative Werbespot- bzw. Anzeigen-Auflagen-Spirale[780] in Gang setzen kann.[781]

(2) Cross-mediale Werbekampagnen

Ein Medienkonzern, der auf unterschiedlichen Medienmärkten aktiv ist, bietet für Werbepartner, Vermarkter und Media-Agenturen eine breite Werbeplattform. Diese eröffnet die Möglichkeit zu cross-medialen Werbekampagnen.[782] Dabei werden nicht konzerneigene Medienprodukte beworben, sondern konzernfremde Produkte jeglicher Handelssparten mit Bedarf zur Werbung.[783] Die Bewerbung von Produkten in unterschiedlichen Mediengattungen bietet diverse Vorteile. Eine cross-medial angelegte Werbekampagne hat eine große Empfängerreichweite und führt zu einem „Multiplying-Effekt."[784] Dieser ist beispielsweise bei der Einführung eines neuen Produkts notwendig, um es bekannt zu machen. Im Gegensatz zur Einzelbuchung von Werbung in verschiedenen Mediengattungen erfolgen cross-mediale Werbekampagnen individuell auf den

778 *Schaarschmidt*, Cross-Promotion durch Medienkonglomerate, S. 59; *Rodenhausen*, Die Kontrolle von Medienkonglomeraten mittels des GWB, S. 40.

779 *Rodenhausen*, Die Kontrolle von Medienkonglomeraten mittels des GWB, S. 40.

780 Siehe zur Funktionsweise der Werbe-/Anzeigen-Auflagen-Spirale oben unter A. II.

781 *Schaarschmidt*, Cross-Promotion durch Medienkonglomerate, S. 64f.

782 Siehe hierzu auch *Schaarschmidt*, Cross-Promotion durch Medienkonglomerate, S. 58.

783 *Braun*, 23. Abschnitt: GWB, in: Paschke (Hrsg.), Hmb.-Kommentar Gesamtes Medienrecht, Rdnr. 87.

784 *Braun*, 23. Abschnitt: GWB, in: Paschke (Hrsg.), Hmb.-Kommentar Gesamtes Medienrecht, Rdnr. 87; *Rodenhausen*, Die Kontrolle von Medienkonglomeraten mittels des GWB, S. 37f.

Werbepartner zugeschnitten aus einer Hand und werden inhaltlich und medial aufeinander abgestimmt.[785] Dies schafft eine konsonante und homogenisierte Präsentation nach außen. Die zentrale Bündelung der Vermarktung führt zu einer erheblichen Senkung von Arbeits- und Zeitaufwand sowie anderen Kosten.[786] Die Konzeptionierung, Gestaltung und Werbeausrichtung muss nicht zwischen mehreren Beteiligten abgestimmt werden. Auch können erhebliche Rabatte und Kombinationstarife gewährt werden.[787] Haben lange Zeit die Media-Agenturen beinahe eine Alleinstellung bei der Werbeplanung und Vermittlung zwischen Werbung treibender Wirtschaft und Medien eingenommen, unterhalten diversifizierte Medienunternehmen immer öfters eigene Vermarktungstochterfirmen. Das bewirkt nicht nur weitere Kostensenkungen sondern macht den Werbeprozess auch schneller und effizienter.[788]

2. SIEC-Test als Generalklausel

Der mit der 8. GWB-Novelle eingeführte SIEC-Test, mit dem untersucht wird, ob ein Zusammenschluss den Wettbewerb erheblich behindern würde, knüpft nicht wie der Marktbeherrschungstest an die Marktstruktur, d. h. insbesondere an die Marktmacht des marktführenden Unternehmens, an, sondern untersucht die Auswirkung auf den Wettbewerb, d. h. auf das Wettbewerbsverhalten der Marktteilnehmer. Im Mittelpunkt steht dabei die Beurteilung der verbleibenden Wettbewerbsintensität.[789] Die oben dargelegten cross-medialen Effekte wurden bisher vom Bundeskartellamt anhand des Marktbeherrschungstests geprüft. In Zukunft könnten diese Effekte im Rahmen des SIEC-Tests analysiert werden. Dies dürfte nicht nur für den Fall eine Option sein, wenn durch den Zusammenschluss keine marktbeherrschende Stellung erreicht oder eine bestehende verstärkt wird und damit das Regelbeispiel Marktbeherrschungstest nicht greift. Insgesamt fügt sich die Analyse cross-medialer Effekte besser in das Instrument des SIEC-Tests als in den des Marktbeherrschungstests ein. Bei cross-medialen Effekten geht es in erster Linie nicht um eine Marktstrukturanalyse, sondern um

---

785 *Krug*, Crossmedia, GENIOS WirtschaftsWissen.

786 *Krug*, Crossmedia, GENIOS WirtschaftsWissen; *Rodenhausen*, Die Kontrolle von Medienkonglomeraten mittels des GWB, S. 37.

787 *Schaarschmidt*, Cross-Promotion durch Medienkonglomerate, S. 58; *Rodenhausen*, Die Kontrolle von Medienkonglomeraten mittels des GWB, S. 37.

788 *Häuser*, W&V 2002, 52.

789 *BKartA*, Marktbeherrschungs- und SIEC-Test, S. 6; *Thomas*, in: Immenga/Mestmäcker, Wettbewerbsrecht, § 36 Rdnr. 17.

das zukünftige Verhalten der Zusammenschlussbeteiligten und die Wirkungen auf das Wettbewerbsverhalten der Marktteilnehmer.[790]

Bei Anwendung des SIEC-Tests auf cross-mediale Effekte stellt sich die Frage, welche Beweisanforderung an das Bundeskartellamt zu stellen ist. Im Rahmen des Marktbeherrschungstests legt das Bundeskartellamt[791], durch die Rechtsprechung bestätigt[792], einen Maßstab von „einiger Wahrscheinlichkeit" an. Es wird ermittelt, ob den beteiligten Unternehmen durch das Zusammenschlussvorhaben „zwar nicht zwingend, aber doch mit einiger Wahrscheinlichkeit eine günstigere Wettbewerbssituation" verschafft wird. Es genügt, „wenn die Gefahr entsteht oder erhöht wird, dass potentielle Wettbewerber entmutigt und so von einem nachstoßendem Wettbewerb abgehalten werden".[793] Maßstab für den Nachweis ist damit eine Gefährdungslage. Die Europäische Kommission fordert bei der Analyse der Wettbewerbsauswirkungen eines Zusammenschlussvorhabens im Rahmen des SIEC-Tests einen umfassenden und hinreichenden Nachweis. Dieser wird durch eine genaue, durch eindeutige Beweise (*convincing evidence*) untermauerte Prüfung der Umstände, die die wettbewerbswidrigen Wirkungen zur Folge haben, geführt.[794] Es geht also nicht nur um den Nachweis einer konkreten Gefährdungslage. Der SIEC-Test stellt damit höhere Nachweisanforderungen. 2009 ging das Bundeskartellamt davon aus, dass bei einer Übernahme des SIEC-Tests in die deutsche Zusammenschlusskontrolle wohl auch dieser Beweismaßstab übernommen würde.[795] Dies leuchtet ein, denn damals wurden nur grundsätzliche Überlegungen zur Übernahme angestellt. Es wurde davon ausgegangen, dass der europäische Test unverändert übernommen werden würde. Dies ist mit der 8. GWB-Novelle indes nicht geschehen. Übernommen wurde der Untersagungstatbestand des Art. 2 III FKVO. Der positiv

---

790 So auch *Esser*, NKart 2013, 135 (142).

791 BKartA, Beschluss v. 22.02.2013, Az. B7-70/12 (*Kabel Deutschland/Tele Columbus*), Rdnr. 175 m.w.N. Siehe dazu auch die Ausführungen des BKartA im Leitfaden zur Marktbeherrschung in der Fusionskontrolle vom 29.03.2012 zu den möglichen Wettbewerbsbeeinträchtigungen.

792 BGH, Beschluss v. 8.06.2010, Az. KVR 4/09 (*Axel Springer/ProSiebenSat.1*), Rdnr. 44 m.w.N.; BGH, Beschluss v. 19.06.2012, Az. KVR 15/11 (*Haller Tagblatt*), Rdnr. 20, OLG Düsseldorf, Beschluss v. 08.08.2016, Az. VI-Kart 4/11 (V) (*Amazonas*), II. B. 3.

793 BGH, Beschluss v. 8.06.2010, Az. KVR 4/09 (*Axel Springer/ProSiebenSat.1*), Rdnr. 44 m.w.N.; BGH, Beschluss v. 19.06.2012, Az. KVR 15/11 (*Haller Tagblatt*), Rdnr. 20, OLG Düsseldorf, Beschluss v. 08.08.2016, Az. VI-Kart 4/11 (V) (*Amazonas*), II. B. 3.

794 EuGH, Urteil v. 15.02.2005, Rs. C-12/03 P (*Tetra Laval*), Rdnr. 41.

795 BKartA, Marktbeherrschungs- und SIEC-Test, S. 11; so auch *Esser*, NKartZ 2013, 135 (142).

formulierte Freigabetatbestand des Art. 2 II FKVO fand nicht den Weg ins GWB. Der höhere Nachweis in der europäischen Zusammenschlusskontrolle hinsichtlich der Auswirkungen des konkreten Vorhabens auf die Wettbewerbssituation folgt gerade aus dieser Freigabe-/Untersagungskombination. Die Europäische Kommission muss gleichsam die Voraussetzungen dieser beiden Tatbestände prüfen und beweisen.[796] Obwohl der Gesetzgeber in seiner Gesetzesbegründung zur 8. GWB-Novelle sprachlich nicht zwischen Rechts*angleichung* und *Übernahme* des SIEC-Tests differenziert[797], ist nur eine Angleichung des deutschen Rechts der Zusammenschlusskontrolle an das europäische Recht intendiert. Das zeigt die eben schon erwähnte fehlende Übernahme des Art. 2 II FKVO. Diese Angleichung sollte nur bewirken, dass das Kriterium der erheblichen Behinderung des wirksamen Wettbewerbs in das GWB aufgenommen wird. Auch behält die deutsche Zusammenschlusskontrolle gegenüber der Zusammenschlusskontrolle nach der FKVO ihren eigenen Regelungsgehalt, indem für die Bestimmung einer marktbeherrschenden Stellung auf die Voraussetzungen des § 18 GWB zurückgegriffen wird. Die Entscheidungspraxis der Europäischen Kommission und des Europäischen Gerichtshofs ist zudem für die deutsche Praxis und Rechtsprechung nicht verbindlich. Zwar greifen das Bundeskartellamt und die Rechtsprechung bei ihren Entscheidungen auch auf die Bekanntmachungen und Leitlinien der Europäischen Kommission und die europäische Entscheidungspraxis zurück. Diese haben aber nur einen Leitbildcharakter. Das Bundeskartellamt und die Rechtsprechung sind an einer Abweichung hiervon nicht gehindert.[798] Das Bundeskartellamt setzt sich somit nicht in Widerspruch zum europäischen Recht, wenn es bei der Prüfung der erheblichen Behinderung des Wettbewerbs den gleichen Wahrscheinlichkeitsmaßstab anlegt wie beim Marktbeherrschungstest.[799]

---

796 EuGH, Urteil v. 15.02.2005, Rs. C-12/03 P (*Tetra Laval*), Rdnrn. 41–44; EuGH, Urteil v. 10.07.2008, Rs. C-413/06 P (*Impala*), Rdnrn. 45–52; *Kallfaß*, in: Langen/Bunte, Kartellrecht, Bd. 1, § 36 Rdnrn. 34, 41a.E.

797 Begründung Bundestag zum Gesetzesentwurf BReg, Entwurf eines Achten Gesetzes zur Änderung des Gesetzes gegen Wettbewerbsbeschränkungen (8. GWB-ÄndG) vom 31.05.2012, BT-Drs. 17/9852, S. 28.

798 *Kallfaß*, in: Langen/Bunte, Kartellrecht, Bd. 1, § 36 Rdnr. 33 m.w.N.; Begründung Bundestag zum Gesetzesentwurf BReg, Entwurf eines Achten Gesetzes zur Änderung des Gesetzes gegen Wettbewerbsbeschränkungen (8. GWB-ÄndG) vom 31.05.2012, BT-Drs. 17/9852, S. 28.

799 In BKartA, Beschluss v. 11.06.2015, Az. B6-22/15 (*Media-Impact*), Rdnr. 107, 177 hat das BKartA diesen Wahrscheinlichkeitsmaßstab im Rahmen der Prüfung des SIEC-Test angewendet.

C. Verwaltungspraxis des Bundeskartellamtes

Konglomerate Zusammenschlüsse unter Beteiligung eines privaten Rundfunkveranstalters müssen einerseits medienrechtlich von der KEK, andererseits vom Bundeskartellamt fusionsrechtlich genehmigt werden. Im Folgenden wird die Verwaltungspraxis des Bundeskartellamtes hinsichtlich solcher konglomerater Zusammenschlüsse beleuchtet. Insbesondere wird untersucht, welche Prüfungsrelevanz die in der Entscheidung *Axel Springer/ProSiebenSat.1* entwickelten cross-medialen Effekte seitdem in der Zusammenschlusskontrolle haben.

I. Axel Springer AG/ProSiebenSat.1 Media AG

Im August 2005 meldete die Axel Springer AG die Übernahme der ProSiebenSat.1 Media AG an, indem sie sämtliche Stamm- und Vorzugsaktien an der ProSiebenSat.1 Media AG erwerben wollte.[800] Zum Zeitpunkt der geplanten Übernahme war die Axel Springer AG ein diversifiziertes national und international handelndes Medienunternehmen, dessen Kernkompetenzen in den Bereichen Zeitungen, Zeitschriften, Druckererzeugnisse und neue Medien lagen.[801] Der Geschäftsschwerpunkt der ProSiebenSat.1 Media AG[802] lag und liegt auch heute noch im bundesweit verbreiteten werbefinanzierten Fernsehen. Zur Senderfamilie gehörten 2005 Sat.1, ProSieben, Kabel 1, N24 und

---

800 BKartA, Beschluss v. 19.01.2006, Az. B6 – 103/05 (*Axel Springer/ProSiebenSat.1*), S. 4.

801 Siehe zur gesellschaftsrechtlichen Zusammensetzung und den Beteiligungsverhältnissen bei der Axel Springer AG, BKartA, Beschluss v. 19.01.2006, Az. B6 – 103/05 (*Axel Springer/ProSiebenSat.1*), S. 5ff. 2013/2014 verkaufte die Axel Springer SE in zwei Transaktionen sein Programm- und Frauenzeitschriftensegment sowie einige Zeitungen an die Funke Mediengruppe, BKartA, Beschluss v. 25.04.2014 (*Funke/Springer-Programmzeitschriften*), Az. B6-98/13; BKartA, Fallbericht v. 22.07.2014 zur Entscheidung v. 03.12.2013 (*Funke/Springer-Frauenzeitschriften*), Az. B6-97/13 (der Beschluss wurde nicht veröffentlicht). Der Springer Verlag verfolgt die Strategie der führende digitale Verlag zu werden, siehe dazu das Unternehmensportrait auf http://www.axelspringer.de/artikel/Unternehmensportraet_40170.html (zuletzt geprüft am 28.12.2015).

802 Siehe zur gesellschaftsrechtlichen Zusammensetzung und den Beteiligungsverhältnissen der ProSiebenSat.1 Media AG, BKartA, Beschluss v. 19.01.2006, Az. B6 – 103/05 (*Axel Springer/ProSiebenSat.1*), S. 10f.

Neun Live.[803,804] Das Bundeskartellamt untersagte die Übernahme, weil sie „aufgrund marktübergreifender Effekte zu einer Verstärkung einer kollektiven Marktbeherrschung auf dem Fernsehwerbemarkt […] sowie zur Verstärkung der marktbeherrschenden Stellung von [Axel Springer] auf dem bundesweiten Lesermarkt für Straßenverkaufszeitungen […] und auf dem bundesweiten Anzeigenmarkt für Tageszeitungen […]"[805] geführt hätte.[806]

Das Bundeskartellamt prüfte das angemeldete Zusammenschlussvorhaben auf seine Vereinbarkeit mit § 36 I GWB a.F. anhand des Marktbeherrschungstests. Es griff dabei auf die oben beschriebenen allgemeinen Kriterien[807] zur Bewertung konglomerater Zusammenschlüsse zurück, stützte die Entscheidung hinsichtlich des bundesweiten Lesermarktes für Straßenverkaufszeitungen und des bundesweiten Anzeigenmarktes für Tageszeitungen aber schwerpunktmäßig auf das Vorliegen cross-medialer Effekte.

1. Fernsehwerbemarkt

Die Übernahme der ProSiebenSat.1 Media AG hätte, so das Bundeskartellamt, dazu geführt, dass sich die zusammen mit der RTL Gruppe, die zu Bertelmann gehört, bestehende kollektive marktbeherrschende Stellung auf dem bundesweiten Fernsehwerbemarkt[808] verstärkt. Die Wettbewerbssituation auf dem Fernsehwerbemarkt gestaltete sich vor dem Zusammenschluss derart, dass die ProSiebenSat.1 Media AG und die RTL Gruppe rund 80% Marktanteil auf sich vereinten und die Oligopolvermutung des § 19 III 2 Nr. 1 GWB a.F.[809] auslösten.

---

803 Der Sender Neun Live wird im Beschluss wegen seiner interaktiven Angebotsform (Teleshopping, Gewinnspiele, Quizshows) als Transaktionsfernsehen bezeichnet und nicht zum Geschäftsbereich werbefinanziertes Fernsehen gezählt, BKartA, Beschluss v. 19.01.2006, Az. B6 – 103/05 (*Axel Springer/ProSiebenSat.1*), S. 13.

804 BKartA, Beschluss v. 19.01.2006, Az. B6 – 103/05 (*Axel Springer/ProSiebenSat.1*), S. 10ff.

805 BKartA, Beschluss v. 19.01.2006, Az. B6 – 103/05 (*Axel Springer/ProSiebenSat.1*), S. 23.

806 BKartA, Beschluss v. 19.01.2006, Az. B6 – 103/05 (*Axel Springer/ProSiebenSat.1*), S. 23.

807 Siehe dazu oben unter B. II. 1. b. aa.

808 Der Fernsehwerbemarkt umfasst die Bereitstellung von Werbezeiten in Fernsehprogrammen an Dritte, BKartA, Beschluss v. 19.01.2006, Az. B6 – 103/05 (*Axel Springer/ProSiebenSat.1*), S. 25.

809 Mit der 8. GWB-Novelle wurde die Oligopolvermutung unverändert in § 18 VI Nr. 1 GWB übernommen.

Darüber hinaus bestand in diesem engen Oligopol weder Binnenwettbewerb[810], noch waren die Duopolisten Außenwettbewerb[811] ausgesetzt.[812] Durch den Zusammenschluss von Axel Springer und ProSiebenSat.1 wäre das Duopol symmetrischer geworden. Beide Unternehmen hätten dann über Fernsehsender und Hörfunkbeteiligungen verfügt und wären im Bereich Zeitungen und Zeitschriften, insbesondere bei den Special-Interest-Zeitschriften, weitgehend parallel aufgestellt gewesen.[813] Diese Symmetrie der Geschäftsfelder hätte neue Vergeltungsfelder für abweichendes Verhalten eröffnet.[814] Hierdurch wären potentielle Wettbewerber abgeschreckt worden, die in den Fernsehwerbemarkt einsteigen wollen, aber schon auf einem anderen Markt mit wenigstens einem Duopolmitglied im Wettbewerb standen.[815] Eine Verstärkung der Stellung des Duopols sah das Bundeskartellamt auch darin, weil mit der Integrierung der Bild-Zeitung bei ProSiebenSat.1 diese als Randsubstitut zur Fernsehwerbung weggefallen wäre. Von der Bild-Zeitung, die bundesweit vertrieben wird und über eine hohe Reichweite verfügt, sei Wettbewerbsdruck bei der Werbepreisgestaltung

810 Der fehlende Binnenwettbewerb drückt sich dadurch aus, dass sich über Jahre hinweg der hohe Marktanteil der Duopolisten stabilisiert und zu einer Struktur des Fernsehwerbemarktes geführt hat, der einen Wettbewerb zwischen ihnen nicht mehr lohnenswert macht. Sie agieren stattdessen in einem stillschweigenden Parallelverhalten. Die Vertriebs- und Kostenstrukturen sind von hoher Transparenz geprägt, was letztlich zu einer Angleichung der Werbepreise, gewährten Rabatte und Preisgestaltung führt. Die Werbepreisentwicklung verläuft bei beiden Unternehmen ähnlich. Die Duopolisten weisen außerdem vergleichbare Unternehmensstrukturen auf. Sie verfügen jeweils über einen eigenen Nachrichtensender, Werbezeitvermarkter und eine Produktionsgesellschaft. Zusammen beherrschen sie die Verwertungsgesellschaft vg media. Einer Nachfragemacht seitens der Werbekunden sind sie ebenfalls nicht ausgesetzt. Hohe Marktzutrittbarrieren bewirken des Weiteren eine Abschottung des Fernsehwerbemarkts. BKartA, Beschluss v. 19.01.2006, Az. B6 – 103/05 (*Axel Springer/ProSiebenSat.1*), S. 31ff.

811 Einen wirksamen Außenwettbewerb kann das BKartA aufgrund des hohen Marktanteils und des überragenden Vorsprungs vor den übrigen Wettbewerbern nicht feststellen, BKartA, Beschluss v. 19.01.2006, Az. B6 – 103/05 (*Axel Springer/ProSiebenSat.1*), S. 36ff.

812 BKartA, Beschluss v. 19.01.2006, Az. B6 – 103/05 (*Axel Springer/ProSiebenSat.1*), S. 29ff.

813 BKartA, Beschluss v. 19.01.2006, Az. B6 – 103/05 (*Axel Springer/ProSiebenSat.1*), S. 38f.

814 BKartA, Beschluss v. 19.01.2006, Az. B6 – 103/05 (*Axel Springer/ProSiebenSat.1*), S. 39.

815 BKartA, Beschluss v. 19.01.2006, Az. B6 – 103/05 (*Axel Springer/ProSiebenSat.1*), S. 39.

bei ProSiebenSat.1 und der RTL Gruppe ausgegangen.[816] Durch den Zusammenschluss wäre es zu einer Erweiterung der Coopetition[817] gekommen. Axel Springer und Bertelsmann hatten an mehreren privaten Hörfunksendern und Presseunternehmen gemeinsame Minderheitsbeteiligungen.[818] Das Tiefdruckunternehmen Prinovis kontrollierten sie gemeinsam.[819] Durch den Zusammenschluss wäre auch ProSiebenSat.1 mit Bertelsmann auf diesen Drittmärkten verflochten worden. Dadurch wäre eine gemeinsame Interessenlage entstanden, die sich wiederum auf das Verhalten auf dem Fernsehwerbemarkt hätte auswirken können. Dies hätte ein wettbewerbsbeschränkendes Parallelverhalten auf dem Fernsehwerbemarkt wahrscheinlich gemacht, um Verflechtungen und Kooperationen auf Drittmärkten, wie insbesondere bei Prinovis, nicht zu gefährden.[820] Schließlich wäre es nach Ansicht des Bundeskartellamtes auch zu einer Angleichung der Finanzressourcen und Ressourcenstärke gekommen[821] und die schon bisher hohen Marktzutrittsbarrieren hätten sich insgesamt verstärkt[822].

2. *Bundesweiter Lesermarkt für Straßenverkaufszeitungen*

Die marktbeherrschende Stellung, die die Axel Springer AG schon vor dem geplanten Zusammenschluss mit der Bild-Zeitung auf dem bundesweiten Lesermarkt für Straßenverkaufszeitungen hatte, wäre nach Meinung des Bundeskartellamtes verstärkt worden, weil das zusammengeschlossene Konglomerat in die Lage versetzt worden wäre, cross-mediale Werbung zugunsten von Konzernprodukten, als auch publizistische Cross-Promotion zu betreiben.

---

816 BKartA, Beschluss v. 19.01.2006, Az. B6 – 103/05 (*Axel Springer/ProSiebenSat.1*), S. 39f.

817 Der Begriff „Coopetition“ ist eine Wortzusammensetzung aus „cooperation“ und „competition“. Hierbei konkurrieren unabhängige Medienunternehmen auf einem Medienmarkt, pflegen aber Kooperationen auf einem anderen. Die Kooperationsbeziehung auf einem Markt kann die Unternehmen davon abhalten, auf dem anderen Markt Wettbewerbshandlungen vorzunehmen, um die Kooperation nicht zu gefährden. *Landesmedienanstalten* (Hrsg.), Auf dem Weg zu einer medienübergreifenden Vielfaltssicherung, S. 19f.; *Sjurts*, Strategien in der Medienbranche, S. 429; *Schaarschmidt*, Cross-Promotion durch Medienkonglomerate, S. 42.

818 BKartA, Beschluss v. 19.01.2006, Az. B6 – 103/05 (*Axel Springer/ProSiebenSat.1*), S. 40.

819 BKartA, Beschluss v. 19.01.2006, Az. B6 – 103/05 (*Axel Springer/ProSiebenSat.1*), S. 40f.

820 BKartA, Beschluss v. 19.01.2006, Az. B6 – 103/05 (*Axel Springer/ProSiebenSat.1*), S. 40f.

821 BKartA, Beschluss v. 19.01.2006, Az. B6 – 103/05 (*Axel Springer/ProSiebenSat.1*), S. 41.

822 BKartA, Beschluss v. 19.01.2006, Az. B6 – 103/05 (*Axel Springer/ProSiebenSat.1*), S. 41.

Das Bundeskartellamt hielt es für denkbar, dass in den Produkten von Axel Springer und den Sendern von ProSiebenSat.1 zukünftig gegenseitig Werbung für die Konzernprodukte gemacht wird. Dabei können den Konzerngesellschaften erhebliche Rabatte gewährt werden. Solche Rabatte für die Bewerbung von Konzernprodukten seien üblich. Die gegenseitige Bewerbung habe eine höhere Präsenz der konzerneigenen Produkte in der Öffentlichkeit zur Folge. Hierdurch können nicht nur bisher unerreichte Kunden angesprochen werden, sondern auch ein Marken- und Imagetransfer erreicht werden.[823] Trotz der schon nahezu voll ausgeschöpften[824] Werbezeiten[825] hält es das Bundeskartellamt für naheliegend diese freien Kapazitäten an konzerneigene Produkte zu vergeben. Schon zum Zeitpunkt der Entscheidung habe Axel Springer für seine Bild-Zeitung in den Sendern von ProSiebenSat.1 geworben. Durch den Zusammenschluss hätten die Aufwendungen für Werbekosten reduziert werden können.[826]

Hohe Bedeutung misst das Bundeskartellamt der publizistischen Cross-Promotion bei. Es hält es für wahrscheinlich, dass in den redaktionell gestalteten Fernsehsendungen für die Bild-Zeitung geworben werden könne. Die Werbewirkung sei dabei höher als die Werbung innerhalb der Werbeblöcke, da redaktionellen Sendungen mehr Vertrauen vom Publikum entgegengebracht werde.[827] Besonderes Augenmerk legt das Bundeskartellamt auf die zukünftige mögliche Ausrichtung der Bild-Marke. Es hält die Einführung einer Boulevard-Fernsehsendung „Bild-TV" ebenso für denkbar, wie die Etablierung der Bild-Zeitung als einzigartige Cross-Media-Plattform im Internet. Seinerzeit bestand eine Kooperation mit T-Online. Eine Sendung „Bild-TV" sei geeignet, die marktbeherrschende Stellung der Bild-Zeitung auf dem Lesermarkt zu verstärken.[828] Auch für den Fall, dass keine Bild-TV-Sendung eingeführt werde, sieht das Bundeskartellamt dennoch die Möglichkeit der Verstärkung der marktbeherrschenden

823 BKartA, Beschluss v. 19.01.2006, Az. B6 – 103/05 (*Axel Springer/ProSiebenSat.1*), S. 51f.

824 Die Anmelderinnen hatten vorgetragen, dass die Werbezeiten nahezu voll ausgeschöpft seien und eine bevorzugte vergünstigte Werbezeitvergabe für Konzernprodukte sich wirtschaftlich nicht lohne. BKartA, Beschluss v. 19.01.2006, Az. B6 – 103/05 (*Axel Springer/ProSiebenSat.1*), S. 52.

825 Gem. § 45 RStV ist die Werbezeit auf 12 Minuten/Stunde beschränkt.

826 BKartA, Beschluss v. 19.01.2006, Az. B6 – 103/05 (*Axel Springer/ProSiebenSat.1*), S. 52f.

827 BKartA, Beschluss v. 19.01.2006, Az. B6 – 103/05 (*Axel Springer/ProSiebenSat.1*), S. 54.

828 BKartA, Beschluss v. 19.01.2006, Az. B6 – 103/05 (*Axel Springer/ProSiebenSat.1*), S. 54f.

Stellung der Bild-Zeitung. So können die Nachrichtensendungen der ProSieben-Sat.1-Sender Themen aufgreifen, die am nächsten Tag in der Bild-Zeitung erscheinen und auf die Berichterstattung der Bild-Zeitung verweisen. Hierdurch werde das Ansehen der Zeitung gefördert.[829] Durch die gegenseitige Bezugnahme können letztlich auch neue Lesergruppen erschlossen werden, die zwar zur Nutzergruppe der ProSiebenSat.1-Sender gehören, aber bisher keine Bild-Leser waren. Der Zuwachs weiterer Lesergruppen sichere die starke Stellung noch weiter ab.[830] Solche absatzfördernden Maßnahmen stehen anderen Zeitungsverlagen ohne Fernsehbeteiligung nicht offen. Dadurch erhöhen sich schließlich auch die Marktzutrittsschranken.[831]

3. Bundesweiter Anzeigenmarkt für Tageszeitungen

Die Axel Springer AG verfügte vor dem geplanten Zusammenschluss auf dem bundesweiten Anzeigenmarkt mit einem Marktanteil von über 40% über eine marktbeherrschende Stellung. Diese Marktposition hatte sich im Vergleich zu den Wettbewerbern in den Jahren zuvor stetig verbessert. Die Umsatzerlöse waren trotz Rückgangs der Anzeigenerlöse im Gesamtmarkt bei der Bild-Zeitung gestiegen.[832] Das Bundeskartellamt ging aufgrund dieser Marktverhältnisse davon aus, dass der Medienverbund aus Axel Springer und ProSiebenSat.1 mittels cross-medialer Werbekampagnen eine marktbeherrschende Stellung auf dem Anzeigenmarkt für Tageszeitungen wie auch auf dem Fernsehwerbemarkt hätte verstärken können.[833] Cross-mediale Werbekampagne bedeutet dabei die „Werbung für Produkte von nicht-konzernzugehörigen Werbetreibenden […], die abgestimmt über mehrere Medien vermittelt wird".[834] Cross-mediale Werbepakete gewinnen immer mehr an Bedeutung.[835] Durch solche Mix-Kampagnen

---

829 BKartA, Beschluss v. 19.01.2006, Az. B6 – 103/05 (*Axel Springer/ProSiebenSat.1*), S. 56f. Das BKartA nennt als Beispiel für eine erfolgreiche cross-mediale Promotion die Kooperation vom Hamburger Abendblatt, einer regionalen Tageszeitung von Axel Springer, und dem regionalen Sender Hamburg 1, an dem Axel Springer eine Minderheitsbeteiligung hält.

830 BKartA, Beschluss v. 19.01.2006, Az. B6 – 103/05 (*Axel Springer/ProSiebenSat.1*), S. 57f.

831 BKartA, Beschluss v. 19.01.2006, Az. B6 – 103/05 (*Axel Springer/ProSiebenSat.1*), S. 58.

832 BKartA, Beschluss v. 19.01.2006, Az. B6 – 103/05 (*Axel Springer/ProSiebenSat.1*), S. 62.

833 BKartA, Beschluss v. 19.01.2006, Az. B6 – 103/05 (*Axel Springer/ProSiebenSat.1*), S. 62.

834 BKartA, Beschluss v. 19.01.2006, Az. B6 – 103/05 (*Axel Springer/ProSiebenSat.1*), S. 63. Siehe zur cross-medialen Werbekampagne auch oben unter B. II. 1. b. bb. (2).

835 BKartA, Beschluss v. 19.01.2006, Az. B6 – 103/05 (*Axel Springer/ProSiebenSat.1*), S. 65.

kann ein „Multiplying-Effekt" entstehen. Aufgrund der hohen Reichweite der Bild-Zeitung in Kombination mit den bundesweiten Fernsehsendern von ProSiebenSat.1 hat das Bundeskartellamt einen starken Multiplying-Effekt vermutet.[836] Es ging davon aus, dass sich die Marktpositionen auf dem Anzeigen- und Fernsehwerbemarkt mit einem solchen Mix-Kampagnenpotential verbessern würde.[837] Diese Marktstärkung würde durch den Wegfall der Bild-Zeitung als Substitutionswettbewerber weiter gefestigt.[838]

4. Kritische Würdigung der Entscheidung

Wie schon die medienrechtliche Entscheidung der KEK, wurde auch die kartellrechtliche Entscheidung des Bundeskartellamtes kritisiert. Besonders in der Kritik stand die Entscheidung, weil das Bundeskartellamt die Marktabgrenzung klassisch anhand des Bedarfsmarktkonzepts vorgenommen und das Amt es so versäumt habe, die Chance zu nutzen, den durch die Digitalisierung und Konvergenz der Medien gewandelten Medienmarkt neu zu bewerten.[839] Die Berücksichtigung cross-medialer Effekte durch das Bundeskartellamt zeige die veränderten Gegebenheiten im Medienmarkt. Einige meinen, die Entscheidung hätte die Möglichkeit eröffnet, die bestehenden Substitutionsbeziehungen zwischen den Medienteilmärkten gründlicher herauszuarbeiten.[840] So hätte sich beispielsweise das Bundeskartellamt im Rahmen des Anzeigenmarktes mit der Fernsehwerbung als Substitut auseinandersetzen müssen.[841] Anderen geht die Kritik an der mangelhaften Herausarbeitung der Substitutionsbeziehungen nicht weit genug und regen an, vor dem Hintergrund der Konvergenz der Medien und der dadurch bewirkten Dynamik in der Entwicklung der Medienlandschaft von einem einheitlichen Medienmarkt auszugehen.[842]

Die Kritik – die mangelhafte Herausarbeitung von Substitutionsbeziehungen und das Versäumnis den Medienmarkt aufgrund der veränderten Bedingungen,

---

836 BKartA, Beschluss v. 19.01.2006, Az. B6 – 103/05 (*Axel Springer/ProSiebenSat.1*), S. 64.

837 BKartA, Beschluss v. 19.01.2006, Az. B6 – 103/05 (*Axel Springer/ProSiebenSat.1*), S. 63f.

838 BKartA, Beschluss v. 19.01.2006, Az. B6 – 103/05 (*Axel Springer/ProSiebenSat.1*), S. 64f.

839 *Lange*, Crossmediale Zusammenschlusskontrolle, in: Gundel/Heermann/Leible (Hrsg.), Konvergenz der Medien – Konvergenz des Rechts?, S. 141; *Kuchinke/Schubert*, WuW 2006, 477 (482); *Bohne*, WRP 2006, 540 (547f.).

840 *Kuchinke/Schubert*, WuW 2006, 477 (482).

841 *Kuchinke/Schubert*, WuW 2006, 477 (482).

842 *Bohne*, WRP 2006, 540 (546).

hervorgerufen durch die Digitalisierung und Konvergenz, neu zu ordnen – ist keine echte Kritik an der Entscheidung. Es handelt sich bei diesem Vorbringen um einen grundsätzlichen ordnungspolitischen Aspekt. Es ist die Aufforderung an das Bundeskartellamt, den Medienmarkt neu zu ordnen bzw. einen einheitlichen (Gesamt-)Medienmarkt anzuerkennen. Dem folgt das Bundeskartellamt zu Recht nicht. Eine Aufweichung der Marktgrenzen und eine Vermischung der Einzelmärkte hin zu einem einheitlichen Medienmarkt können die ökonomischen Gegebenheiten der einzelnen Märkte nicht ausreichend berücksichtigen. Auch im Zeitalter der Digitalisierung gibt es wettbewerbsrelevante Unterschiede zwischen den Mediengattungen. Eine vollständige Substituierbarkeit im Sinne des Bedarfsmarktkonzepts ist nicht erkennbar, weil sich Nutzung und Wirkungsweise der Werbung unterscheiden.[843] Die konvergenzbedingten Überschneidungen und Randsubstitutionsbeziehungen machen derzeit nur einen Teil aus, ansonsten handeln die Unternehmen auf eigenständigen Märkten.[844] Diese Differenzierung kann mit dem Bedarfsmarktkonzept herausgearbeitet werden. Dies zeigt auch der sogleich zu behandelnden Fall *Amazonas*. Hier hält das Amt an der Trennung der Märkte fest. Obwohl das Bundeskartellamt es perspektivisch für möglich hält, dass sogenannte In-Stream-Video-Werbung zusammen mit der Fernsehwerbung zukünftig einen Markt bilden könnte, ist es in seiner Entscheidung zurückhaltend, diese Verschmelzung schon heute anzuerkennen. Auch in einer Entscheidung aus dem Jahr 2015 geht das Bundeskartellamt noch nicht von einem allgemeinen Werbemarkt aus.[845]

II. ProSiebenSat.1 Media AG / RTL interactive GmbH („Amazonas")

1. *Sachverhalt und Entscheidungsbegründung*

Im Jahr 2011 untersagte das Bundeskartellamt ein Vorhaben der Senderfamilien ProSiebenSat.1 und RTL, weil sie hiermit ihre marktbeherrschende Stellung auf dem Fernsehwerbemarkt hätten verstärken können. Als Gemeinschaftsunternehmen wollten sie eine gemeinsame Video on Demand Plattform mit dem Namen „*Amazonas*" im Internet aufbauen und betreiben.[846]

Diese gemeinsame Videoplattform sollte eine Mediathek einerseits für die Fernsehinhalte der beiden Senderfamilien sein, andererseits auch anderen

843 *Bohne*, WRP 2006, 540 (546); *Trafkowski*, Medienkartellrecht, S. 44ff.

844 *Lange*, Crossmediale Zusammenschlusskontrolle, in: Gundel/Heermann/Leible (Hrsg.), Konvergenz der Medien – Konvergenz des Rechts?, S. 146f.

845 BKartA, Beschluss v. 11.06.2015, (*Media Impact*), Az. B6-22/15 Rdnr. 41.

846 BKartA, Beschluss v. 17.03.2011 (*Amazonas*), Az.: B6-94/10.

deutschen und österreichischen TV-Sendern offen stehen.[847] Die Plattform sollte so konzipiert sein, dass ausgehend von einer senderübergreifenden, allgemeinen Startseite jeder Sender als Auftraggeber seinen eigenen Bereich gehabt hätte.[848] Diesen Bereich hätte jeder Sender selbstständig redaktionell betreuen[849] und im eigenen Namen und auf eigene Rechnung mit Werbung vermarkten können[850]. Als Werbeform stand dabei besonders die In-Stream-Video-Werbung zur Verfügung. In-Stream-Video-Werbung ist mit der klassischen Werbung im Fernsehen vergleichbar. Sie wird vor, während oder nach einem Video geschaltet.[851]

Wettbewerbsrechtlich problematisch und wegen fehlender Übereinkunft über Nebenbestimmungen letztlich ausschlaggebend für eine Untersagung dieses Vorhabens waren wegen der marktbeherrschenden Stellung der Beteiligten auf dem Fernsehwerbemarkt die Wettbewerbsparameter, die das Gemeinschaftsunternehmen für die Videoplattform vorsahen. Diese bestanden darin, dass nur Fernsehsender aus Deutschland und Österreich die Videoplattform nutzen konnten. Von dem Auftraggeberkreis ausgeschlossen waren damit sämtliche anderen Inhalteanbieter und Aggregatoren, wie zum Beispiel *Der Spiegel*, der auf seiner Internetseite Spiegel Online Videos bereithält, oder auch die Bild-Zeitung, die ebenfalls online Videos zur Verfügung stellt. Weiterhin war vorgesehen, dass die Inhalte, die im Fernsehen gesendet wurden, im Anschluss an die Ausstrahlung als 7-Tage-Catch-Up werbefinanziert bereitgestellt werden sollen. Darüber hinaus machte das Geschäftsmodell Vorgaben dazu, unter welchen Voraussetzungen Inhalte gegen Entgelt der Nutzer diesen zur Verfügung gestellt werden können. Auch die technische Verbreitungmodalitäten – Auswahl des Players und DRM – sollte von dem Gemeinschaftsunternehmen vorgegeben werden. Die Video-Plattform war damit nicht nur eine reine technische Verbreitungsplattform, die von ProSieben.Sat.1 und RTL als technische Dienstleister betrieben werden sollte.

Das Bundeskartellamt stellte nach Durchführung einer Marktanalyse fest, dass In-Stream-Video-Werbung das nächste Substitut zur Fernsehwerbung sei und zumindest perspektivisch dem Fernsehwerbemarkt zuzurechnen sein könne.[852]

---

847 Siehe für eine Beschreibung des Vorhabens BKartA, Beschluss v. 17.03.2011, Az.: B6-94/10, Rdnrn. 8ff.

848 BKartA, Beschluss v. 17.03.2011, Az.: B6-94/10, Rdnr. 17.

849 BKartA, Beschluss v. 17.03.2011, Az.: B6-94/10, Rdnr. 12.

850 BKartA, Beschluss v. 17.03.2011, Az.: B6-94/10, Rdnr. 18.

851 BKartA, Beschluss v. 17.03.2011, Az.: B6-94/10, Rdnr. 49ff.; BKartA, Fallbericht v. 13.07.2011, S. 2.

852 BKartA, Beschluss v. 17.03.2011, Az.: B6-94/10, Rdnr. 51ff.

Die Senderfamilien ProSiebenSat.1 und RTL hätten ihre auf dem Fernsehwerbemarkt bestehende marktbeherrschende Duopolstellung[853] mit der Gründung des Gemeinschaftsunternehmens verstärken können. Das Geschäftsmodell des Gemeinschaftsunternehmens hätte zur Koordinierung und Harmonisierung der Wettbewerbsparameter zwischen den Beteiligten geführt. Zwar betrafen die Wettbewerbsparamenter die In-Stream-Video-Werbung auf der Video-Plattform, da es sich hierbei aber um dasjenige Produkt handele, das wegen seiner besonderen Nähe zur Fernsehwerbung wie kein anderes in der Lage sei, in Form von Substitutionswettbewerb wettbewerbsrechtlichen Druck auf dem Fernsehwerbemarkt auszuüben, sei eine unmittelbare Rückwirkung auf den Fernsehwerbemarkt die Folge gewesen.[854] Das gemeinsame Konzept verhindere nicht nur, dass zwischen ProSiebenSat.1 und RTL auf dem Markt für In-Stream-Video-Werbung Wettbewerb hätte entstehen können, sondern hätte ihnen auch einen gemeinsamen Vorteil gegenüber den Wettbewerbern im Fernsehwerbemarkt verschafft.[855] Der von In-Stream-Video-Werbung ausgehende Substitutionswettbewerb wäre beschränkt worden.[856] Die Wettbewerbsparameter – Festlegung des Teilnehmerkreises (TV-Sender), Vorgaben zu Inhalten und Verfügbarkeitsdauer und Verbreitungsmodalitäten – hätten Wettbewerbsimpulse unterbunden.[857]

2. *Kritische Würdigung der Entscheidung*

Das Bundeskartellamt hat die Gründung des Gemeinschaftsunternehmens mit der Begründung untersagt, die Beteiligten hätten ihre marktbeherrschende Stellung auf dem Fernsehwerbemarkt verstärken können, indem sie den Substitutionswettbewerb, der von In-Stream-Video ausgehe, beschränken hätten können. Das Amt geht damit von zwei getrennten Märkten (Fernsehwerbung und In-Stream-Video-Werbung) aus. An der Entscheidung wurde die Marktabgrenzung kritisiert, wonach In-Stream-Video-Werbung nicht zum Fernsehwerbemarkt zu zählen sei.[858] Die grundsätzliche Kritik daran, wie das Bundeskartellamt Märkte im Medienbereich, insbesondere den Werbemarkt, abgrenzt, war auch schon bei

---

853 BKartA, Beschluss v. 17.03.2011, Az.: B6-94/10, Rdnr. 65ff.

854 BKartA, Beschluss v. 17.03.2011, Az.: B6-94/10, Rdnr. 141; BKartA, Fallbericht v. 13.07.2011, S. 4.

855 BKartA, Beschluss v. 17.03.2011, Az.: B6-94/10, Rdnr. 141; BKartA, Fallbericht v. 13.07.2011, S. 4.

856 BKartA, Beschluss v. 17.03.2011, Az.: B6-94/10, Rdnrn. 132, 140.

857 BKartA, Beschluss v. 17.03.2011, Az.: B6-94/10, Rdnrn. 141ff., 144ff.,150ff., 164ff.

858 *Beckmann/Müller*, in: Hoeren/Sieber/Holznagel, Multimedia-Recht, Teil 10 Kartellrecht, Rdnr. 100.

der *Axel Springer/ProSiebenSat.1*-Entscheidung präsent. Es handelt sich dabei weniger um eine fallbezogene Kritik, als mehr um eine ordnungspolitische. Im Gegensatz zur Entscheidung aus 2006 hat das Bundeskartellamt eine umfassende Marktanalyse mit Befragungen bei Marktteilnehmern (Fernsehsendern, werbende Unternehmen und Mediaagenturen) vorgenommen.[859] Die Marktabgrenzung wurde vom OLG Düsseldorf nicht beanstandet.[860]

Das Bundeskartellamt hat auf die Wirkungen auf dem Markt für Fernsehwerbung abgestellt. Die Wirkungen auf dem Markt für In-Stream-Video-Werbung wurden nur insofern berücksichtigt, als dass dort der Substitutionswettbewerb für den Fernsehwerbemarkt beschränkt worden wäre. Zu erwarten wäre eine Untersuchung vom Bundeskartellamt dahingehend gewesen, welche Wettbewerbswirkungen von dem Gemeinschaftsunternehmen auf dem In-Stream-Video-Werbemarkt ausgegangen wären. Wettbewerbsrechtlich interessant wäre die Beantwortung der Frage gewesen, ob das Duopol seine marktbeherrschende Stellung aus dem Fernsehwerbemarkt auf den jungen und in der Entwicklung befindenden Markt hätte übertragen können (Hebelwirkung bzw. leverage effect).[861]

III. Stellungnahme

Cross-mediale Effekte, die das Bundeskartellamt maßgeblich für die Untersagung des Übernahmevorhabens in der Sache *Axel Springer/ProSiebenSat.1* herangezogen hatte, haben seither in der Entscheidungspraxis des Bundeskartellamtes keine große Bedeutung erhalten. Auf Anfrage der Verfasserin erklärte das Bundeskartellamt, dass es in der Folgezeit bei keiner Entscheidung auf cross-mediale Effekte zurückgegriffen habe.[862] Das verwundert nicht. Nicht jeder Zusammenschluss im Bereich der Medien bedeutet, dass hiermit Wettbewerbsbeschränkungen aufgrund cross-medialer Effekte einhergehen können. Nicht jeder mediale Zusammenschluss eröffnet die Möglichkeit zu Cross-Promotion und/oder cross-medialen Werbekampagnen. Abzustellen ist immer auf den konkreten Sachverhalt. Cross-mediale Effekte sind deshalb nicht zu einem „medialen

---

859 BKartA, Beschluss v. 17.03.2011, Az.: B6-94/10, Rdnrn. 45ff.

860 OLG Düsseldorf, Beschluss v. 08.08.2012, Az. VI-Kart 4/11 (V), II. B. 1. a) bb) (1).

861 So auch *Beckmann/Müller*, in: Hoeren/Sieber/Holznagel, Multimedia-Recht, Teil 10 Kartellrecht, Rdnr. 101, die davon ausgehen, dass eine marktbeherrschende Stellung nicht anzunehmen sei, weil das Duopol dort mit anderen Fernsehsendergruppen und Inhalteanbietern im Wettbewerb stehen würde.

862 So *Holger Dubberstein*, Berichterstatter der 6. Beschlussabteilung des Bundeskartellamtes in einer E-Mail an die Verfasserin.

Allround"-Bewertungskriterium geworden. Dennoch ist zu beobachten, dass die Nutzung des Terminus cross-mediale Effekte seit der ProSiebenSat.1-Entscheidung eine Verallgemeinerung erfahren hat. Allgemeine Wettbewerbsbeschränkungen, wie zum Beispiel die Wirkungen und Beschränkungen von Substitutionswettbewerb, werden sobald sie im Medienbereich auftreten, als cross-medialer Effekt bezeichnet.[863] Der Begriff des cross-medialen Effekts ist damit zu einer Oberkategorie für Wettbewerbswirkungen mit medialem Bezug geworden.

863 Siehe *Beckmann/Müller*, in: Hoeren/Sieber/Holznagel, Multimedia-Recht, Teil 10 Kartellrecht, Rdnr. 98ff.

Kapitel 4. Reform der Rundfunkkonzentrationskontrolle

Seit der Einführung des derzeit geltenden Rundfunkkonzentrationsrechts hat sich der Mediensektor enorm gewandelt. In den vorherigen Kapiteln wurde ein umfassendes Bild des medienrechtlichen und kartellrechtlichen Regulierungsrahmens gegeben. Rein materiell-rechtlich betrachtet lässt sich zwar schon die Aussage treffen, dass die derzeitige Rundfunkkonzentrationskontrolle gem. § 26 RStV im Großen und Ganzen noch in der Lage ist, cross-mediale Verflechtungen zu handhaben.[864] Dies ist aber weniger dem Normentext geschuldet, sondern mehr der Verwaltungspraxis der KEK, die gefordert war, aus der gesetzlich verankerten theoretischen Konzentrationskontrolle eine praktisch anwendbare Kontrolle zu entwickelt. Gerade diese Verwaltungspraxis der KEK, die nicht zwangsläufig aus der Vorschrift folgt, hat aber nicht unbedingt zu mehr Planungs- und Rechtssicherheit bei Rundfunkveranstaltern wie auch bei anderen Medienunternehmen geführt, deren Diversifikationsstrategie eine Beteiligung im privaten bundesweiten Rundfunk vorsehen. Wegen der fortgeltenden Notwendigkeit, eine positive Rundfunkordnung zu gewährleisten[865] und Planungs- und Rechtssicherheit für Medienunternehmen zu erreichen, ist eine Reform der Rechtslage wünschenswert und langfristig auch notwendig.[866]

---

864 So auch *Sjurts*, Funkkorrespondenz 2009, 6 (7, 10).

865 Siehe dazu oben unter Kapitel 2. A.

866 *Fuchs*, Begrüßung und Einführung anlässlich des DLM-Symposiums 2011 „Public Value – Was soll der private Rundfunk für Gesellschaft leisten?“ am 17.03.2011. Abrufbar unter http://dlm-symposium.eu/archiv/vortraege_21.pdf (zuletzt geprüft am 15.04.2016). Die Forderung der Reform des Medienkonzentrationsrechts wiederholte er in seiner Begrüßungsrede zum DLM-Symposium 2012 „Connected-TV – Medien und Regulierung in der vernetzten Fernsehwelt“ am 22.02.2012. Nur als Video abrufbar unter: http://www.dlm-symposium.org/de/archiv/2012/dokumentation.html (zuletzt geprüft am 15.04.2016). *Brinkmann*, ZUM 2013, 193 (200); Siehe dazu auch *Sokoll*, Der verfassungsrechtliche Rahmen für ein neues Medienkonzentrationsrecht, S. 2f.; *Müller-Terpitz*, Medienkonzentrationskontrolle – Quo vadis?, in: Hohlfeld/Müller-Terpitz (Hrsg.), Medienkonzentrationskontrolle – Quo vadis?, S. 18f. mit Rückgriff auf das Demokratie- und das Rechtsstaatsprinzip.

A. Verhinderung vorherrschender Meinungsmacht durch Anwendung der kartellrechtlichen Zusammenschlusskontrolle

Wie zu Beginn im 2. Kapitel festgestellt, braucht es auch heute noch eine positive Ordnung, die sicherstellt, dass die Vielfalt der bestehenden Meinungen im privaten Fernsehen zum Ausdruck kommt. Noch bevor die Rundfunkkonzentrationskontrolle geschaffen wurde, gab es die kartellrechtliche Zusammenschlusskontrolle, mit der der ökonomische Wettbewerb geschützt wird. Zu überlegen ist, ob die Vorschriften der kartellrechtlichen Zusammenschlusskontrolle tauglich sein könnten, um auch die Meinungsvielfalt im Rundfunk zu sichern und zu verhindern, dass vorherrschende Meinungsmacht entsteht.

I. Zielsetzung der publizistischen und kartellrechtlichen Konzentrationskontrolle

Die Rundfunkkonzentrationskontrolle des RStV und die wettbewerbsrechtliche Zusammenschlusskontrolle des GWB verfolgen unterschiedliche Regelungsziele. Die Rundfunkkonzentrationskontrolle soll die Entstehung vorherrschender Meinungsmacht verhindern. Bezugspunkt ist der publizistische Wettbewerb. Die Zusammenschlusskontrolle des GWB soll hingegen die Entstehung einer ökonomischen Machtstellung verhindern. Die Zusammenschlusskontrolle ist damit auf das Funktionieren des ökonomischen Wettbewerbs ausgerichtet.[867] Aufgrund dieser Ausrichtung sind publizistische Erwägungen, die die Meinungsvielfalt oder den publizistischen Wettbewerb betreffen in der wettbewerbsrechtlichen Zusammenschlusskontrolle ohne Belang.[868] Die Sicherung des publizistischen Wettbewerbs kann allenfalls ein verwirklichter Nebeneffekt sein. Hauptzweck einer Wettbewerbsvorschrift darf sie indes nicht sein. Die mit der 8. GWB-Novelle vorgenommene Änderung der Umsatzschwellenwerte für die Presse in der medienspezifischen Vorschrift zur Umsatzberechnung (§ 38 III GWB) beispielsweise war daher auch von dem Willen des Gesetzgebers getragen, aufgrund der veränderten Umstände im Medienbereich, die wirtschaftlichen Spielräume der Verlage zu erweitern, damit diese ihre Wirtschaftlichkeit sichern und ihre Wettbewerbsfähigkeit mit anderen Mediengattungen verbessern können[869]. Dass mit einem erweiterten Spielraum auch die Sicherung der Pressevielfalt und damit

867 *Trute*, in: Hahn/Vesting, Rundfunkrecht, § 26 Rdnr. 8.

868 *Bechtold*, GWB, § 36 Rdnr. 29.

869 Begründung Bundestag zum Gesetzesentwurf BReg, Entwurf eines Achten Gesetzes zur Änderung des Gesetzes gegen Wettbewerbsbeschränkungen (8. GWB-ÄndG) vom 31.05.2012, BT-Drs. 17/9852, S. 20, 29.

der Meinungsvielfalt im Pressebereich einhergehen kann, war nicht der Anlass der Änderung.

II. Gesetzgebungskompetenz

Das eben aufgezeigte Hindernis, dass publizistische Erwägungen im Rahmen des ökonomischen Wettbewerbs keine Rolle spielen, könnte zu beheben sein, wenn in das Wettbewerbsrecht dieses Ziel aufgenommen werden könnte. Unabhängig davon, dass die Normierung eines ausschließlich sektorspezifischen Ziels – hier die Sicherung der Meinungsvielfalt im Rundfunk – im Wettbewerbsrecht systemfremd wäre, bestehen auch verfassungsrechtliche Bedenken. Das Grundgesetz schreibt eine parallele Aufsichtsstruktur bezüglich der Sicherung der Meinungsvielfalt im Rundfunk und der Sicherung des Funktionierens des ökonomischen Wettbewerbs vor.[870] Der Bund hat gem. Art. 74 I Nr. 16 GG i.V.m. Art. 72 I GG die konkurrierende Gesetzgebungskompetenz für das Kartellrecht und die Regelung des ökonomischen Wettbewerbs. Diese sind in den Vorschriften des GWB niedergelegt. Diese Gesetzgebungskompetenz erstreckt sich nur auf das nationale Kartellrecht mit der Verhütung des wirtschaftsbezogenen Machtmissbrauchs.[871] Die Länder haben hingegen gem. Art. 30, 70 I GG die Kompetenz zur Regelung der Rundfunkveranstaltung. Das schließt Maßnahmen im Sinne der vom Bundesverfassungsgericht geforderten positiven Ordnung zur Verhinderung des Entstehens vorherrschender Meinungsmacht ein.[872]

Das Bundesverfassungsgericht hat in seiner vierten Rundfunkentscheidung erklärt, dass grundsätzlich keine verfassungsrechtlichen Bedenken dagegen bestehen, wenn der Landesgesetzgeber der Gefahr einer Konzentration durch Zusammenschlüsse von Rundfunkveranstaltern dadurch Rechnung tragen wolle, dass die Erlaubnisbehörde von dem Antragssteller den Nachweis verlange, dass das Bundeskartellamt keine Bedenken gegen den Zusammenschluss wegen Verletzung von Vorschriften der Zusammenschlusskontrolle habe.[873] Jedoch bleibt der Landesgesetzgeber „auf Grund seiner ausschließlichen Kompetenz für den Rundfunk zu Vorkehrungen dagegen verpflichtet, daß Meinungsmacht

---

870 *Dörr*, Konzentrationskontrolle im Rundfunk, in: Schiwy/Schütz/Dörr, Medienrecht, S. 313; *Zagouras*, Konvergenz und Kartellrecht, S. 284; *Janik*, AfP 2002, 104 (107 Fn. 46).

871 *Seiler*, in: Epping/Hillgruber, Beck'scher Online-Kommentar GG, Art. 74 Rdnr. 57.1; *Paal*, JZ 13/2010, 647 (653).

872 BVerfGE 57, 295 (320); BVerfGE 73, 118 (155, 159).

873 BVerfGE 73, 118 (173f.).

im Rundfunk, die sich aus einer Fusion von Rundfunkveranstaltern ergibt, zu einer vorherrschenden wird"[874]. Das Bundesverfassungsgericht stellt damit klar, dass die Wettbewerbsvorschriften neben einer rundfunkspezifischen Konzentrationskontrolle Anwendung finden können. Klargestellt wird damit aber auch, dass es Aufgabe der Länder ist Vorkehrungen zu treffen, mit der die Entstehung vorherrschender Meinungsmacht verhindert wird. Damit ist die Übernahme des Regelungsziels, die Meinungsvielfalt im Rundfunk zu sichern, aus kompetenzrechtlichen Gründen versperrt. Dieses Defizit wäre theoretisch mit einer Änderung des Grundgesetztes (Art. 79 GG) behebbar.

III. Korrelation zwischen ökonomischen Wettbewerb und publizistischer Vielfalt

In der Ökonomie wird die These vertreten, dass eine Vielzahl unabhängiger Rundfunkunternehmen zu Meinungsvielfalt führe. Es wird vermutet, dass ein funktionierender Wettbewerb strukturelle Vielfalt – das bedeutet, das Vorhandensein einer Vielzahl voneinander unabhängiger Rundfunkunternehmen – fördere und dadurch zur Entstehung von Meinungsvielfalt beitrage.[875]

Allein die Anzahl vorhandener selbstständiger Rundfunkunternehmen lässt keinen definitiven Rückschluss darauf zu, ob hierdurch publizistische Vielfalt bewirkt wird. So kann eine Vielzahl von Programmveranstaltern zu einer monotonen Programmauswahl führen, wie ein Monopolist ein publizistisch vielfältiges Programm senden kann.[876] Private Rundfunkunternehmen finanzieren sich durch Werbeeinnahmen.[877] Dieses Finanzierungskonzept führt dazu, dass eine hohe Zuschauerreichweite (Einschaltquote) hohe Werbeeinnahmen verspricht.[878] Programmveranstalter versuchen daher orientiert an den Präferenzen der Rezipienten mit einem massenattraktiven Programm möglichst viele Zuschauer anzulocken. Auf diese Weise ist es denkbar, dass die Programmveranstalter ein

874 BVerfGE 73, 118 (174).

875 *Paal*, Medienvielfalt und Wettbewerbsrecht, S. 143; *Mestmäcker*, Medienkonzentration und Meinungsvielfalt, S. 30.

876 *Paal*, Medienvielfalt und Wettbewerbsrecht, S. 144.

877 Ausgenommen hiervon sind Pay-TV-Anbieter, die sich über Entgelte der Zuschauer finanzieren, sowie weitüberwiegend der öffentlich-rechtliche Rundfunk, der zwar im kleinen Umfang Werbung senden darf (§ 16 RStV), dessen Hauptfinanzierungsquelle aber der Rundfunkbeitrag (§ 13 I RStV) ist.

878 Die Werbeeinnahmen richten sich nach dem Tausender-Kontakt-Preis. Siehe zum Tausenderkontaktpreis *Heinrich*, Medienökonomie, Bd. 2, S. 545f., ebenso oben unter Kapitel 3. A. II. sowie Fn. 697.

ähnliches Programm senden. Dadurch wäre publizistisch betrachtet Einfalt in der Vielfalt bzw. Vielzahl erreicht.[879] Dahingegen dürfte es auch möglich und denkbar sein, dass auch ein Monopolist, also ein Rundfunkveranstalter, der auf dem Rundfunkmarkt ohne Wettbewerber ist, publizistische Vielfalt leisten kann.[880] Dies ist anzunehmen, wenn publizistische Vielfalt ökonomisch sinnvoll ist.[881]

---

879 Dazu auch *Paal*, Medienvielfalt und Wettbewerbsrecht, S. 144.

880 *Dewenter*, Crossmediale Fusionen und Meinungsvielfalt, in: Fechner (Hrsg.): Crossmediale Fusionen und Meinungsvielfalt, S. 58f. mit Bezugnahme auf *Steiner*, Quarterly Journal of Economics 66, S. 194–223; *Jungheim*, Medienordnung und Wettbewerbsrecht im Zeitalter der Digitalisierung und Globalisierung, S. 78; *Paal*, Medienvielfalt und Wettbewerbsrecht, S. 144; *Paal*, JZ 13/2010, 647 (648).

881 Die Einschätzung, dass in einer Monopolsituation publizistische Vielfalt möglich ist, ist ohne Zweifel, wenn es sich um einen öffentlich-rechtlichen Rundfunksender handelt oder dem privaten Rundfunkanbieter durch gesetzliche Vorgaben ein vielfältiges Rundfunkprogramm auferlegt wird (*Jungheim*, Medienordnung und Wettbewerbsrecht im Zeitalter der Digitalisierung und Globalisierung, S. 78. Tatsächlich sahen der 1. RStV (1987) in Art. 8 II 1 und 2 und der 2. RStV (1991) in § 20 II 1 und 2 eine solche Verpflichtung zu publizistischen Vielfaltssicherungen vor, wenn nicht mindestens drei voneinander unabhängige Rundfunkveranstalter auf dem Markt tätig waren.). Unterliegt ein privater Rundfunkveranstalter keinerlei Restriktionen ist ein durch Vielfalt geprägtes Programm fraglich. Möglich und ökonomisch durchaus sinnvoll erscheint zunächst, dass sich das Programm darauf ausrichtet, eine hohe Zuschaueranzahl zu erreichen und daher ein massenattraktives Programm veranstaltet wird. Ebenso wahrscheinlich ist es aber auch, dass ein Monopolist ein vielfältiges Programm anbietet. Dies dürfte zunächst für den Fall anzunehmen sein, in dem er mehrere Programme veranstaltet, weil eine Duplizierung seines Programms ökonomisch nicht sinnvoll ist. Eine Produktdifferenzierung, das bedeutet Programme, die sich voneinander unterscheiden und damit eine größtmögliche Zuschauermasse anspricht, führt insgesamt zu mehr Werbeerlösen (*Dewenter*, Crossmediale Fusionen und Meinungsvielfalt, in: Fechner (Hrsg.): Crossmediale Fusionen und Meinungsvielfalt, S. 58f.; *Jungheim*, Medienordnung und Wettbewerbsrecht im Zeitalter der Digitalisierung und Globalisierung, S. 78f.; *Paal*, Medienvielfalt und Wettbewerbsrecht, S. 144). Ob dies auch für den Fall gilt, wenn der Monopolist nur ein Programm anbietet, kann einer Antwort nicht mit letzter Sicherheit zugeführt werden. Aufgrund der Korrelation von Einschaltquote und Werbeeinnahme verspricht ein die Masse ansprechendes Programm einen hohen Werbeerlös. Denkbar ist aber auch, mit einem vielfältigen Programm das Programm zu einer nach Zielgruppen ausdifferenzierten Werbeplattform für Werbekunden anzubieten. Die Wirtschaftlichkeit solcher Differenzierungen zeigt ein Vergleich zu Spartensendern und Special-Interest-Zeitschriften. Der Werbekunde hat ein hohes Interesse daran, sein Produkt möglichst

Die Ausgangsthese, wonach strukturelle Vielfalt Meinungsvielfalt hervorbringe, geht von einem Zusammenhang zwischen ökonomischem und publizistischem Wettbewerb aus. Betrachtet man beide Wettbewerbskonzepte aber genauer, wird erkennbar, dass ihnen eine „diametral entgegengesetzte Beziehung von Vielzahl und Vielfalt“[882] zugrunde liegt. Diese Annahme folgt aus einer Überlegung zum ökonomischen Instrument zur Abgrenzung des relevanten Marktes, dem Bedarfsmarktkonzept. „Nach den Kriterien zur Abgrenzung eines relevanten Marktes sowie nach dem Wettbewerbsrecht ist die Austauschbarkeit insofern ein positiv besetzter Begriff, als da, wo Austauschbarkeit gegeben ist, möglicher Wettbewerb als positive Erscheinung angenommen wird. Nach den Kriterien des ‚Vielfalts‘-Konzepts für Presseprodukte, wonach positiv bewertet wird, wenn die Produkte möglichst vielfältig, also unterschiedlich sind, muß eine festgestellte Austauschbarkeit der Produkte dagegen zwangsläufig negativ bewertet werden. [...] Produkte, die in hohem Maße als austauschbar, also als gegenseitig ersetzbar angesehen werden, können nicht vielfältig (unterschiedlich) sein, [...], sonst würden sie nicht ausgetauscht [...]. [...] Umgekehrt ist festzustellen: Je geringer die Austauschbarkeit der Zeitungsprodukte ist und damit je geringer die ökonomische Konkurrenz, umso positiver ist die Situation, nimmt man das Vielfaltspostulat zum Maßstab. Der Zusammenhang zwischen ökonomischen und publizistischen Wettbewerb in der Presse ist demnach gerade entgegengesetzt zu der fast ausschließlich vertretenen These, daß ökonomischer Wettbewerb den publizistischen Wettbewerb mit dem Ergebnis einer möglichst großen Vielfalt beinhalte bzw. fördere.“[883] Anknüpfungspunkt dieser Betrachtung ist, dass beim ökonomischen Wettbewerb homogene Güter, beim publizistischen Wettbewerb heterogene Produkte konkurrieren.[884] Diese Argumentation, die den Unterschied zwischen dem ökonomischen und publizistischen Wettbewerbskonzept darlegt, führt zu der Schlussfolgerung, dass funktionierender ökonomischer Wettbewerb, der sich über die Austauschbarkeit von Produkten definiert, zwischen

zielgruppengenau zu bewerben. Ein Programmveranstalter könnte so veranlasst sein, Sendungen orientiert an Zielgruppen auszustrahlen. Beispielsweise könnte in den Werbeblöcken einer Reisedokumentation oder einer Abendteuer-Survival-Sendung Werbung für Fluggesellschaften, Hotels, stationäre Reiseveranstalter/Reisebuchungsportale im Internet, Outdoor-Produkte oder Verkaufsgeschäfte gesendet werden. Aufgrund der Attraktivität der Sendung für den Produkthersteller könnte der Programmveranstalter einen Werbepreis unabhängig von der Einschaltquote festlegen.

882 *Paal*, Medienvielfalt und Wettbewerbsrecht, S. 145.

883 *Knoche*, Einführung in die Pressekonzentrationsforschung, S. 393.

884 *Knoche*, Einführung in die Pressekonzentrationsforschung, S. 393f.

Rundfunkunternehmen sogar negative Wirkungen auf die publizistische Vielfalt haben kann und damit Mechanismen notwendig sind, die bewirken, dass ein publizistischer Wettbewerb entstehen kann.[885]

Ein zwingender Konnex zwischen struktureller (ökonomische) Vielfalt und Meinungsvielfalt im Sinne von Vielzahl *garantiere* Vielfalt, ist damit nicht belegt.[886] Ein Kausalzusammenhang kann dennoch nicht vollständig verneint werden.[887] Nämlich dann, wenn wirtschaftliche Machtkonzentration dazu führt, dass das entsprechende Unternehmen ohne oder mit nur geringem Gegengewicht Meinungsbildung betreiben bzw. zu ihr beitragen kann. Dahingegen bedeutet das Vorhandensein wirtschaftlich selbstständiger publizistischer Rundfunkunternehmen eine gegenseitige Kontrolle.[888] Auf diese Weise wird der „Marktplatz der Meinungen"[889] belebt.[890]

IV. Cross-mediale Effekte und der SIEC-Test

Der SIEC-Test, der 2013 mit der 8. GWB-Novelle in § 36 I 1 GWB aufgenommen wurde, ist im Hinblick auf die Erfassung cross-medialer Effekte positiv zu bewerten. Die cross-medialen Effekte beschreiben verhaltensbezogene Wirkungen auf den Wettbewerb, so dass sie besser in das System des SIEC-Tests als in den strukturbasierten Marktbeherrschungstest passen. Diese wettbewerbsrechtliche Verbesserung kann aber nicht darüber hinweghelfen, dass das Wettbewerbsrecht bei der Sicherung der Meinungsvielfalt defizitär ist, weil bei der Beurteilung eines Zusammenschluss publizistische Wirkungen primär außer Betracht bleiben. Auch mit dem SIEC-Test kann die Sicherung der Meinungsvielfalt allenfalls nur ein mitverwirklichtes Nebenergebnis sein.

---

885 So *Paal*, Medienvielfalt und Wettbewerbsrecht, S. 146.

886 *Paal*, Medienvielfalt und Wettbewerbsrecht, S. 147f.

887 *Paal*, Medienvielfalt und Wettbewerbsrecht, S. 147 m.w.N.

888 *Paal*, Medienvielfalt und Wettbewerbsrecht, S. 146f. m.w.N.

889 BVerfGE 20, 162 (174f.); 57, 295 (323).

890 *Paal*, Medienvielfalt und Wettbewerbsrecht, S. 146f.; *Monopolkommission*, Wettbewerbsprobleme bei der Einführung von privatem Hörfunk und Fernsehen, Tz. 11 wonach „der wirtschaftliche Wettbewerb tendenziell die publizistische Vielfalt fördert. Eine Vielzahl voneinander unabhängig publizierter Meinungen kann Vielfalt zwar nicht garantieren, ist jedoch eine wesentliche Voraussetzung hierfür. Insofern bewirken Maßnahmen zur Verhinderung der Entstehung oder Verstärkung von wirtschaftlicher Macht bei Medienunternehmen zugleich tendenziell den Schutz der Meinungsvielfalt."

V. Fernsehzuschauermarkt in der Zusammenschlusskontrolle

Während für das Pay-TV die Existenz eines Zuschauermarktes als sachlicher Markt im ökonomischen Wettbewerb aufgrund der Bereitstellung des Programms gegen Entgelt allgemein anerkannt wird, besteht kein Konsens bezüglich einer Anerkennung eines Zuschauermarktes im Free-TV, bestehend aus den werbefinanzierten und öffentlich-rechtlichen Programmanbietern. Befürworter[891] der Anerkennung eines eigenständigen Rezipientenmarktes stellen im Wesentlichen darauf ab, dass sich eine Austauschbeziehung zwischen Fernsehveranstaltern und Zuschauern nicht durch eine monetäre Gegenleistung – Bereitstellung des Fernsehprogramms gegen Entgelt – ausdrücken müsse. Als Gegenleistung komme auch die Aufmerksamkeit des Zuschauers, die er dem Fernsehprogramm bzw. konkreter ausgedrückt der Fernsehwerbung schenke, in Betracht. Diese Aufmerksamkeit enthalte einen wirtschaftlichen Wert für den Rundfunkveranstalter, da sie ein notwendiges Vorprodukt für die Herstellung und Vermarktung der Werbezeit sei.[892] Dies sei ausreichend, um einen eigenständigen Markt anzunehmen. Diese Aufmerksamkeit bzw. Opferung der Zeit für den Konsum des Fernsehprogramms und der Werbung führe zu einer höheren Einschaltquote und wirke sich somit ökonomisch positiv auf die Marktstellung des Programmanbieters gegenüber den Werbekunden aus.[893] Diese Argumentation beschreibt die Wirkungsweise von zweiseitigen Märkten. Rundfunkunternehmen treten als zweiseitige Plattformen auf, „indem sie zwischen mindesten zwei unterschiedlichen Nachfragen vermitteln. Typischerweise vermitteln [sie] zwischen der Nachfrage nach Inhalte am Rezipientenmarkt und der Nachfrage nach Werbeflächen am Werbemarkt. [...] Zweiseitige Märkte zeichnen sich [...] dadurch aus, dass indirekte, zweiseitige Netzwerkeffekte zwischen den Nachfragegruppen (hier Rezipienten und Werbekunden) herrschen [...]. Zum einen führt eine Erhöhung der Anzahl der Rezipienten dabei immer zu einem Anstieg der Nachfrage nach Werbung, es liegt also ein positiver indirekter Netzwerkeffekt vor. Zum anderen wirkt auch eine Ausweitung der Werbemengen auf die

891 *Schmidt*, ZUM 1997, 472ff.; *Trafkowski*, Medienkartellrecht, S. 33ff.; *Jungheim*, Medienordnung und Wettbewerbsrecht im Zeitalter der Digitalisierung und Globalisierung, S. 513ff.; *Körber*, ZweR 3/2009, 315 (338); *Monopolkommission*, Hauptgutachten XI (1994/1995), S. 69 Tz. 240, S. 375f. Tz. 836; *Sprenger*, Optionen zur Regulierung des publizistischen Wettbewerbs, S. 165ff.

892 *Schmidt*, ZUM 1997, 472 (474).

893 *Schmidt*, ZUM 1997, 472 (474); *Trafkowski*, Medienkartellrecht, S. 35f.; *Körber*, ZweR 3/2009, 315 (338); *Monopolkommission*, Hauptgutachten XI (1994/1995), S. 69 Tz. 240, S. 375f. Tz. 836.

Nachfrage am Rezipientenmarkt […]"[894]. Die Aufmerksamkeit und Opferung des Zeitbudgets des Zuschauers schlägt sich mittelbar auf dem Werbemarkt nieder. Die Existenz eines eigenständigen Zuschauermarktes lässt sich daraus nicht ableiten.[895] Die Argumentation der mittelbaren Wirkung von Zuschaueranteilen auf dem Werbemarkt macht auch das Bundeskartellamt zur Grundlage seiner Ablehnung eines eigenständigen Rezipientenemarktes.[896] Des Weiteren wird die Existenz eines Fernsehzuschauermarktes im ökonomischen Wettbewerb richtigerweise abgelehnt, weil die Fernsehzuschauer das Fernsehprogramm unentgeltlich empfangen und es somit an einer entgeltlichen Leistungsbeziehung zwischen den Programmveranstaltern und den Zuschauern fehlt.[897] Eine entgeltliche Leistungsbeziehung ist eine wesentliche Voraussetzung des Marktprozesses und der unternehmerischen Betätigung.[898]

Teilweise wird für einen eigenständigen Rezipientenmarkt angeführt, dass Wettbewerbsbeschränkungen im Programmbereich zwischen miteinander konkurrierenden Fernsehveranstaltern nur dann erfasst werden, wenn sich die Beschränkungen auch auf den Fernsehwerbemarkt auswirken. Dies sei bisher unproblematisch zu beurteilen gewesen, weil der Werbe- und Rezipientenmarkt weitgehend identisch gewesen seien. Dies sei zukünftig aber nicht mehr anzunehmen. Grund sei die zunehmende Verspartung des Fernsehprogramms. Dadurch sei der Zuschauermarkt gegenüber dem Fernsehwerbemarkt enger

---

894 *Dewenter*, Crossmediale Fusionen und Meinungsvielfalt, in: Fechner (Hrsg.): Crossmediale Fusionen und Meinungsvielfalt, S. 54f.

895 A.A. *Sprenger*, Optionen zur Regulierung des publizistischen Wettbewerbs, S. 167ff.

896 BKartA, Beschluss v. 19.01.2006, Az. B6 – 103/05 (*Axel Springer/ProSiebenSat.1*), S. 23f.

897 Diese entgeltliche Austauschbeziehung fehlt auch beim durch Beiträge finanzierten öffentlich-rechtlichen Rundfunk, weil der Rundfunkbeitrag gem. § 1 RBeitrStV der funktionsgerechten Finanzausstattung des öffentlich-rechtlichen Rundfunks i.S.v. § 12 I RStV dient, die Nutzung des Programmes ist im Übrigen kostenlos. Gem. § 2 II RGebStV, der zum 31.12.2013 zugunsten des RBeitrSV aufgehoben wurde, wurde die Gebührenpflicht an die Bereithaltung eines Empfangsgeräts anknüpfe,

898 *Paal*, Medienvielfalt und Wettbewerbsrecht, S. 197, 322; *Thomas*, in: Immenga/Mestmäcker, Wettbewerbsrecht, § 36 Rdnr. 29; BKartA, Beschluss v. 19.01.2006, Az. B6 – 103/05 (*Axel Springer/ProSiebenSat.1*), S. 23; *Bechtold*, GWB, § 18 Rdnr. 21; *Steger*, WuW 03/2010, 282 (285); *Monopolkommission*, Hauptgutachten VI (1984/1985), S. 229 Tz. 584. Die Monopolkommission hat diese Haltung mittlerweile aufgegeben und nimmt eigenen eigenständigen Zuschauermarkt an, siehe oben den Nachweis in Fn. 891.

abzugrenzen.[899] Dadurch würde eine Marktbeherrschung auf dem Zuschauermarkt früher eintreten, als auf dem umfassender abzugrenzenden Werbemarkt. Bei der Zusammenschlusskontrolle nach § 36 GWB ergebe sich damit der Effekt, dass bei einem Zusammenschlussvorhaben eine marktbeherrschende Stellung auf dem Zuschauermarkt nicht erfasst werden würde, wenn man keinen eigenständigen Zuschauermarkt in der Zusammenschlusskontrolle anerkennt.[900] Dieser Argumentation kann nicht zugestimmt werden. Eine starke Stellung auf dem Fernsehzuschauermarkt kann die Stellung des Fernsehveranstalters auf dem Werbemarkt, aber auch auf dem Beschaffungsmarkt für Programminhalte/-ankäufe verbessern. Dieser positive wirtschaftliche Effekt wirkt sich aber auf die Stellung des Programmanbieters auf dem jeweiligen Markt für Werbung bzw. Programminhalte/-ankäufe aus. Dies hat die obige Ausführung zur Wirkung in zweiseitigen Märkten gezeigt. Die Überlegung, Wettbewerbsbeschränkungen im Programmbereich durch Berücksichtigung eines Zuschauermarktes begrenzen zu wollen, betrifft den publizistischen Wettbewerb. Durch die Regulierung des Zuschauermarktes mit den Normen des Wettbewerbsrechts wird letztendlich die Aufnahme einer publizistischen Kontrolle in das Wettbewerbsrecht ermöglicht.[901] Dies widerspricht nicht nur dem System des ökonomischen Wettbewerbs, publizistische Belange unberücksichtigt zu lassen, sondern ist auch kompetenzrechtlich unzulässig.[902]

VI. Nichterfassung von internem Wachstum

Die kartellrechtliche Zusammenschlusskontrolle enthält keine Maßnahmen für die Begrenzung internen Wachstums. Dies erklärt sich daraus, weil internes Wachstum im ökonomischen Wettbewerb als Lohn wirtschaftlicher Leistungsfähigkeit gesehen wird.[903] Die Rundfunkkonzentrationskontrolle berücksichtigt

899 *Schmidt*, ZUM 1997, 472; *Trafkowski*, Medienkartellrecht, S. 34.

900 *Trafkowski*, Medienkartellrecht, S. 34.

901 In diese Richtung auch *Paal*, Medienvielfalt und Wettbewerbsrecht, S. 322f.

902 *Paal*, Medienvielfalt und Wettbewerbsrecht, S. 323.

903 Internes Wachstum wirkt sich im Wettbewerbsrecht allenfalls mittelbar dadurch aus und findet dort seine Grenzen, wo aus internem Wachstum eine marktbeherrschende Stellung erreicht und im Sinne der §§ 18, 19 GWB missbraucht wird. Die Missbrauchskontrolle als Instrument des GWB kann die Sicherung der Meinungsvielfalt indes aber auch nicht leisten. Zunächst schon deshalb nicht, weil das Ziel des Wettbewerbsrechts die Sicherung des ökomischen Wettbewerbs ist. Publizistische Vielfaltsaspekte können dabei nur ein Neben- oder Fernziel sein, nicht aber das Primäre. Zum anderen kann die Missbrauchsaufsicht nicht herangezogen werden,

dahingegen mit § 26 IV RStV auch internes Wachstum. Der Grund liegt darin, weil nur mit der umfassenden Begrenzung sowohl des externen als auch des internen Wachstums die Meinungsvielfalt geschützt und vorherrschende Meinungsmacht verhindert werden kann. Für die Bedrohung der Meinungsvielfalt macht es keinen Unterschied, ob sie aus einem externen Unternehmenszusammenschluss oder aus internem Wachstum resultiert. Beide Wachstumsformen enthalten jeweils ein Gefährdungspotential für den publizistischen Wettbewerb.[904] Während sich ein Zusammenschluss (externes Wachstum) unmittelbar aufgrund der damit einhergehenden Konzentration und Veränderung auf dem Meinungsmarkt auswirkt und von den Marktteilnehmern und Rezipienten wahrgenommen werden kann, entfaltet das interne Wachstum sein Schädigungspotential über einen längeren Zeitraum. Durch schleichendes Wachstum, beispielsweise aufgrund der verstärkten Ausrichtung des Programms auf Massenattraktivität und/oder Neugründungen von Fernsehsendern und damit bewirkten Anwachsen des Zuschaueranteils, kann eine vorherrschende Meinungsmacht erlangt werden, durch die der publizistische Wettbewerb durch einen Rundfunkveranstalter, bzw. einer Senderfamilie langsam abgebaut wird

Die Zusammenschlusskontrolle nach dem GWB erweist sich damit als defizitär beim Schutz der Meinungsvielfalt. Es fragt sich, ob diese Schutzlücke, wollte man auf eine doppelte Kontrolle verzichten und die Meinungsvielfaltssicherung

---

weil es sich hierbei um ein reaktives Handlungsinstrument handelt, das erst eingreift, wenn eine marktbeherrschende Stellung eingetreten ist und diese auch missbraucht wird. Das Erreichen einer marktbeherrschenden Stellung per se löst noch nicht die Missbrauchskontrolle aus. Der Grund liegt darin, weil hierdurch der Wettbewerb durch Aktionen seitens der nichtmarktbeherrschenden anderen Akteure des Marktes mit dem Ziel, die Stellung des marktbeherrschenden Unternehmens anzugreifen, angeregt werden kann. Erst der Missbrauch der marktbeherrschenden Stellung, der den ungehinderten Wettbewerb bedroht, führt zum Einschreiten des BKartA gem. § 32 GWB und kann zivilrechtliche Unterlassungs- und Schadensersatzansprüche der beeinträchtigten Wettbewerber oder Marktteilnehmer auslösen, § 33 GWB. Die Rundfunkkonzentrationskontrolle knüpft mit § 26 IV RStV dahingegen allein an die durch internes Wachstum erlangte vorherrschende Meinungsmachtstellung, also einem Zustand, an. Ein Missbrauch ist nicht erforderlich. Vielmehr wird in der Erlangung einer vorherrschenden Meinungsmachtstellung eine Fehlentwicklung gesehen, die es zu verhindern und bei Eintritt umgehend zu beseitigen gilt. Eine Manifestation einer vorherrschenden Meinungsstellung hat negative Auswirkungen auf den publizistischen Wettbewerb und kann nur schwer wieder behoben werden.

904 So auch *Hinrichsen*, Crossmediale Konzentration und Sicherung der Meinungsvielfalt, S. 186.

ganz der wettbewerbsrechtlichen Zusammenschlusskontrolle überantworten, geschlossen werden könnte. Wie eingangs gezeigt, widersprechen die präventive Kontrolle und die Regulierung des bloßen internen Wachstums an sich der Natur des Wettbewerbsrechts. Ein allgemeiner Tatbestand zur präventiven Regulierung internen Wachstums kommt damit nicht in Betracht und ist mit Blick auf die Missbrauchsaufsicht auch nicht erforderlich. Möglich erscheint insofern einen Sondertatbestand für den Rundfunk in die Zusammenschlusskontrolle aufzunehmen. Die Einfügung einer besonderen Regelung für den Rundfunk ruft zunächst keine verfassungsrechtlichen Bedenken hervor, weil die Rundfunkfreiheit unter dem Gesetzesvorbehalt (Art. 5 II GG) steht und es mit § 36 I 2 Nr. 3 GWB (Pressefusion) und § 38 III GWB (Berechnung der Schwellenwerte) schon medienspezifische Sondertatbestände gibt.[905] Verfassungsrechtlich zu beachten gilt aber, dass die Gesetzgebungskompetenz des Bundes gem. Art. 74 I Nr. 16 GWB die Regulierung des Wettbewerbs betrifft und damit ökonomische Ziele zu verfolgen hat. Die Sicherung der Meinungsvielfalt darf daher nicht das vorherrschende Ziel, sondern nur ein mitverwirklichtes sein.[906] Es fragt sich, wie eine solche Gesetzesänderung begründet und umgesetzt werden könnte. Es würde der Konzeption des Wettbewerbsrechts widersprechen, einerseits internes Wachstum grundsätzlich positiv für den Wettbewerb zu bewerten, für einen besonderen Wirtschaftssektor hingegen fortan nicht mehr. Mit einer solchen Regelung würde kein ungehinderter Wettbewerb im Rundfunk geschützt, sondern behindert werden. Würde eine interne Wachstumsbeschränkung für Rundfunkveranstalter an die marktbeherrschende Stellung i.S.v. § 18 I GWB und die Vermutungsregelung aus § 18 IV GWB anknüpfen, würde das bedeuten, dass ein Rundfunkveranstalter mit 40% TV-Werbemarktanteil eine marktbeherrschende Stellung hat und, obwohl er diese nicht missbraucht, Maßnahmen zum Abbau dieser Marktstellung gegen sich gelten lassen müsse. Dies würde derzeit sowohl die RTL-Gruppe (40,3% (2013)) als auch ProSiebenSat.1 (43,4% (2013)) betreffen.[907] Anders dürfte die Einschätzung indes sein, wenn der Tatbestand nicht an den TV-Werbemarktanteil, sondern an den Zuschaueranteil anknüpfen würde.

---

905 Für die grundsätzliche Zulässigkeit von Sondertatbeständen auch *Sprenger*, Optionen zur Regulierung des publizistischen Wettbewerbs, S. 356ff.

906 So verhält es sich zum Beispiel bei der Pressefusionsvorschrift (§ 36 I 2 Nr. 3 GWB) und der Berechnung der Aufgreifschwellen (§38 III GWB).

907 Übersicht auf der Internetseite der KEK, Die Brutto-Werbemarktanteile der Fernsehveranstalter in Prozent, http://www.kek-online.de/fileadmin/Download_KEK/Medienkonzentration/M%C3%A4rkte_Fernsehwerbung/BruttoWerbemarktanteile_der_Fernsehveranstalter_in_Prozent.pdf (zuletzt geprüft 11.12.2015).

Die Frage, ob in dem Fall der Anteilsgrenzwert in Höhe von 40% im Sinne von § 18 IV GWB oder in Höhe von 30% im Sinne von § 26 II 1 RStV aufzunehmen wäre, ist eine medienpolitische Frage, die hier nicht aufgeklärt werden muss, weil die Einbeziehung des Zuschauermarktes, wie schon gezeigt, nicht in Betracht kommt.

VII. Stellungnahme

Es hat bei einer getrennten und damit doppelten Aufsichtsstruktur zu bleiben. Selbst wenn man die Hindernisse und Defizite, die in den Nummern I., V. und VI. herausgearbeitet wurden, durch Gesetzesmodifizierungen ändern würde, die fehlende Gesetzgebungskompetenz des Bundes zur Regelung der Sicherung der Meinungsvielfalt im Rundfunk ist nur schwer unüberwindbar. Es bedürfte dazu einer Grundgesetzänderung. Insbesondere die Ausführungen zur Zielsetzung publizistischen und ökonomischen Wettbewerbs (oben I.) und der Korrelation zwischen ökonomischen Wettbewerb und Meinungsvielfalt (oben III.) haben verdeutlicht, dass ökonomischer und publizistischer Wettbewerb verschiedene Ziele verfolgen. Der ökonomische Wettbewerb *kann* zur Meinungsvielfalt beitragen; ökonomischer Wettbewerb ist aber nicht gleichzusetzen mit publizistischem Wettbewerb. Auch der SIEC-Test kann hier nicht weiterhelfen (oben IV.)

B. Reformvorschläge

In der rechtswissenschaftlichen[908] Diskussion über die Rundfunkkonzentrationskontrolle wurden sowohl formell- als auch materiellrechtliche Reformvorschläge unterbreitet. Formell-rechtlich wurde zum einen angeregt, dass Zusammenschlüsse allein nach Kartellrecht beurteilt werden sollten[909], zum anderen wurde auch die Idee artikuliert, dass die rundfunkrechtliche und kartellrechtliche

908 In der Sozialwissenschaft wird seit längerer Zeit das Konzept „Media Governance“ diskutiert. Dabei geht es sehr vereinfacht ausgedrückt darum, dass Medienunternehmen selbstregulierend unter Einbeziehung der Medienschaffenden für ihre erlangte Meinungsmacht gesellschaftliche Verantwortung übernehmen und über ihr Handeln Rechenschaft ablegen. Siehe zur „Media Governance“ nur *Trappel u.a.*, Die gesellschaftlichen Folgen der Medienkonzentration, S. 131ff.; *Donges*, Von der Medienpolitik zur Media Governance?; *Kleinstuber/Nehls*, Media Governance in Europa.

909 Siehe zur Analyse der Sicherung der Meinungsvielfalt durch das Wettbewerbsrecht oben unter A.

Aufsicht zusammengeführt werden könnte[910]. Teilweise wird sich auch, trotz fehlender Zuständigkeit der Union, für ein europäisches Medienkonzentrationsrecht ausgesprochen.[911]

Im Folgenden stehen allein materiell-rechtliche Reformüberlegungen im Fokus. Abschließend wird in dieser Arbeit ein eigener Reformvorschlag vorgestellt.

I. Gesamtmarktmodell

Je weiter die Konvergenz der Medien fortschreitet und umso mehr für den Mediennutzer die verschiedenen Mediengattungen miteinander verschmelzen, desto öfter wird ein einheitliches medienübergreifendes Konzentrationsrecht gefordert.[912] Aufgrund der konvergenzinduzierten Nutzungsänderungen verliere das klassische Fernsehen sein Alleinstellungsmerkmal, das zu einem spezifischen Konzentrationsrecht berechtige. Die Fernsehzentrierung der Medienkonzentrationskontrolle sei nicht mehr zeitgemäß.[913] Überlegung gehen beispielsweise dahin, statt einer abgestuften Regulierung nach Begriffskategorien[914] sollte es eine

910 Vorgeschlagen wurden unter anderem die Übertragung der Aufsicht auf eine Landes- oder Bundesbehörde, Schaffung einer Medienkartellbehörde sowie die Errichtung einer gemeinschaftlichen Bund-Länder-Behörde. Siehe hierzu im Einzelnen und zur rechtlichen Problematik der Umsetzung, *Jungheim*, Medienordnung und Wettbewerbsrecht, S. 591ff.; *Gounalakis*, Konvergenz der Medien, S. C 121ff.; *Rößß*, AfP 2010, 521 (527f.).

911 So insbesondere von *Gounalakis* und *Zagouras*, siehe nur *Gounalakis/Zagouras*, ZUM 2006, 716 (723ff.); *Gounalakis/Zagouras*, JZ 2008, 652 (655ff.). Für eine stärkere internationale Ausrichtung *Paal*, AfP 5/2014, 389 (394).

912 *Schwartmann*, Konvergentes Konzentrationsrecht für konvergente Medien, in: Krautscheid/Schwartmann (Hrsg.), Fesseln für die Vielfalt?, S. 21f. In die Richtung auch *Paal*, AfP 5/2014, 389 (394).

913 *Landesmedienanstalten* (Hrsg.), Von der Fernsehzentrierung zur Medienfokussierung, S. 13, 506, 512; In die Richtung auch *Paal*, AfP 5/2014, 389 (394).

914 Der RStV verwendet Begriffskategorien, um eine abgestufte Regelungsdichte zu normieren. Das private Fernsehen unterliegt dabei der weitgehendsten Regulierung, indem es nicht nur einer Zulassung (§ 20 I 1 RStV) bedarf, sondern auch der Rundfunkkonzentrationskontrolle (§ 26 RStV) unterliegt. Der private Hörfunk braucht hingegen nur eine Lizenz (§ 20 I 1 RStV, Hörfunk, der nur über das Internet verbreitet wird, braucht keine Zulassung, ist aber bei der zuständigen Landesmedienanstalt anzeigepflichtig (§ 20b RStV)). Telemedien sind am geringsten reguliert. Sie sind zulassungs- und anmeldefrei (§ 54 I 1 RStV). Siehe auch *Schmid/Kitz*, ZUM 2009, 739 (740).

Regulierung nach der Gefährdungslage oder Wirkungsintensität geben[915] oder auch dahin, dass sich die Medienkonzentrationskontrolle nach den Angeboten von Bewegtbildern ausrichten sollte[916]. In Rede steht auch ein Gesamtmedienmodell.[917] Doch konkrete Vorschläge[918], wie so ein Konzentrationsrecht tatsächlich normiert werden kann, werden kaum gegeben.[919]

Diese Arbeit kann keine erschöpfende Auseinandersetzung zu der Frage leisten, ob eine medienübergreifende Regulierung gefordert und zu fordern ist. Diese Arbeit behält die bisherige Rundfunkfokussierung im Rahmen der Bewertung cross-medialer Verflechtungen bei. Die bisherigen Ergebnisse dieser Arbeit haben gezeigt, dass das Fernsehen nach wie vor ein Leitmedium ist und einer positiven publizistischen Kontrolle bedarf, die die Sicherung der Meinungsvielfalt gewährleistet. Nichtsdestotrotz sollen im Folgenden einige grundsätzliche Überlegungen zu einem medienübergreifenden Konzentrationsrecht angestellt werden. Ein medienübergreifendes Konzentrationsrecht begegnet zunächst der Problematik der Gesetzgebungskompetenz und Zuständigkeit.[920] Ebenso muss bei einer übergreifenden Regulierung die Implikationen bezüglich der Grundrechtsausübung gesehen werden. Die Presse zum Beispiel ist unbestreitbar ein außerordentlich bedeutsames meinungsbildungsrelevantes Medium, das abgesehen von einer ökonomischen Konzentrationskontrolle gem. §§ 35ff. GWB keine spezifische publizistische Konzentrationskontrolle kennt.[921] Wird ein

---

915 *Schmid/Kitz*, ZUM 2009, 739 (743f.); *Hasebrink/Schulz/Held*, Macht als Wirkungspotential, S. 11f.; *Krautscheid*, Die Reform des Medienkonzentrationsrechts, in: Krautscheid/Schwartmann (Hrsg.), Fesseln für die Vielfalt?, S. 8f.

916 *Landesmedienanstalten* (Hrsg.), Von der Fernsehzentrierung zur Medienfokussierung, S. 506.

917 *Schulz/Held*, Die Zukunft der Kontrolle der Meinungsmacht, S. 63ff.; *Landesmedienanstalten* (Hrsg.), Von der Fernsehzentrierung zur Medienfokussierung, S. 506ff.

918 Das Gesamtmedienmodell von *Schulz/Held* macht indes einen Ausgestaltungsvorschlag.

919 *Grünwald* in: Spindler/Schuster, Recht der elektronischen Medien, § 25 Rdnr. 15; *Sokoll*, Der verfassungsrechtliche Rahmen für ein neues Medienkonzentrationsrecht, S. 3. Viele Vorschläge beschränken sich auf formale Änderungen der Aufsichtsstruktur.

920 *Schwartmann*, Konvergentes Konzentrationsrecht für konvergente Medien, in: Krautscheid/Schwartmann (Hrsg.), Fesseln für die Vielfalt?, S. 22 m.w.N.

921 *Sokoll*, Der verfassungsrechtliche Rahmen für ein neues Medienkonzentrationsrecht, S. 4 bezweifelt die Zulässigkeit einer publizistischen Konzentrationskontrolle für die Presse. *Schulz/Held*, Die Zukunft der Kontrolle der Meinungsmacht, S. 67 ehen Akzeptanzprobleme bei der Implementierung eines Gesamtmedienmodells.

medienübergreifendes, publizistische Belange einbeziehendes Konzentrationsrecht geschaffen, ist dieses auch auf Verflechtungen der Presse anwendbar, sofern keine bereichsspezifischen Ausnahmen vorgesehen sind. Denkbar ist daher, dass eine publizistische Konzentrationskontrolle vorzunehmen ist, wenn sich ein Zeitungsverlag mit einem VoD-Streamingdienst zusammenschließt. Nicht nur mit Blick auf die Presse, sondern auch darüber hinaus führt eine solche Gesamtmedienmarktkontrolle zu Kontrollen, die bisher für nicht erforderlich gehalten wurden. Zudem wird durch ein solches Modell eine Flut von Verfahren produziert, die es zu bewältigen gilt. Daher sollten in ein Gesamtmarktmodell Aufgreifschwellen und/oder Ausnahmetatbestände eingefügt werden. Mit Ausnahmeregelungen entfernt man sich aber wiederum von dem Konzept einer Kontrolle des gesamten Medienmarktes.

II. Inhaltsregulierung

Eine weitere Überlegung zur Modernisierung des Rundfunkkonzentrationsrechts geht dahin, Angebote abgestuft nach ihrem inhaltlichen Gehalt zu regulieren. Sie tangiert die schon eben erwähnte geforderte Regulierung nach der Gefährdungslage bzw. Wirkungsintensität. Die Forderung einer Inhaltsregulierung geht aber noch weiter. Eine Regulierung könnte an Programmkategorien und -genre der Sender anknüpfen. Die Zuschaueranteile eines Vollprogramms oder eines Spartenprogramms mit Schwerpunkt Information könnte danach stärker gewichtet werden als der Spartenkanal mit Schwerpunkt Unterhaltung.[922] Eine Regulierung orientiert an den Inhalten formulierte auch die DLM in einem Positionspapier[923] aus dem Jahr 2013. Sie schlägt ein „Ampelsystem" vor. Je nach Grad der Meinungsrelevanz und der Reichweite sollen Rundfunkangebote einem abgestuften Zulassungs- und Anzeigeregime unterliegen. Einer Zulassung bedürfen danach nur Programme mit Relevanz für die öffentliche Meinungsbildung. Das betreffe vor allem Programme mit hohem Informationsgehalt, aber auch andere Programme können die Zulassungsschwelle überschreiten. Sonstige Programme unterliegen nach dem Positionspapier nur einer Anzeigepflicht. Programme, die nur im Internet verbreitet werden, unterliegen der geringsten Anforderung. Für sie solle höchstens eine Anzeigepflicht gelten.[924]

922 *Schäferkordt*, Sechs Fragen zur Reform des Medienkonzentrationsrechts, in: Krautscheid/ Schwartmann (Hrsg.), Fesseln für die Vielfalt?, S. 67.

923 *DLM*, Positionspapier zu Connected-TV vom 19.02.2013.

924 *DLM*, Positionspapier zu Connected-TV vom 19.02.2013, Nr. 4 S. 5f.

Der Inhaltsregulierung im Allgemeinen und dem Ampelsystem im Besonderen begegnet eine Vielzahl praktischer und verfassungsrechtlicher Bedenken. Zunächst ist in praktischer Hinsicht fraglich, wie eine solche Regulierung nach Inhalten durchgeführt werden soll. Soll die Überwachung der KEK oder einer neu zu errichtenden Institution aufgetragen werden? Muss die KEK oder die dafür dann zuständige Behörde jedes Programm anschauen und bewerten? Wer legt die Kriterien zur Einordnung der Programme in Kategorien fest? Die Annahme, dass Informationssendungen wie Nachrichten und politische Talkshows stärkeren direkten Einfluss auf die politische Meinungsbildung nehmen als eine Unterhaltungssendung verkennt, dass auch von Unterhaltungssendungen Meinungsbildungsrelevanz ausgeht.[925] Verfassungsrechtlich am stärksten wiegt wohl die Befürchtung der Möglichkeit einer Zensur bei einem solchen Verfahren.[926] Insgesamt scheint die Regulierung nach Inhalten im Vergleich zu den übrigen Reformmöglichkeiten deshalb nicht vorzugswürdig.

III. Beteiligungsmodell

Regelungsbereiche, die für die Ausübung von Grundrechten wesentlich sind, müssen im Sinne der Wesentlichkeitstheorie vom Gesetzgeber selbst geregelt werden. Gesetze unterliegen des Weiteren den Geboten der Normklarheit und Tatbestandsbestimmtheit. Das Gesetz muss derart bestimmt sein, dass die Reichweite des Eingriffs in das Grundrecht erkennbar ist.[927] Insbesondere im Anschluss an das Verfahren *Axel Springer/ProSiebenSat.1* wurde bemängelt, dass das Rundfunkkonzentrationsrecht diesen Anforderungen nicht genüge, wenn der Gesetzgeber mit § 26 I RStV eine Generalklausel geschaffen habe und der KEK die Ausformung der Konzentrationskontrolle überlasse. In die Reformdiskussion wurde daher ein Beteiligungsmodell am Beispiel des Nordrhein-Westfälischen

---

925 Dazu nur BVerfGE 12, 205 (260), wonach sich öffentliche Meinungsbildung keineswegs auf Nachrichtensendungen, politischen Kommentare, Sendereihen über politische Probleme der Gegenwart, Vergangenheit oder Zukunft beschränke. Meinungsbildung geschehe ebenso in Hörspielen, musikalischen Darbietungen, Übertragungen kabarettistischer Programme bis hinein in die szenische Gestaltung einer Darbietung. Aus diesem Grund gegen eine Regulierung nach Inhalten auch *Müller-Terpitz*, Medienkonzentrationskontrolle – Quo vadis?, in: Hohlfeld/Müller-Terpitz (Hrsg.), Medienkonzentrationskontrolle – Quo vadis?, S. 20f.

926 Siehe auch *Dörr*, in: Krautscheid/Schwartmann (Hrsg.), Fesseln für die Vielfalt?, S. 114f.

927 *Mansen*, Staatsrecht II, § 8 Rdnr. 168. So auch BVerfGE 57, 295 (321).

Landesmediengesetzes (LMG NRW)[928] eingebracht.[929] Im Unterschied zum Beteiligungsmodell des § 21 RStV aus dem Jahr 1991[930], das lediglich die horizontale Verflechtung beschränkte, finden sich in den §§ 33 IV i.V.m. 33 a bis e LMG NRW cross-mediale lex specialis Regelungen zur Verflechtung von Rundfunk und Presse. Mit der Konkretisierung von cross-medialen Rundfunk-Presseverflechtungen soll der Spruchpraxis des Bundesverfassungsgerichts Rechnung getragen werden. Es hat im *Niedersachsen*-Urteil angemahnt, dass aus der Verflechtung von Presse und Rundfunk Gefahren für die Meinungsvielfalt entstehen können.[931] Die Fokussierung auf Rundfunk-Presse-Verflechtungen auf Länderebene ist nicht untypisch[932] und findet ihre Begründung darin, dass viele Regionen Ein- bis Zweizeitungskreise sind. Wird dort zudem nur ein regionaler Rundfunksender veranstaltet, besteht die Gefahr eines Doppelmonopols dadurch, dass sich der Zeitungsmonopolist mit dem regionalen Rundfunkmonopolisten verflechtet.[933]

Die spezielle Rundfunk-Presse-Cross-Ownership-Vorschrift enthält folgende Aussagen: Gem. § 33a I Nr. 1 LMG NRW darf sich ein nach Kartellrecht zu

928 Landesmediengesetz Nordrhein-Westfalen i.d.F. des 13. Rundfunkänderungsgesetzes vom 08.12.2009, in Kraft getreten am 15.12.2009, Drs. 14/9393, Gesetzesentwurf (S. 65ff.), Gesetzesbegründung (S. 197ff.).

929 *Schwartmann*, Konvergentes Konzentrationsrecht für konvergente Medien, in: Krautscheid/Schwartmann (Hrsg.), Fesseln für die Vielfalt?, S. 24ff.; *Röß*, AfP 2010, 521 (528). Siehe allgemein zum Beteiligungsmodell des §§ 33ff. LMG NRW *Schwartmann*, ZUM 2009, 842; *Krautscheid*, MMR 2010, 1. Aus verfassungsrechtlichen Erwägungen kritisch *Holznagel*, ZUM 2009, 620; *Hain/Seehaus*, K&R 2009, 613. Als Vorbild ablehnend auch *Röß*, AfP 2010, 521 (528). Obwohl sich die vorgenannten Nachweise aus dem Jahr 2009 auf den Entwurf des LMG NRW beziehen, können sie als Bewertungsgrundlage des LMG NRW herangezogen werden, weil die in Kraft getretene Fassung sich weitgehend mit dem Entwurf deckt.

930 Staatsvertrag vom 31. August 1991 über den Rundfunk im vereinten Deutschland.

931 BVerfGE 73, 118 (175); *Schwartmann*, ZUM 2009, 842 (843); *Cole*, AfP 2009, 541 (545). Siehe auch Gesetzesbegründung, Drs. 14/9393, S. 197f.

932 Berlin/Brandenburg (§ 20 BlnBraRZStV), Hamburg/Schlwesig-Holstein (§ 19 MedienStV), Hessen (§ 17 II HPRG), Niedersachsen (§ 6 I 1 Nr. 5, II NMedienG), Rheinland-Pfalz (§22 V LMG RLP), Sachsen (§8 II SächsPRG) und Thüringen (§10 I 1 Nr. 3, 4 ThürLMG) haben besondere cross-mediale Vorschriften bzgl. der Verflechtung von Presse und Rundfunk.

933 Die besondere Gefahr des Doppelmonopols auf regionaler und lokaler Ebene hebt auch das BVerfG hervor, BVerfGE 73, 118 (177).

beurteilendes, marktbeherrschendes Presseunternehmen mit bis zu 25%[934] der Kapital- und Stimmrechtsanteile an einem Rundfunkveranstalter beteiligen. Nr. 2 normiert, dass ein marktbeherrschendes Presseunternehmen nicht mehr als 25% der wöchentlichen Sendezeit eines Programms gestalten darf. Möchte ein marktbeherrschendes Presseunternehmen über die Beteiligungsgrenze des § 33 a I Nr. 1 LMG NRW hinausgehen, muss es alternativ[935] zur Verfügung stehende vielfaltssichernde Maßnahmen gem. § 33a II 3 LMG NRW ergreifen. Der Entstehung vorherrschender Meinungsmacht kann danach dadurch entgegengewirkt werden, dass gem. §§ 33a II 3 Nr. 1 i.V.m. 33b LMG NRW Sendezeit für unabhängige Dritte bereitgestellt wird, gem. §§ 33a II 3 Nr. 2 i.V.m. 33c, d LMG NRW ein Programmbeirat eingerichtet wird oder gem. §§ 33a II 3 Nr. 3 i.V.m. 33e LMG NRW sonstige Verpflichtungen[936] zur Verhinderung vorherrschender Meinungsmacht abgegeben werden. Aus verfassungsrechtlicher Sicht wird an dieser Konstruktion kritisiert, dass dadurch eine 100%ige Beteiligung eines marktbeherrschenden Presseunternehmens an einem Rundfunkunternehmen ermöglicht wird.[937] Damit ermöglicht das LMG NRW letztlich doch die Doppelmonopole, die es laut Bundesverfassungsgericht zu verhindern gilt.[938] Zudem habe die aufsichtsführende Landesanstalt für Medien (LfM) kein Ermessen.[939] Auch die Wirksamkeit dieser vielfaltssichernden Maßnahmen wird in Abrede gestellt, weil sie lediglich vorgebe, vorherrschende Meinungsmacht zu verhindern.[940] Von dieser binnenpluralen Vielfaltabsicherung muss die LfM gem. § 33a III LMG NRW auf Antrag absehen, wenn Außenpluralismus besteht. Wann dies anzunehmen ist, führt § 33 a III 2, 3 LMG NRW weiter aus.[941]

Mit Blick auf sonstige cross-mediale Verflechtungen[942] gilt der § 33 II LMG NRW, wonach kein Unternehmen (natürliche oder juristische Person oder

---

934 Im Entwurf des LMG NRW wurde noch von 30% ausgegangen. Die 30%-Beteiligungsgrenze ist nicht ohne Kritik geblieben. Siehe dazu *Holznagel*, ZUM 2009, 620 (624f.); *Hain/Seehaus*, K&R 2009, 613 (615).

935 Schon eine Maßnahme ist ausreichend. Siehe dazu kritisch *Hain/Seehaus*, K&R 2009, 613 (615).

936 *Krautscheid*, MMR 2010, 1 (2) beschreibt dies als neuen und innovativen Weg, den bisher noch kein Medienkonzentrationsrecht gegangen sei.

937 *Holznagel*, ZUM 2009, 620 (626).

938 *Holznagel*, ZUM 2009, 620 (626); *Röß*, AfP 2010, 521 (528); BVerfGE 73, 118 (177).

939 *Hain/Seehaus*, K&R 2009, 613 (615).

940 *Holznagel*, ZUM 2009, 620 (626f.); *Hain/Seehaus*, K&R 2009, 613 (616f.).

941 Siehe zur Kritik dieser Regelung *Hain/Seehaus*, K&R 2009, 613 (617f.); *Holznagel*, ZUM 2009, 620 (627ff.).

942 *Schwartmann*, ZUM 2009, 842 (843).

Personenvereinigung) selbst oder durch ein anderes Unternehmen vorherrschende Meinungsmacht erlangen darf. § 33 III LMG konkretisiert weiter die Beteiligung von bundesweit verbreiteten Rundfunk am regionalen Rundfunk.

Das LMG NRW bietet für die Reformdiskussion des § 26 RStV nur bedingt Anregungen. Es schafft einerseits durch die Verwendung von festen Schwellenwerten mehr Rechtssicherheit.[943] Anderseits können Grenzwerte auch zu einer Starrheit führen und das verfassungsrechtliche Gebot einer Vielfaltssicherung konterkarieren.[944] Fraglich ist auch die Tauglichkeit der vielfaltssichernden Maßnahmen.[945] Das Beteiligungsmodell des LMG NRW schenkt Verflechtungen von Presse und Rundfunk besondere Beachtung. Wie die gescheiterte Übernahme ProSiebenSat.1 durch Axel Springer zeigt, hat die Verflechtung dieser beiden Mediengattungen nach wie vor nicht nur im regionalen und lokalen, sondern auch im bundesweiten Kontext einen besonderen Reiz bei den Akteuren der Medienbranche. In jüngerer Zeit streben die Akteure der Medienbranche und ebenso auch die privaten Fernsehveranstalter aber ins Internet. Die Gefährdung für die Meinungsvielfalt, die aus einer Verflechtung von Rundfunk und zum Beispiel einem VoD-Streamingdienst entstehen, kann dieses Beteiligungsmodell nicht entgegenwirken. Hier käme wiederum lediglich § 33 II LMG NRW zur Anwendung, der sich darauf beschränkt, die Entstehung vorherrschende Meinungsmacht zu verbieten und damit noch unbestimmter ist, als der § 26 RStV. Grundsätzlich hat ein Beteiligungsmodell immer damit zu kämpfen, dass es nur bestimmte Akteure der Medienbranche reguliert. Gerade in Zeiten, in der sich die Medienwelt rasant entwickelt, muss eine publizistische Konzentrationskontrolle entwicklungsoffen ausgestaltet sein.

IV. Vorschlag der KEK

Die KEK hat in ihrem dritten und vierten Medienkonzentrationsbericht Vorschläge für Neuformulierungen des § 26 RStV unterbreitet. Mit dem aktuellen fünften Konzentrationsbericht dürfte sie diese Novellierungsvorschläge aufgegeben haben. Dort spricht sie sich für die Abkehr von der Fernsehzentrierung der Konzentrationskontrolle und grundsätzlich für ein Gesamtmarktmodell aus. Auf dem Weg zu dieser medienübergreifenden Vielfaltssicherung schlägt sie ein „zwar fernsehbasierte[s], aber den Gesamtmarkt der Medien fokussierende[s]

---

943 *Krautscheid*, MMR 2010, 1; *Schwartmann*, ZUM 2009, 842 (844).

944 *Röß*, AfP 2010, 521 (528); *Holznagel*, ZUM 2009, 620 (625); *Hain/Seehaus*, K&R 2009, 613 (614f.).

945 *Röß*, AfP 2010, 521 (528).

Konzentrationsrecht“[946] vor. Dieses Zwischenmodell, das nur in groben Zügen erläutert wird, übernimmt die Ergebnisse der bisherigen Verwaltungspraxis, allen voran das Gewichtungsmodell.[947]

V. Entwurf eines neuen § 26 RStV

1. Textvorschlag

Unter Berücksichtigung der Befunde und Ergebnisse dieser Arbeit könnte eine Neufassung des § 26 RStV folgendermaßen lauten:

(1) Ein Unternehmen (natürliche oder juristische Person oder Personenvereinigung) darf in der Bundesrepublik Deutschland selbst oder durch ihm zurechenbare Unternehmen bundesweit im Fernsehen eine unbegrenzte Anzahl von Programmen veranstalten, es sei denn, es erlangt dadurch vorherrschende Meinungsmacht.

(2) Es wird vermutet, dass vorherrschende Meinungsmacht gegeben ist, wenn die einem Unternehmen zurechenbaren Programme im Durchschnitt eines Jahres einen Zuschaueranteil von 30 vom Hundert erreichen.

(3) [1]Es wird vermutet, dass vorherrschende Meinungsmacht gegeben ist, wenn ein Unternehmen, das mit den ihm zurechenbaren Programmen im Durchschnitt eines Jahres einen Zuschaueranteil von 20 vom Hundert erreicht, aufgrund einer Gesamtbewertung seiner Aktivitäten im Fernsehen und auf medienrelevanten verwandten Märkten einen Meinungseinfluss erreicht, der dem eines Unternehmens mit einem Zuschaueranteil von 30 vom Hundert im Fernsehen entspricht. [2]Medienrelevante verwandte Märkte sind insbesondere der Hörfunk, die Presse, der Online-Bereich und die vor- und nachgelagerten Märkte des Fernsehens. [3]Für die Gewichtung der Stellung des Unternehmens auf den medienrelevanten verwandten Märkten sind als Kriterien für die Bestimmung der Meinungsbildungsrelevanz der medienrelevanten verwandten Märkte vor allem die Suggestivkraft, die Breitenwirkung und die Aktualität zugrunde zu legen. [4]Die Gewichtung der Meinungsbildungsrelevanz medienrelevanter verwandter Märkte erfolgt im Verhältnis zum Fernsehen. [5]In einer nach Absatz 8 zu erlassenen Richtlinie wird die Kommission zur Ermittlung der Konzentration im Medienbereich (KEK, § 35 Abs. 2 Satz 1 Nr. 3) aufgefordert die Modalitäten zur Gewichtung der Meinungsbildungsrelevanz medienrelevanter verwandter Märkte näher zu regeln. [6]Die Richtlinie ist zu veröffentlichen.

(4) [1]Bei der Feststellung des nach den Absätzen 2 und 3 maßgeblichen Zuschaueranteils sind

946 *Landesmedienanstalten* (Hrsg.), Von der Fernsehzentrierung zur Medienfokussierung, S. 512.

947 *Landesmedienanstalten* (Hrsg.), Von der Fernsehzentrierung zur Medienfokussierung, S. 506ff.

1. bei Aufnahme von Fernsehprogrammen gemäß § 25 Abs. 4 in das dem Unternehmen zurechenbare Vollprogramm mit dem höchsten Zuschaueranteil 2 Prozentpunkte abzuziehen und
2. bei gleichzeitiger Aufnahme von Sendezeit für Dritte nach Maßgabe des Absatzes 7 weitere 3 Prozentpunkte abzuziehen.

[2]Die Bonuspunkte nach Satz 1 sind von dem nach Maßgabe der §§ 27, 28, 36 IV 3 RStV ermittelten tatsächlichen Zuschaueranteil vorab abzuziehen.

(5) [1]Einem Unternehmen darf keine Zulassung für weitere ihm zurechenbare Programme erteilt oder der Erwerb weiterer zurechenbarer Beteiligungen an Veranstaltern nicht als unbedenklich bestätigt werden, wenn er dadurch vorherrschende Meinungsmacht erlangt. [2]Die Maßnahmen des Absatzes 6 sind entsprechend anwendbar.

(6) [1]Hat ein Unternehmen mit den ihm zurechenbaren Programmen vorherrschende Meinungsmacht erlangt, schlägt die zuständige Landesmedienanstalt durch die KEK dem Unternehmen folgende Maßnahmen vor:
1. Das Unternehmen kann ihm zurechenbare Beteiligungen an Veranstaltern aufgeben, bis der zurechenbare Zuschaueranteil des Unternehmens hierdurch unter die Grenze nach Absatz 2 fällt, oder
2. es kann im Falle des Absatzes 3 seine Marktstellung auf medienrelevanten verwandten Märkten vermindern oder ihm zurechenbare Beteiligungen an Veranstaltern aufgeben, bis keine vorherrschende Meinungsmacht nach Absatz 3 mehr gegeben ist, oder
3. es kann bei ihm zurechenbaren Veranstaltern vielfaltssichernde Maßnahmen im Sinne der §§ 30 bis 32 ergreifen.

[2]Die KEK erörtert mit dem Unternehmen die in Betracht kommenden Maßnahmen mit dem Ziel, eine einvernehmliche Regelung herbeizuführen. [3]Kommt keine Einigung zustande oder werden die einvernehmlich zwischen dem Unternehmen und der KEK vereinbarten Maßnahmen nicht in angemessener Frist durchgeführt, so sind von der zuständigen Landesmedienanstalt nach Feststellung durch die KEK die Zulassungen von so vielen dem Unternehmen zurechenbaren Programmen zu widerrufen, bis keine vorherrschende Meinungsmacht durch das Unternehmen mehr gegeben ist. [4]Die Auswahl trifft die KEK unter Berücksichtigung der Besonderheiten des Einzelfalles. [5]Eine Entschädigung für Vermögensnachteile durch den Widerruf der Zulassung wird nicht gewährt.

(7) [1]Erreicht ein Veranstalter mit einem Vollprogramm oder einem Spartenprogramm mit Schwerpunkt Information im Durchschnitt eines Jahres einen Zuschaueranteil von 10 vom Hundert, hat er binnen sechs Monaten nach Feststellung und Mitteilung durch die zuständige Landesmedienanstalt Sendezeit für unabhängige Dritte nach Maßgabe von § 31 einzuräumen. [2]Erreicht ein Unternehmen mit ihm zurechenbaren Programmen im Durchschnitt eines Jahres einen Zuschaueranteil von 20 vom Hundert, ohne dass eines der Vollprogramme oder Spartenprogramme mit Schwerpunkt Information einen Zuschaueranteil von 10 vom Hundert erreicht, trifft die Verpflichtung nach Satz 1 den Veranstalter des dem Unternehmen zurechenbaren Programms mit dem höchsten Zuschaueranteil. [3]Trifft der Veranstalter

die danach erforderlichen Maßnahmen nicht, ist von der zuständigen Landesmedienanstalt nach Feststellung durch die KEK die Zulassung zu widerrufen. [4]Absatz 6 Satz 5 gilt entsprechend.

(8) Die KEK wird ermächtigt, in einer Richtlinie nähere Ausführungen zur Durchführung dieser Vorschrift zu machen.

(9) [1]Die Landesmedienanstalten veröffentlichen gemeinsam alle drei Jahre oder auf Anforderungen der Länder einen Bericht der KEK über die Entwicklung der Konzentration und über Maßnahmen zur Sicherung der Meinungsvielfalt im privaten Rundfunk unter Berücksichtigung von

1. Verflechtungen zwischen Fernsehen und medienrelevanten verwandten Märkten,
2. horizontalen Verflechtungen zwischen Rundfunkveranstaltern in verschiedenen Verbreitungsgebieten und
3. internationalen Verflechtungen im Medienbereich.

[2]Der Bericht soll auch zur Anwendung der §§ 26 bis 32, der Richtlinie gem. Absatz 3 Satz 5 in Verbindung mit Absatz 8 und zu erforderlichen Änderungen dieser Bestimmungen Stellung nehmen.

(10) Die Landesmedienanstalten veröffentlichen jährlich eine von der KEK zu erstellende Programmliste. In die Programmliste sind alle Programme, ihre Veranstalter und deren Beteiligte aufzunehmen.

2. *Erläuterungen zum Textvorschlag*

Der dargelegt Reformvorschlag wird im Folgenden erläutert.

Allgemeines:

Mit der Fassung des vorgeschlagenen, novellierten § 26 RStV (in Folgenden RStV-Entwurf) wird an der Fernsehfokussierung der Rundfunkkonzentrationskontrolle festgehalten. Damit wird der Wertung des Bundesverfassungsgerichts Rechnung getragen, wonach die Digitalisierung gerade nicht dazu geführt hat, dass eine spezifische Rundfunkkonzentrationskontrolle überflüssig geworden ist. Vielmehr ist es genau anders herum, dass dieser technische Entwicklungsprozess weiterhin eine Regulierung notwendig macht. Die Veranstaltung von Fernsehen ist zwar immer noch finanziell intensiv, begegnet aber nicht mehr so sehr dem Problem der Frequenzknappheit wie in den Anfangsjahren der Fernsehveranstaltung. Das Fernsehen kann seine Wirkungsmöglichkeiten nunmehr über diverse Verbreitungsformen und -wege und über ein vergrößertes und ausdifferenziertes Angebot entfalten.[948] Das Fernsehen ist nach wie vor ein Leitmedium

948 BVerfG, Urteil vom 25.03.2014, Az. 1 BvF 1/11 und 4/11, Rdnr. 34.

und in der Bevölkerung immer noch der wichtigste Lieferant für Informationen aus den Bereichen Weltgeschehen und Politik.[949]

Zu Absatz 1 bis 3:
Eine Trennung von Generalklausel (Absatz 1), Voraussetzungen zur Beurteilung horizontaler Konzentration (Absatz 2) und Voraussetzungen zur Prüfung crossmedialer Zusammenschlüsse (Absatz 3) macht die Norm übersichtlicher. Bisher bestand insbesondere Streit darüber, welche Regelungswirkung von der Bezugnahme auf die nachfolgenden Bestimmungen in § 26 I a.E. RStV ausgeht. Diese systematische Unklarheit führte zu dem Streit über das Verhältnis von Absatz 1 zu Absatz 2. Mit dieser systematischen Aufteilung werden solche Unklarheiten vorgebeugt.

Zu Absatz 1:
Der bisherige Absatz 1, der es privaten Fernsehveranstaltern verbietet zu vorherrschende Meinungsmacht zu gelangen, bleibt als Generalklausel erhalten. Der Anwendungsbereich und die Bedeutung der Generalklausel werden aufgrund der Novellierungen der horizontalen und cross-medialen Konzentration in den Absätzen 2 und 3 sehr gering bleiben. Die Wertung des Bundesverfassungsgerichts, wonach der Rundfunk der freien und individuellen Meinungsbildung dient und die Meinungsvielfalt im Rundfunk sichergestellt respektive die Entstehung vorherrschender Meinungsmacht verhindert werden muss[950], macht es aber notwendig, eine solche Generalklausel als Auffangtatbestand aufzunehmen.

Zu Absätze 2 und 3:
In der Verwaltungsrechtsprechung[951] hat sich die von *Holznagel* und *Krone* entwickelte Ansicht, dass der bisherige Absatz 2 und die Bezugnahme auf den Zuschaueranteil Regelbeispiele mit Leitbildcharakter seien, durchgesetzt. Mit den Neufassungen der Absätze 2 und 3 soll von dieser Wertung grundsätzlich keine Abkehr stattfinden. Den Zuschaueranteilen kommt nach wie vor ein Leitbildcharakter bei der Ermittlung vorherrschender Meinungsmacht zu. Die Neufassungen der beiden Absätze behalten die Vermutungsregeln bei und bringen so den Regelbeispielcharakter zum Ausdruck. Die Vermutungsregeln sind nach der

949 Siehe dazu oben unter Kapitel 2. A. II., III.

950 BVerfGE 12, 205 (260). BVerfGE 57, 295 (320); BVerfGE 73, 118 (172); BVerfG, Urteil vom 25.03.2014, Az. 1 BvF 1/11 und 4/11, Rdnr. 34.

951 BVerwG, Urteil v. 24.11.2010, Az. 6 C 16.09; BVerwG, Urteil v. 29.01.2014, Az. 6 C 2.13. Siehe dazu oben unter Kapitel 3. C. IV. 2. c.

Intention des Gesetzgebers zum 3. RÄStV widerlegbare Vermutungen. Es soll auch weiterhin gelten, dass beispielsweise trotz Überschreitens der 30 %-Hürde die KEK nach Würdigung der Darlegungen des betreffenden Unternehmens feststellen kann, dass das Unternehmen nicht über vorherrschende Meinungsmacht verfügt. Ebenso soll die KEK bei Unterschreitung der Schwelle feststellen können, dass das Unternehmen zu vorherrschender Meinungsmacht gelangt. Dies wird an die KEK besonderer Anforderung an den Nachweis stellen.[952]

Zu Absatz 2:
Der neue Absatz 2 erfasst horizontale Konzentrationstendenzen, die aus internem und externem Wachstum entstehen. Inhaltlich werden keine Änderungen vorgenommen.

Zu Absatz 3:
Cross-mediale Verflechtungen haben in der Vergangenheit aufgrund der Digitalisierung und der dadurch bewirkten Konvergenz der Medien im zunehmenden Maße an Bedeutung gewonnen. Absatz 3 enthält das Herzstück zur Regulierung cross-medialer Verflechtungen unter Beteiligung eines privaten Fernsehveranstalters.

Absatz 3 Satz 1 modifiziert den bisherigen § 26 II 2 RStV. Die Absenkung des Schwellenwertes von 25% auf 20% erfolgt im Hinblick auf den neuen Absatz 4 Satz 2, der klargestellt, dass die Bonuspunkte für regionale Fensterprogramme und Sendezeiten für Dritte vorab abzuziehen sind. Dadurch dürfte in den weitüberwiegenden Fällen der zurechenbare tatsächliche Zuschaueranteil eines Rundfunkveranstalters nicht mehr die bisherige Grenze von 25% Zuschaueranteil erreichen. Dies würde nämlich bedeuten, dass der ermittelte tatsächliche Zuschaueranteil bei 30% liegt. Allerdings kann auch ein Vorhaben eines Rundfunkunternehmens, das mit seinem Zuschaueranteil nach Abzug der Bonuspunkte unterhalb der § 25% Grenze liegt, aufgrund seiner Aktivitäten auf anderen medialen Märkten zu vorherrschender Meinungsmacht im Fernsehen führen. Um zu verhindern, dass die speziellen Vorschriften zu cross-medialen Verflechtungen an Bedeutung verlieren und um zu verhindern, dass aus verfassungsrechtlichen Gesichtspunkten die rundfunkkonzentrationsrechtliche Prüfung in diesen Fällen im Rahmen des allgemeinen Auffangtatbestandes des § 26 I RStV-Entwurfs vorgenommen wird, ist eine Anpassung des Grenzwertes geboten. Eine Verlagerung der Rundfunkkonzentrationskontrolle in den

952 Siehe dazu Amtl. Begr. zu § 26 3.RÄStV.

Auffangtatbestand des § 26 I RStV-Entwurfs wäre unbefriedigend und würde trotz der Verwaltungspraxis der KEK im Hinblick auf cross-mediale Verflechtungen zu Rechtsunsicherheiten bei den potentiell betroffenen Rundfunkunternehmen führen. Der Gesetzgeber hat 1997, als er den § 26 RStV in den Rundfunkstaatsvertrag aufnahm, besondere Regelungen zur Handhabung cross-medialer Zusammenschlüsse aufgenommen. Er hat damit zum Ausdruck gebracht, dass solche Beteiligungsveränderungen an bestimmten Parametern zu messen sind. Die Absenkung erfolgt daher auch, um den Anwendungsbereich der speziellen cross-medialen Rundfunkkonzentrationsvorschrift wieder zu eröffnen.

Die Grenze könnte bei einem Zuschaueranteil von 20% zu setzen sein. Bei einem Zuschaueranteil von unter 20% dürfte grundsätzlich anzunehmen sein, dass die Stellung eines Fernsehveranstalters im Fernsehen nur noch ein geringes Gewicht hat.[953] Der Grenzwert ist kommunikationswissenschaftlich ebenso wenig abgesichert, wie die 30%-Hürde, die vorherrschende Meinungsmacht vermuten lässt[954]. Es handelt sich dabei um einen politisch festgelegten Wert. Mit der Festlegung einer Untergrenze wird auch erreicht, dass Aktivitäten auf medienrelevanten verwandten Märkten eine geringe Meinungsmacht im Fernsehen nicht kompensieren, sondern nur eine schon bestehende beachtliche Stellung im Fernsehen zu einer Position verstärken kann, die zu vorherrschenden Meinungsmacht führt. Mit einem Grenzwert in Höhe von 20% trägt die Vorschrift damit der Fokussierung der Rundfunkkonzentrationskontrolle auf das Fernsehen Rechnung und verhindert, dass sie zu einem Einfallstor für eine medienübergreifende Vielfaltskontrolle wird.[955]

Im Gegensatz zum bisherigen § 26 II 2 RStV soll zur Vereinfachung der crossmedialen Rundfunkkonzentrationskontrolle auf die Alternative, die auf eine marktbeherrschende Stellung auf einem medienrelevanten verwandten Markt Bezug nimmt, gestrichen werden. Für eine cross-mediale Rundfunkkonzentrationskontrolle ist eine Gesamtbetrachtung der Aktivitäten auf medienrelevanten verwandten Märkten ausreichend und eine marktbeherrschende Stellung wird auch hier ausreichend berücksichtigt.

In den Normentext von Absatz 3 Satz 2 werden die Medienmärkte Hörfunk, Presse, Online und vor- und nachgelagerte Märkte des Fernsehens aufgenommen.

---

953 BVerwG, Urteil vom 29.01.2014, Az. 6 C 2.13, Rdnr. 36.

954 Die Setzung des Zuschaueranteilswertes bei 30% erfolgte als medienpolitischer Kompromiss, siehe dazu *Hartstein/Ring/Kreile*, RStV, Bd. 2, 46. AL 09/2010, § 25 Rdnr. 4 sowie oben unter Kapitel 2. C. IV. 1. a.

955 Dazu auch BVerwG, Urteil vom 29.01.2014, Az. 6 C 2.13, Rdnrn. 34f.

Das Wort „insbesondere" stellt dabei klar, dass die Aufzählung nicht abschließend ist. Es ist sinnvoll die medienrelevanten verwandten Märkte mit übergeordneten Begriffskategorien bzw. als Mediengattungen zu beschreiben. Zur Presse gehören insbesondere Zeitungen und Zeitschriften (Programm- und Publikumszeitschriften). Auch für den Online-Bereich soll auf eine Ausdifferenzierung verzichtet werden, obwohl sich in jüngerer Zeit herauskristallisiert hat, dass verschiedenen Angebotstypen im Internet unterschiedliche Relevanz für die Meinungsbildung zukommt.[956] Die Situation ist gleichbedeutend wie bei der Presse. Auch dort kommt den unterschiedlichen publizistischen Segmenten unterschiedliche Relevanz für die Meinungsbildung zu. Eine Gewichtung der Relevanz ist, gerade auch vor dem Hintergrund der weiteren dynamischen Entwicklung der medialen Angebote, insbesondere im Internet, vorzugswürdiger in der nach Absatz 3 Satz 5 in Verbindung mit Absatz 8 zu erlassenden Richtlinien darzulegen. Unter den vor- und nachgelagerten Märkten sind wie bisher die Bereiche der Produktion, Rechtehandel, Beschaffung und Distribution zu verstehen.

Absatz 3 Satz 3 berücksichtigt die vom Bundesverfassungsgericht entwickelte Begriffstrias des Rundfunks, wonach sich der Rundfunk durch seine Suggestivkraft, Breitenwirkung und Aktualität auszeichne. In der Verwaltungspraxis der KEK sind diese Leistungskriterien das maßgebliche Beurteilungskriterium geworden, um die Meinungsbildungsrelevanz von medienrelevanten verwandten Märkten zu ermitteln. Mit der normativen Verankerung des Beurteilungsmaßstabs wird mehr Bestimmtheit und damit Rechtssicherheit geschaffen. Mit der Formulierung „vor allem" wird die Möglichkeit offengehalten, dass es neben der Suggestivkraft, der Breitenwirkung und der Aktualität weitere Kriterien zur Bewertung medienrelevanter verwandter Märkte bei der Meinungsbildung geben kann. In naher Zukunft ist aber nicht davon auszugehen, dass andere Kriterien entwickelt werden.

Die Rundfunkkonzentrationskontrolle ist fernsehzentriert und soll es auch in Zukunft bleiben. Der Satz 4 des Absatzes 3 stellt daher klar, dass die Gewichtung medienrelevanter verwandter Märkte ins Verhältnis zum Fernsehen zu setzen ist.

Mit Absatz 3 Satz 5 wird die KEK aufgefordert eine Richtlinie zu erlassen, in der die Modalitäten zur Gewichtung der Meinungsbildungsrelevanz von medienrelevanten verwandten Märkten näher geregelt werden. Konkret soll

---

956 Siehe dazu das Gutachten von *Neuberger/Lobigs*, Die Bedeutung des Internets im Rahmen der Vielfaltssicherung, sowie die Ausführungen oben unter Kapitel 2. A. I. 2. sowie Kapitel 2. C. IV. 3. b. aa. (4).

die KEK in dieser Richtlinie ihre Gewichtungsfaktoren und weitere relevante Informationen insbesondere bezüglich solcher Märkte aufnehmen, denen kein Gewichtungsfaktor zugeordnet werden kann.

Zwar geht von einer solchen Richtlinie in der Rechtsnatur einer Verwaltungsvorschrift grundsätzlich zunächst keine Bindungswirkung aus. Eine Bindungswirkung kann aber durch eine gefestigte Verwaltungspraxis nach dem Grundsatz der Selbstbindung der Verwaltung und dem Gleichheitsgrundsatz nach Art. 3 GG entstehen. Durch die Ausgliederung der Gewichtungsmodalitäten in eine Richtlinie, die keinem zeitaufwendigem Gesetzgebungsprozess unterliegt, wird die KEK in die Lage versetzt, zeitnah auf Veränderungen des Medienmarktes reagieren und Anpassungen vornehmen zu können. Dies erhöht für die Rundfunkunternehmen die Rechts- und Planungssicherheit.

Absatz 3 Satz 6 besagt, dass die Richtlinie zu veröffentlichen ist. Das soll verdeutlichen, dass es sich bei der Richtlinie nicht bloß um ein Verwaltungsinternum handelt. Die Veröffentlichung kann auf der Internetseite der KEK erfolgen. Dort werden auch die Medienkonzentrationsberichte gemäß § 26 IX RStV-Entwurf (entspricht § 26 VI RStV des bisherigen RStV), die Programmliste gemäß § 26 X RStV-Entwurf (entspricht § 26 VII RStV des bisherigen RStV) sowie weitere informative Hinweise und Publikationen veröffentlicht.

Zu Absatz 4:
Die Gewährung von Bonuspunkten ist beizubehalten. Vor dem Hintergrund, dass die Gewährung von Bonuspunkte Veranstalter von Fernsehprogrammen im Allgemeinen betrifft, sollen die Voraussetzungen zur Gewährung von Bonuspunkten in einem gesonderten Absatz normiert werden.

Inhaltlich wird eine Änderung und dadurch bewirkte Klarstellung dahingehend vorgenommen, dass mit Satz 2 normiert wird, dass die Anrechnung von Bonuspunkten auf die ermittelten tatsächlichen Zuschaueranteile erfolgt. Damit werden die Unklarheiten, die sich aus dem bisherigen Gesetzestext ergaben und die darauf beruhende und als widersprüchlich empfundene Verwaltungspraxis der KEK beseitigt.[957] Die Zuschaueranteile werden auf der Grundlage von §§ 27, 28, 36 IV 3 RStV ermittelt. Die so ermittelten Zuschaueranteile sind der Ausgangspunkt für die weitere Entscheidung, ob Aktivitäten auf medienrelevanten

957 Die KEK zieht die Bonuspunkte je nach dem unter welcher Vorschrift sie das Vorhaben prüft vorab oder erst im Rahmen einer Gesamtbetrachtung ab. Siehe dazu die Verfahren ProSiebenSat.1 (KEK 293-1 bis -5), n-tv (KEK 309) und RTL Television (711) sowie zur Kritik des widersprüchlichen Verhaltens auch oben unter Kapitel 2 D. I. 2. a. und 3.

verwandten Märkten berücksichtigt werden können. Auf diese Weise wird sichergestellt, dass positive Wirkungen, die von Fensterprogrammen und Sendezeiten für Dritte auf die Meinungsvielfalt im Fernsehen ausgehen, unmittelbar berücksichtigt werden.[958] Dies ist auch wegen der Fernsehzentrierung der Rundfunkkonzentrationskontrolle geboten.

Zu Absatz 5:
In Absatz 5 Satz 1 erfolgt eine Klarstellung dahingehend, dass dem betreffenden Unternehmen bei externem Wachstum eine Zulassung nur zu versagen ist oder eine Beteiligungsveränderung nur als bedenklich eingestuft werden soll, wenn es *dadurch* vorherrschende Meinungsmacht erlangt. Das Unternehmen muss nicht schon zuvor über vorherrschende Meinungsmacht verfügen.

Der bisherige Streit darüber, ob die vielfaltssichernden Maßnahmen, die bei Entstehung vorherrschender Meinungsmacht durch internes Wachstum greifen, auch bei externem Wachstum zur Anwendung kommen können, soll in Satz 2 zugunsten einer entsprechenden Anwendbarkeit gelöst werden. Dafür spricht der Grundsatz der Verhältnismäßigkeit.[959]

Zu Absatz 6:
Hinsichtlich der Handhabung internen Wachstums soll sich durch die Neufassung keine Änderung ergeben.

Zu Absatz 7:
Auch mit Blick auf die Einrichtung von Sendezeit für Dritte sind keine Änderungen vorzunehmen.

Zu Absatz 8:
Die Ermächtigung an die KEK in einer Richtlinie nähere Ausführungen zur Durchführung der Rundfunkkonzentrationskontrolle gem. § 26 RStV-Entwurf zu machen, geht auf eine Anregung der KEK zurück.[960] *Dörr*, Mitglied der KEK, hat sich auch andernorts für die Einfügung einer Richtlinienkompetenz ausgesprochen.[961] Obwohl Richtlinien als eine Form der normeninterpretierenden

958 BVerwG, Urteil vom 29.01.2014, Az. 6 C 2.13, Rdnrn. 39.
959 Siehe dazu oben unter Kapitel 2. C. IV. 4. a. aa.
960 *Landesmedienanstalten* (Hrsg.), Crossmediale Verflechtungen als Herausforderung für die Konzentrationskontrolle, S. 385.
961 *Dörr*, Das Medienkonzentrationsrecht auf dem Prüfstand, in: Krautscheid/Schwartmann (Hrsg.), Fesseln für die Vielfalt?, S. 43, 107.

Verwaltungsvorschrift rechtstechnisch keine Außenwirkung zukommt, besitzen sie, wie oben zum Absatz 3 Satz 5 gezeigt, faktisch eine solche Wirkung.

Zu Absatz 9 Satz 2:
Der Verweis auf die Richtlinie ist an sich überflüssig, weil sie als Maßnahme des § 26 RStV schon der Überprüfung unterliegt. Die ausdrückliche Erwähnung dient damit der Klarstellung und Unterstreichung ihrer zukünftigen Bedeutung.

Zu Absatz 10:
Die Erstellung einer jährlichen Programmliste bleibt unverändert.

Kapitel 5. Zusammenfassung der Ergebnisse

A. Der rundfunkkonzentrationsrechtliche Kontext

Die Analyse der Rundfunkkonzentrationskontrolle hat zu fünf zentralen Ergebnissen geführt:

1. Obgleich auf dem Rundfunkmarkt heute wegen der Digitalisierung und der damit einhergehenden Erweiterung der Übertragungsmöglichkeiten keine Frequenzknappheit mehr herrscht und sich seit Beginn der Veranstaltung von privaten Rundfunk die Senderanzahl stark erhöht hat, ist eine positive Rundfunkordnung, die sicherstellt, dass die Vielfalt der bestehenden Meinungen im Fernsehen zum Ausdruck gelangen und keiner oder eine gesellschaftliche Gruppe in die Lage versetzt wird, zu vorherrschender Meinungsmacht zu gelangen, nach wie vor notwendig. Das Fernsehen ist das meistgenutzte Medium und bestimmt maßgeblich die Meinungsbildung der Rezipienten mit. Der private Rundfunk finanziert sich weiterhin hauptsächlich aus Werbeeinnahmen und veranstaltet aus diesem Grund ein möglichst massenattraktives Programm. Das Internet kann diese starke Wirkung des Fernsehens nicht relativieren, weil insbesondere mit Blick auf journalistisch relevante Angebote ein sogenanntes „more of the same" vorliegt. Die Mehrzahl der publizistisch relevanten Online-Angebote stammt von den klassischen Medienanbietern.
2. Das Verhältnis von § 26 I und II RStV dürfte nunmehr mit dem zweiten Revisionsurteil des Bundesverwaltungsgerichts in der Sache *Axel Springer/ProSiebenSat.1* geklärt sein. Im Einklang mit dem Wortlaut, der Systematik, dem Sinn und Zweck sowie dem Willen des Gesetzgebers handelt es sich bei den Zuschaueranteilen um Regelbeispiele mit Leitbildcharakter. Die Ausführungen des Bundesverwaltungsgerichts konkretisieren die Rundfunkkonzentrationskontrolle und setzen ihr Grenzen. Die so verstandene Rundfunkkonzentrationskontrolle gewährleistet den notwendigen Fernsehbezug, gibt ihr aber genügend Flexibilität, um das Entstehen vorherrschender Meinungsmacht verhindern zu können.
3. Das von der KEK entwickelte Gewichtungsmodell, um Aktivitäten auf medienrelevanten verwandten Märkten bei cross-medialen Zusammenschlüssen bewerten zu können, weist Schwächen auf. Nach Prüfung der alternativen Ansätze sollte am Gewichtungsmodell dennoch festgehalten werden. Die Alternativmodelle führen im Ergebnis zu keiner Verbesserung und verschaffen

damit den Rundfunkunternehmen nicht mehr Rechts- und Planungssicherheit. Das Gewichtungsmodell der KEK hingegen hat sich im Laufe der Verwaltungspraxis gefestigt und wird an die Entwicklungen des Medienmarkts angepasst.

4. Der Normentext von § 26 RStV spiegelt die mittlerweile sehr komplexe Rundfunkkonzentrationskontrolle nicht mehr wider. Ob aus dieser Diskrepanz wegen eines möglichen Verstoßes gegen den Vorbehalt des Gesetzes verfassungsrechtliche Bedenken folgen, wurde in dieser Arbeit zwar nicht begutachtet. Empfehlenswert wäre es aber dennoch, den Normentext der mittlerweile fast 20 Jahre alten Rundfunkkonzentrationskontrolle an die Verwaltungspraxis und Rechtsprechung anzupassen. Ein möglicher Entwurf wurde am Ende des 4. Kapitels vorgelegt.
5. Die Reformvorschläge, die im Zusammenhang mit der Rundfunkkonzentrationskontrolle vorgebracht werden, sind im Vergleich zur derzeitigen Rundfunkkonzentrationskontrolle nicht vorzugswürdig. Insbesondere ein Gesamtmarktmedienmodell erfreut sich weiterhin großer Beliebtheit. Ein solches Modell ist aber sowohl aus verfassungsrechtlichen Gründen als auch wegen fehlenden Bedarfs abzulehnen.

B. Der wettbewerbsrechtliche Kontext

Die Analyse der kartellrechtlichen Zusammenschlusskontrolle hat zu drei zentralen Ergebnissen geführt:

1. Die Zusammenschlusskontrolle gem. §§ 35 ff. GWB ist nicht geeignet die Meinungsvielfalt im privaten bundesweiten Rundfunk zu sichern und zu verhindern, dass ein Veranstalter im Rundfunk zu vorherrschender Meinungsmacht gelangt. Grund hierfür ist, dass die kartellrechtliche Zusammenschlusskontrolle nicht darauf ausgelegt ist, den publizistischen Wettbewerb zu schützen. Dieses Defizit lässt sich aus verfassungsrechtlichen Erwägungen auch nicht ohne weiteres beheben. Notwendig wäre eine Grundgesetzänderung, um die Kompetenz zur Regulierung der Rundfunkfreiheit, die bei den Ländern liegt, auf den Bundesgesetzgeber zu übertragen. Darüber hinaus begegnet eine Zusammenschlusskontrolle im Rahmen des GWB mit der die Meinungsvielfalt gesichert werden soll weiteren Bedenken. Dies ist zum einen die Nichterfassung internen Wachstums, zum anderen, dass der Fernsehzuschauermarkt des Free-TVs kein sachlich relevanter Markt im Sinne des Wettbewerbsrechts ist.

2. Cross-mediale Effekte, die das Bundeskartellamt im Rahmen des Verfahrens *Axel Springer/ProSiebenSat.1* entwickelte, haben in der Zusammenschlusskontrolle nicht die Bedeutung erlangt, die man ihnen im Anschluss an die Entscheidung vorhergesagt hat. Zusammenschlüsse im Medienbereich werden weiterhin maßgeblich anhand der allgemeinen Bewertungskriterien hinsichtlich konglomerater Zusammenschlüsse beurteilt. Cross-mediale Werbung für Konzernprodukte, publizistische Cross-Promotion und cross-mediale Werbekampagnen als unterschiedliche Formen cross-medialer Effekte sind dabei in der Prüfungspraxis lediglich weitere mögliche Bewertungskriterien geworden.
3. Die Entwicklungen im Medienmarkt haben nicht zu einem Zusammenwachsen der Märkte zu einem sachlichen Gesamtmedienmarkt geführt.

Literaturverzeichnis

Anderson, Chris, The Long Tail. Nischenprodukte statt Massenmarkt. Das Geschäft der Zukunft. Der lange Schwanz, München 2007.

Anderson, Chris, The Long Tail, Wired, Issue 12.10, Oktober 2004, abrufbar unter http://www.wired.com/2004/10/tail/ (zuletzt geprüft am 15.04.2016).

Arminger, Gerhard, Anerkannte wissenschaftliche Methoden zur Ermittlung der Zuschaueranteile – eine Bewertung unter Aspekten der Wirtschaftlichkeit und Sparsamkeit, in: Landesmedienanstalten (Hrsg.), Zuschaueranteile als Massstab vorherrschender Meinungsmacht. Die Ermittlung der Zuschaueranteile durch die KEK nach § 27 des Rundfunkstaatsvertrages: Dokumentation des Symposiums der Kommission zur Ermittlung der Konzentration im Medienbereich (KEK) im November 1998 in Potsdam, Berlin 1999, S. 55–77, zitiert als *Arminger,* Anerkannte wissenschaftliche Methoden zur Ermittlung der Zuschaueranteile, in: Landesmedienanstalten (Hrsg.), Zuschaueranteile als Maßstab vorherrschender Meinungsmacht.

Bartosch, Andreas, Das Grünbuch über Konvergenz. Ein Beitrag zur Diskussion auf dem Weg in die Informationsgesellschaft, ZUM 1998, S. 209–220.

Bartosch, Andreas, Digital Video Broadcasting (DVB) im Kabel. Ein Wirrwarr aus Rundfunk-, Telekommunikations- und Wettbewerbsrecht, CR 1997, S. 517–525.

Bauer, Johann, Wettbewerbsbeschränkungen durch konglomerate Unternehmenszusammenschlüsse, Regensburg 1994.

Bauer, Stephan/van Einem, Götz v., Handy-TV – Eine neue Herausforderung für die Rundfunkregulierung?, MMR 2007, S. 423–426.

Beater, Axel, Medienrecht, Tübingen 2007.

Bechtold, Rainer, Kartellgesetz: Gesetz gegen Wettbewerbsbeschränkungen, 7. Auflage, München 2013, zitiert als *Bechtold,* GWB.

Bender, Gunnar, Cross-Media-Ownership. Eine rechtsvergleichende Untersuchung der Kontrolle multimedialer Unternehmenskonzentration in der Bundesrepublik Deutschland und den Vereinigten Staaten von Amerika, Münster 1997.

Best, Stefanie/Handel, Marlene, Parallele Mediennutzung stagniert, Ergebnisse der ARD/ZDF-Langzeitstudie Massenkommunikation, Media Perspektiven 12/2015, S. 542–563.

Bohne, Michael, Cross-mediale Effekte in der Fusionskontrolle, WRP 2006, S. 540–548.

Bonfadelli Heinz/Friemel, Thomas N., Medienwirkungsforschung, 5. Auflage, Konstanz und München 2015.

Bonfadelli, Heinz/Friemel, Thomas/Wirth, Werner, Medienwirkungsforschung, in: Bonfadelli, Heinz/Jarren, Otfried/Siegert, Gabriele (Hrsg.), Einführung in die Publizistikwissenschaft, 3. Auflage, Bern 2010.

Bornemann, Roland, Die Bedeutung der "starken Stellung" in der Medienkonzentrationskontrolle, ZUM 2006, S. 200–205.

Bornemann, Roland, Wie die KEK gefühlte Meinungsmacht in eine Eingriffskompetenz umrechnet, MMR 2006, S. 275–279.

Braun, Ellen, 23. Abschnitt: GWB, in: Paschke, Marian (Hrsg.), Hamburger Kommentar Gesamtes Medienrecht, Baden-Baden 2008, S. 610–680.

Bremer, Eckhard/Grünwald, Andreas, Konzentrationskontrolle in "virtuellen Meinungsmärkten"?, MMR 2009, S. 80–84.

Breunig, Christian/Engel, Bernd, Massenkommunikation 2015: Funktionen und Images der Medien im Vergleich, Ergebnisse der ARD/ZDF-Langzeitstudie, Media Perspektiven 7-8/2015, S. 323–341.

Brinkmann, Tomas, Zur Aktualität des Vielfaltsgebots in den Massenmedien, ZUM 2013, S. 193–201.

Bundeskartellamt, Konglomerate Zusammenschlüsse in der Fusionskontrolle, Bestandsaufnahme und Ausblick, Diskussionspapier für die Sitzung des Arbeitskreises Kartellrecht am 21.09.2006, abrufbar unter http://www.bundeskartellamt.de/SharedDocs/Publikation/DE/Diskussions_Hintergrundpapier/Bundeskartellamt%20-%20Konglomerate%20Zusammenschl%C3%BCsse%20in%20der%20Fusionskontrolle.pdf?__blob=publicationFile&v=4 (zuletzt geprüft am 15.04.2016).

Bundeskartellamt, Leitfaden zur Marktbeherrschung in der Fusionskontrolle vom 29.03.2012, abrufbar unter http://www.bundeskartellamt.de/SharedDocs/Publikation/DE/Leitfaden/Leitfaden%20-%20Marktbeherrschung%20in%20der%20Fusionskontrolle.pdf?__blob=publicationFile&v=12 (zuletzt geprüft am 15.04.2016).

Bundeskartellamt, Marktbeherrschungs- und SIEC-Test – Eine Bestandsaufnahme, Tagung des Arbeitskreises Kartellrecht am 24. September 2009, Hintergrundpapier, abrufbar unter http://www.bundeskartellamt.de/SharedDocs/Publikation/DE/Diskussions_Hintergrundpapier/Bundeskartellamt%20-%20Marktbeherrschungs%20und%20SIEC%20Test.pdf?__blob=publicationFile&v=5 (zuletzt geprüft am 15.04.2016).

Castendyk, Oliver/Böttcher, Kathrin, Ein neuer Rundfunkbegriff für Deutschland? Die Richtlinie für audiovisuelle Mediendienste und der deutsche Rundfunkbegriff, MMR 2008, S. 13–18.

Clausen-Muradian, Elisabeth, Konzentrationskontrolle im privaten Rundfunk – Der neue Rundfunkstaatsvertrag (RfStv) 1997, ZUM 1996, S. 934–947.

Cohen, Bernard C., The Press and Foreign Policy, New Jersey 1963.

Cole, Mark D., Die traditionellen Medien in der Krise: Bedeutungsverlust und rechtlicher Handlungsbedarf?, AfP 2009, S. 541–552.

Dewenter, Ralf, Crossmediale Fusionen und Meinungsvielfalt: Eine ökonomische Analyse, in: Fechner, Frank (Hrsg.): Crossmediale Fusionen und Meinungsvielfalt, Juristische und ökonomische Betrachtungen, Ilmenau 2007, S. 47–89.

Diekmann, Kai/Quoos, Jörg/Zauritz, Frank, Warum braucht man zum Regieren BILD, BamS und Glotze, Herr Schröder?, BILD v. 23.06.2012, abrufbar unter http://www.bild.de/news/topics/60-jahre-bild/interview-mit-gerhard-schroeder-24636504.bild.html# (zuletzt geprüft am 15.04.2016).

Dittmann, Armin, Die allzu kecke KEK? Anmerkungen zu Vorbehalt und Vorrang des Gesetzes bei Anwendung von § 26 RStV und zur Rolle der Rechtsaufsicht, in: Geiß, Karlmann/Mailänder, K. Peter (Hrsg.), Festschrift für Karl Peter Mailänder zum 70. Geburtstag am 23. Oktober 2006, Berlin 2006, S. 469–480.

DLM, Drittes Strukturpapier zur Unterscheidung von Rundfunk und Mediendiensten, abrufbar unter http://www.lpr-hessen.de/files/3Strukturpapier.pdf (zuletzt geprüft am 15.04.2016).

DLM, Positionspapier zu Connected-TV vom 19.02.2013, abrufbar unter http://www.die-medienanstalten.de/fileadmin/Download/Positionen/Gemeinsame_Positionen/DLM-Positionspapier_Connected_TV_2013-02-19.pdf (zuletzt geprüft am 15.04.2016).

Donges, Patrick, Von der Medienpolitik zur Media Governance?, Köln 2007.

Dörr, Dieter, Das Medienkonzentrationsrecht auf dem Prüfstand, in: Krautscheid, Andreas/Schwartmann, Rolf (Hrsg.), Fesseln für die Vielfalt?, Heidelberg 2010, S. 39–43.

Dörr, Dieter, Vielfaltssicherung im bundesweiten Fernsehen. Relikt aus der analogen Welt oder unverzichtbare Grundlage der Informationsgesellschaft?, AfP-Sonderheft 2007, S. 33–40.

Dörr, Dieter, Vielfaltssicherung in Gefahr? Die Verhinderung vorherrschender Meinungsmacht und die Springer-Entscheidung der KEK, in: Geiß, Karlmann/Mailänder, K. Peter (Hrsg.), Festschrift für Karl Peter Mailänder zum 70. Geburtstag am 23. Oktober 2006, Berlin 2006, S. 481–496.

Dörr, Dieter., Konzentrationskontrolle im Rundfunk, in: Schiwy, Peter/Schütz, Walter J./Dörr Dieter (Hrsg.), Medienrecht. Lexikon für Praxis und Wissenschaft, 5. Auflage, Köln 2010, S. 312–325.

Dreiskämper, Thomas, Medienökonomie I, Lehrbuch für Studiengänge medienorientierter Berufe: Konzeptionsansätze und theoretische Fundierungen der Medienökonomie, Berlin 2013.

Egger, Andreas/van Eimeren, Birgit, Bewegtbild im Internet: Markt und Nutzung digitaler Plattformen, Analyse des Marktumfelds und empirische Ergebnisse aus der ARD/ZDF-Onlinestudie, Media Perspektiven 2/2016, S. 108–119.

Emmerich, Volker, Kartellrecht, 13. Auflage, München 2014.

Emmerich, Volker, Wettbewerbsrecht: Fusionskontrolle auf dem Medienmarkt, JuS 2011, S. 464–466.

Engel, Bernd/Breunig, Christian, Massenkommunikation 2015: Mediennutzung im Intermediavergleich, Ergebnisse der ARD/ZDF-Langzeitstudie, Media, S. 310–322.

Engel, Christoph, Vorsoge gegen die Konzentration im privaten Rundfunk mit den Mitteln des Rundfunkrechts – eine Analyse von § 21 Rundfunkstaatsvertrag 1991, ZUM Sonderheft 1993, S. 557–585.

Engel, Christoph, Zuschaueranteile in der publizistischen Konzentrationskontrolle. Grenzwert oder bloß ein Indiz unter vielen?, ZUM 2005, S. 776–782.

Epping, Volker/Hillgruber, Christian (Hrsg.), Beck'scher Online-Kommentar GG, 17. Edition, München 2013, zitiert als: *Bearbeiter*, in: Epping/Hillgruber, Beck'scher Online-Kommentar GG.

Esser, Michael, Medienkonvergenz und Zusammenschlusskontrolle – Zur fusionskontrollrechtlichen Bewertung medienübergreifender Transaktionen, NZKart 4/2013, S. 135–142.

Fechner, Frank (Hrsg.), Crossmediale Fusionen und Meinungsvielfalt, , Juristische und ökonomische Betrachtungen, Ilmenau 2007.

Fechner, Frank, Medienrecht, Lehrbuch des gesamten Medienrechts unter besonderer Berücksichtigung von Presse, Rundfunk und Multimedia, 11. Auflage, Tübingen 2010.

Gersdorf, Hubertus, Auswirkungen der Medienkonvergenz auf den Rundfunkbegriff und die Medienregulierung, in: Gundel, Jörg/Heermann, Peter W./ Leible, Stefan (Hrsg.), Konvergenz der Medien – Konvergenz des Rechts?, Bd. 3, Jena 2009, S. 31–46.

Gersdorf, Hubertus/Paal, Boris, Beck'scher Online-Kommentar Informations- und Medienrecht, 9. Edition, zitiert als: *Bearbeiter*, in: *Gersdorf/Paal*, BeckOK Informations- und Medienrecht.

Gounalakis, Georgios/Zagouras, Georgios, Crossmedia Konzentration und multimediale Meinungsmacht, AfP 2006, S. 93–103.

Gounalakis, Georgios/Zagouras, Georgios, Konglomerate Medienkonzerne und Wettbewerbsaufsicht. Eine Nachlese zum Fall Springer / ProSiebenSat.1, NJW 2006, S. 1624–1627.

Gounalakis, Georgios/Zagouras, Georgios, Medienkonzentrationsrecht, Vielfaltssicherung in den Medien, München 2008.

Gounalakis, Georgios/Zagouras, Georgios, Plädoyer für ein europäisches Medienkonzentrationsrecht, ZUM 2006, S. 716–725.

Gounalakis, Georgios/Zagouras, Georgios, Publizistische Vielfaltssicherung – Eine Aufgabe für Europa?, JZ 2008, 652–661.

Gounalakis, Georgios, Konvergenz der Medien – Sollte das Recht der Medien harmonisiert werden?, Gutachen C für den 64. Deutschen Juristentag, München 2002.

Hahn, Werner/Vesting, Thomas, Beck'scher Kommentar zum Rundfunkrecht, Rundfunkstaatsvertrag, Rundfunkgebührenstaatsvertrag, Rundfunkfinanzierungsstaatsvertrag, Jugendmedienschutzstaatsvertrag, 2. Auflage, München 2008, zitiert als: *Bearbeiter*, in: Hahn/Vesting, Rundfunkrecht.

Hain, Karl-Eberhard/Seehaus, Christine, Verfassungsrechtliche Grenzen des Presse-Rundfunk-Crossownership überschritten? Zum Regierungsentwurf des 13. nordrhein-westfälischen Rundfunkänderungsgesetzes, K&R 2009, 613–618.

Hain, Karl-Eberhard, Springer, ProSiebenSat.1 und die KEK – eine Nachlese, K&R 2006, S. 150–155.

Hain, Karl-Eberhard, Vorherrschende Meinungsmacht i.S.d. § 26 Abs. 1, 2 RStV. Die Kontroverse um "quantitative" oder "qualitative" Bestimmung, MMR 2000, S. 537–544.

Hallenberger, Gerd, Dimensionen des Begriffs „Vielfalt", in: Kohl, Helmut (Hrsg.), Vielfalt im Rundfunk: Interdisziplinäre und internationale Annäherung, Konstanz 1997, S. 10–20.

Hartstein, Reinhard/Ring, Wolf-Dieter/Kreile, Johannes, Rundfunkstaatsvertrag: Kommentar, Band 2, Loseblattsammlung, München Stand Dezember 2011, zitiert als: *Hartstein/ Ring/Kreile*, RStV, Bd. 2.

Hasebrink, Uwe/Schmidt, Jan-Hinrik, unter Mitarbeit von S. Rude, M. Scheler, N. Tosbat, Informationsrepertoires der deutschen Bevölkerung, Konzept für eine regelmäßig durchzuführende bevölkerungsrepräsentative Befragung im Rahmen des Vorhabens „Erfassung und Darstellung der Medien- und Meinungsvielfalt in Deutschland", Arbeitspapiere des Hans-Bredow-Instituts Nr. 24, Hamburg 2012, abrufbar unter http://www.hans-bredow-institut.de/webfm_send/657 (zuletzt geprüft am 15.04.2016).

Hasebrink, Uwe/Schulz, Wolfgang/Deterding, Sebastian/Schmidt, Jan-Hinrik/ Schröder, Hermann-Dieter/Sprenger, Regine, Leitmedium Internet? Mögliche Auswirkungen des Aufstiegs des Internets zum Leitmedium für das deutsche Mediensystem, Gutachten für den Deutschen Bundestag, vorgelegt dem Büro für Technikfolgen-Abschätzung beim Deutschen Bundestag (TAB) im Juni 2010, Arbeitspapiere des Hans-Bredow-Instituts Nr. 27, Hamburg 2013, abrufbar unter: https://www.hans-bredow-institut.de/webfm_send/734 (zuletzt geprüft am 15.04.2016).

Hasebrink, Uwe/Schulz, Wolfgang/Held, Thorsten, Macht als Wirkungspotential, Friedrich-Ebert-Stiftung, Medien Kurzanalysen, April 2009.

Hasebrink, Uwe, Das Zuschaueranteilsmodell: Herausforderung durch Pay-TV und Online-Medien. Kommunikationswissenschaftliches Gutachten für die Kommission zur Ermittlung der Konzentration im Medienbereich (KEK), Hamburg 2001, abrufbar unter http://www.kek-online.de/fileadmin/Download_KEK/Gutachten/Gutachten_Das_Zuschaueranteilsmodell_Herausforderungen_durch_Pay-TV_und_Online-Medien.pdf (zuletzt geprüft am 15.04.2016).

Hasebrink, Uwe, Zur Berücksichtigung medienrelevanter verwandter Märkte bei der Anwendung des Zuschaueranteilsmodells (§ 26 Abs. 2 Satz 2 RStV). Kommunikationswissenschaftliches Gutachten für die Kommission zur Ermittlung der Konzentration im Fernsehbereich (KEK), Hamburg 8.08.2003, abrufbar unter http://www.kek-online.de/fileadmin/Download_KEK/Gutachten/Gutachten_Zur_Beruecksichtigung_medienrelevanter_verwandter_Maerkte.pdf (zuletzt geprüft am 15.04.2016).

Häuser, Daniel, Frisches Öl im Räderwerk, W&V 2002, S. 52.

Heinen, Helmut, Medienvielfaltsregulierung im digitalen Zeitalter, in: Krautscheid, Andreas/Schwartmann, Rolf (Hrsg.), Fesseln für die Vielfalt?, Heidelberg 2010, S. 45–53.

Heinrich, Jürgen, Medienökonomie, Band 1: Mediensystem, Zeitung, Zeitschrift, Anzeigenblatt, 3. Auflage, Wiesbaden 2010.

Heinrich, Jürgen, Medienökonomie, Band 2: Hörfunk und Fernsehen, 2. Auflage, Wiesbaden 2010.

Heinrich, Jürgen, Theorien der Medienverflechtung, in: Leonhard, Joachim-Felix/ Burkhardt, Armin/Ungeheuer, Gerold u. a. (Hrsg.), Medienwissenschaft: Ein Handbuch zur Entwicklung der Medien und Kommunikationsformen. 1. Teilband, Berlin 1999.

Held, Thorsten, Online-Angebote öffentlich-rechtlicher Rundfunkanstalten, Baden-Baden 2008.

Hepach, Stefan, Der Kompetenzrahmen der KEK nach dem Sechsten Rundfunkänderungsstaatsvertrag, ZUM 2003, S. 112–122.

Hepach, Stefan, Die Kommission zur Ermittlung der Konzentration im Medienbereich: Verselbständigungstendenzen eines Organs unter Berufung auf das rundfunkspezifische Gebot einer effizienten Konzentrationskontrolle?, ZUM 1999, S. 603–614.

Hepach, Stefan, Nochmals: Verfahrensrechtlicher Status und materielle Prüfungskompetenz der KEK. Erwiderung auf Renck-Laufke, ZUM 2006, 907 ff., ZUM 2007, S. 40–47.

Herkel, Günter, Reform statt Lex Springer, Menschen-Machen-Medien 2-3/2006.

Herrmann, Günter/Lausen, Matthias, Rundfunkrecht, Fernsehen und Hörfunk mit Neuen Medien, 2. Auflage, München 2004.

Hinrichsen, Jan, Crossmediale Konzentration und Sicherung der Meinungsvielfalt, Frankfurt am Main 2013.

Hoeren, Thomas/Sieber, Ulrich/Holznagel, Bernd, Handbuch Multimedia-Recht, 32. EL., München 2012, zitiert als: *Bearbeiter*, in Hoeren/Sieber/Holznagel, Multimedia-Recht.

Holznagel, Bernd/Krone, Daniel, Wie frei ist die KEK? Ein Beitrag zur Auslegung des § 26 Abs. 2 Satz 2 RStV, MMR 2005, S. 666–673.

Holznagel, Bernd, Anreize für die vertikale Verflechtung zwischen Presse und Rundfunk oder wirksame Konzentrationsbegrenzung? Zur Verfassungsgemäßheit der §§ 33 a-33 d LMG-E NRW, ZUM 2009, S. 620–629.

Holznagel, Bernd, Rechtsgutachten zur Auslegung des § 26 Abs. 2 Satz 2 RStV, Münster, Juli 2005.

Holznagel, Bernd, Rechtsprobleme der Konvergenz von Rundfunk und Telekommunikation, MMR-Beil. 1998, S. 12–17.

Huber, Peter M., Medienkonzentrationskontrolle als Herausforderung an das Verwaltungsrecht – Der Fall Springer, Verw. Band 40 (2007), S. 1–27.

Immenga, Ulrich/Mestmäcker, Ernst-Joachim, Gesetz gegen Wettbewerbsbeschränkungen, 3. Auflage, München 2001, zitiert als: *Bearbeiter*, in: Immenga/Mestmäcker, GWB, 3. Aufl. (2001)).

Immenga, Ulrich/Mestmäcker, Ernst-Joachim., Wettbewerbsrecht, Band 2. GWB, 4. Auflage, München 2007, zitiert als: *Bearbeiter*, in: Immenga/Mestmäcker, GWB, 4. Aufl. (2007).

Immenga, Ulrich/Mestmäcker, Ernst-Joachim., Wettbewerbsrecht, Band 2. GWB, 5. Auflage, München 2014, zitiert als: *Bearbeiter*, in: Immenga/Mestmäcker, Wettbewerbsrecht.

Jäckel, Michael, Medienwirkungen. Ein Studienbuch zur Einführung, 5. Auflage, Wiesbaden 2011.

Janik, Viktor, Kapitulation vor der eingetretenen Konzentration?, AfP 2002, S. 104–114.

Jungheim, Stephanie, Medienordnung und Wettbewerbsrecht im Zeitalter der Digitalisierung und Globalisierung, Tübingen 2012.

KEK., Öffentliche Befragung zur Berücksichtigung medienrelevanter verwandter Märkte (§ 26 Abs. 2 Satz 2, 2. Alt. RStV), Pressemitteilung 05/05 v. 29.04.2005.

KEK, 15. Jahresbericht, Berichtszeitraum 01.07.2011 bis 30.06.2012, Potsdam.

KEK, 5. Jahresbericht, Berichtzeitraum 01.07.2001 bis 30.06.2002, Potsdam.

Kepplinger, Hans Mathias, Wie kann man publizistische Meinungsmacht messen? Grundsätzliche Überlegungen aus aktuellem Anlass, in: Möhring, Wiebke/ Schütz, Walter J./Stürzebecher, Dieter (Hrsg.), Journalistik und Kommunikationsforschung. Festschrift für Beate Schneider, Berlin 2007, S. 141–159.

Kiefer, Marie Luise/Steininger, Christian, Medienökonomik, 3. Auflage, München 2014.

Kleinstuber, Hans J./Nehls, Sabine (Hrsg.), Media Governance in Europa, Regulierung – Partizipation – Mitbestimmung, Wiesbaden 2011.

Knobloch, Silvia, Werbestrategien der deutschen Medien. Einsatz von Media-Werbung und Cross-Promotion, M&K 2003, S. 38–54.

Koch, Ulrich, Medienkonzentrationsrecht in Deutschland – sind wir auf dem richtigen Weg?, AfP 2007, S. 305–313.

Körber, Torsten, Sektorspezifische Rundfunkregulierung oder „Wettbewerb 2.0"?, ZWeR 3/2009, 315–342.

Krautscheid, Andreas, Die Reform des Medienkonzentrationsrechts – eine medienpolitische Bestandsaufnahme, in: Krautscheid, Andreas/Schwartmann, *Rolf* (Hrsg.), Fesseln für die Vielfalt?, Heidelberg 2010, S. 3–10.

Krautscheid, Andreas, NRW beschreitet neue Wege in der Medienkonzentration, MMR 2010, S. 1–2.

Krug, E., Crossmedia, GENIOS WirtschaftsWissen, Nr. 01/2003 vom 31.01.2003, abrufbar unter http://www.genios.de/wirtschaft/crossmedia/c_marketing mix_20030131.html (zuletzt geprüft am 15.04.2016).

Kruse, Jörn, Konzentration und Regulierung privater Fernsehanbieter, Diskussionsbeiträge aus dem Institut für Volkswirtschaftslehre (520), Universität Hohenheim, Nr. 131/1996.

Kruse, Jörn, Publizistische Vielfalt und Medienkonzentration zwischen Marktkräften und politischen Entscheidungen, in: Altmeppen, Klaus-Dieter (Hrsg.),

Ökonomie der Medien und des Mediensystems, Grundlagen, Ergebnisse und Perspektiven medienökonomischer Forschung, Opladen 1996, S. 25–52.

Kübler, Friedrich, Die Konzentration im Medienbereich und ihre Kontrolle, in: Prütting, Hanns u.a. (Hrsg.), Marktmacht und Konzentrationskontrolle auf dem Fernsehmarkt, Gemeinsame Vortragsveranstaltung der Institute für Rundfunkrecht und Rundfunkökonomie an der Universität zu Köln vom 7. Mai 1999, Bd. 79, München 2000, S. 7–22.

Kuchinke, Björn A./Schubert, Jens M., Der Beschluss des Bundeskartellamts in Sachen Springer – ProSiebensat.1, WuW 2006, S. 477–485.

Kunisch, Kaspar, Verfassungswidrige Telemedienaufsicht durch Regierungsstellen. Aufsicht über Internetdienste im Schutzbereich der Rundfunkfreiheit, MMR 2011, S. 796–799.

Landesmedienanstalten (Hrsg.), Auf dem Weg zu einer medienübergreifenden Vielfaltssicherung, Bericht der Kommission zur Ermittlung der Konzentration im Medienbereich (KEK) über die Entwicklung der Konzentration und über Maßnahmen zur Sicherung der Meinungsvielfalt im privaten Rundfunk; Konzentrationsbericht der KEK nach § 26 Abs. 6 RStV, Berlin 2010.

Landesmedienanstalten (Hrsg.), Crossmediale Verflechtungen als Herausforderung für die Konzentrationskontrolle, Bericht der Kommission zur Ermittlung der Konzentration im Medienbereich (KEK) über die Entwicklung der Konzentration und über Maßnahmen zur Sicherung der Meinungsvielfalt im privaten Rundfunk; Konzentrationsbericht der KEK nach § 26 Abs. 6 RStV, Berlin 2007.

Landesmedienanstalten (Hrsg.), Fortschreitende Medienkonzentration im Zeichen der Konvergenz, Bericht der Kommission zur Ermittlung der Konzentration im Medienbereich (KEK) über die Entwicklung der Konzentration und über Massnahmen zur Sicherung der Meinungsvielfalt im privaten Rundfunk; Konzentrationsbericht der KEK nach § 26, Abs. 6 RStV, Berlin 2000.

Landesmedienanstalten (Hrsg.), Medienrelevante verwandte Märkte in der rundfunkrechtlichen Konzentrationskontrolle, Auswahl, Messung und Bewertung; Dokumentation des Symposiums der Kommission zur Ermittlung der Konzentration im Medienbereich (KEK) vom Oktober 2005 in Potsdam 2006.

Landesmedienanstalten (Hrsg.), Sicherung der Meinungsvielfalt in Zeiten des Umbruchs, Bericht der Kommission zur Ermittlung der Konzentration im Medienbereich (KEK) über die Entwicklung der Konzentration und über Maßnahmen zur Sicherung der Meinungsvielfalt im privaten Rundfunk; Konzentrationsbericht der KEK nach § 26 Abs. 6 RStV, Berlin 2004.

Landesmedienanstalten (Hrsg.), Von der Fernsehzentrierung zur Medienfokussierung – Anforderungen an eine zeitgemäße Sicherung medialer Meinungsvielfalt, Bericht der Kommission zur Ermittlung der Konzentration im Medienbereich (KEK) über die Entwicklung der Konzentration und über Maßnahmen zur Sicherung der Meinungsvielfalt im privaten Rundfunk; Konzentrationsbericht der KEK nach § 26 Abs. 6 RStV, Leipzig 2014.

Landesmedienanstalten (Hrsg.), Zuschaueranteile als Massstab vorherrschender Meinungsmacht, Die Ermittlung der Zuschaueranteile durch die KEK nach § 27 des Rundfunkstaatsvertrages: Dokumentation des Symposiums der Kommission zur Ermittlung der Konzentration im Medienbereich (KEK) im November 1998 in Potsdam 1999.

Lange, Bernd-Peter, Die Übernahme von ProSiebenSat.1 durch den Axel-Springer-Konzern, Media-Perspektiven 11/2005, S. 546–557.

Lange, Knut Werner, Crossmediale Zusammenschlusskontrolle, in: Gundel, Jörg/Heermann, Peter W./Leible, Stefan (Hrsg.), Konvergenz der Medien – Konvergenz des Rechts? Bd. 3, Jena 2009, S. 135–150.

Langen, Eugen/Bunte, Hermann-Joseph, Kartellrecht, Band 1, Deutsches Kartellrecht, 12. Auflage, Köln 2014, zitiert als: *Bearbeiter*, in: Langen/Bunte, Kartellrecht, Bd. 1.

Lerche, Peter, Meinungsvielfalt im deutschen bundesweiten Fernsehen – Rechtsfragen der Aufsichtspraxis, in: Schwarze, Jürgen/Hesse, Albrecht (Hrsg.), Rundfunk und Fernsehen im digitalen Zeitalter. Die Sicherung von Medienfreiheit und Medienvielfalt im deutschen und europäischen Recht, Bd. 242, Baden-Baden 2000, S. 21–30.

Lettl, Tobias, Kartellrecht, 2. Auflage, München 2007.

Lippmann, Walter, Public Opinion, New York 1922.

Loewenheim, Ulrich/Meessen, Karl M./Riesenkampff, Alexander (Hrsg.), Kartellrecht, 2. Auflage, München 2009, zitiert als: *Bearbeiter*, in: Loewenheim/Meessen/Riesenkampff, Kartellrecht).

Mailänder, K. Peter, Crossmediale Zusammenschlüsse – eine Herausforderung für die medienrechtliche Konzentrationskontrolle, AfP 2007, S. 297–305.

Maunz, Theodor/Dürig, Günter, Grundgesetz, Kommentar, 67. Erglfg., München 2013, zitiert als: *Bearbeiter*, in: Maunz/Dürig, 67. Erglfg. (2013).

McCombs, Maxwell/Shaw, Donald L., The Agenda-Setting Function of Mass Media, Public Opinion Quarterly Vol. 36. (1972), S. 176–187.

Meier, Werner A., Gesellschaftliche Folgen der Medienkonzentration, Aus Politik und Zeitgeschichte (APuZ) B 12-13/2004, S. 3–6.

Meyer, Martin, Signalverarbeitung: Analoge und digitale Signale, Systeme und Filter, 6. Auflage, Wiesbaden 2011.

Michel, Eva-Maria, Senden als konstitutiver Bestandteil des Rundfunkbegriffs? Der Rundfunkbegriff im Lichte neuerer europarechtlicher Entwicklungen, ZUM 2009, S. 453–460.

Monopolkommission, Hauptgutachten VI (1984/1985), Gesamtwirtschaftliche Chancen und Risiken wachsender Unternehmensgrößen, Baden-Baden 1986.

Monopolkommission, Hauptgutachten XI (1994/1995), Wettbewerbspolitik in Zeiten des Umbruches, Baden-Baden 1996.

Monopolkommission, Hauptgutachten XVI (2004/2005), Mehr Wettbewerb auch im Dienstleistungssektor!, Baden-Baden 2006.

Monopolkommission, Wettbewerbsprobleme bei der Einführung von privatem Hörfunk und Fernsehen, Sondergutachten der Monopolkommission gemäß § 24 b Abs. 5 Satz 4 GWB, Band 11, Baden-Baden 1981.

Müller-Terpitz, Ralf, Medienkonzentrationskontrolle – Quo vadis?, in: Hohlfeld, Ralf/Müller-Terpitz Ralf (Hrsg.), Medienkonzentrationskontrolle – Quo vadis?, Stuttgart 2012, S. 9–21.

Neft, Hans, KEK und KDLM – unorthodoxe Organkonfigurationen zur Sicherung der Meinungsvielfalt im Fernsehen, ZUM 1999, S. 97–104.

Neft, Hans, Meinungsdominanz im Fernsehen – Aufgreifkriterium des neuen § 26 Abs. 2 Rundfunkstaatsvertrag (RStV), ZUM 1998, S. 458–465.

Neuberger, Christoph/Lobigs, Frank, Die Bedeutung des Internets im Rahmen der Vielfaltssicherung, Gutachten im Auftrag der Kommission zur Ermittlung der Konzentration im Medienbereich (KEK), Berlin 2010.

Paal, Boris, Medienvielfalt und Wettbewerbsrecht, Tübingen 2010, zitiert als: *Paal*, Medienvielfalt und Wettbewerbsrecht).

Paal, Boris, Entflechtungstatbestand, Medienvielfalt und Kartellgesetz, JZ 13/2010, S. 647–654.

Paal, Boris, Vielfaltssicherung und Konzentrationskontrolle nach dem RStV, AfP 5/2014, S. 389–394.

Peifer, Karl-Nikolaus, Vielfaltssicherung im bundesweiten Fernsehen, Voraussetzungen und Grenzen einer Prüfung der medienrelevanten verwandten Märkte, Rechtsgutachten, München 2005.

Platho, Rolf, Cross-Promotion in TV-Senderfamilien, MMR 2002, S. 21–25.

Prodoehl, Hans-Gerd, Auf dem Weg zu einer neuen Medienordnung, MMR-Beil. 1998, S. 1–5.

Prütting, Hanns, Die Vermutung im Kartellrecht, in: Baur, Jürgen F., (Hrsg.), Festschrift für Ralf Vieregge zum 70. Geburtstag am 6. November 1995, Berlin 1995, S. 733–745.

Prütting, Hanns, Die Vermutung vorherrschender Meinungsmacht, in: Prütting, Hanns/Kübler, Friedrich/Kops, Manfred/Thaenert, Wolfgang/Scheuch, Erwin K. (Hrsg.), Marktmacht und Konzentrationskontrolle auf dem Fernsehmarkt, Gemeinsame Vortragsveranstaltung der Institute für Rundfunkrecht und Rundfunkökonomie an der Universität zu Köln vom 7. Mai 1999, Bd. 79, München 2000, S. 115–128.

Reinemann, Susanne, DVB-H, DMB und interaktive Fernbedienung – Ist der Rundfunk(-begriff) den neuesten technischen Entwicklungen gewachsen?, ZUM 2006, S. 523–530.

Renck-Laufke, Martha, Das Spannungsverhältnis zwischen Landesmedienanstalten und KEK am Beispiel des Springerkonzerns, ZUM 2006, S. 907–914.

Renck-Laufke, Martha, Die KEK eine Zumutung?, ZUM 2004, S. 433–348.

Renck-Laufke, Martha, Probleme der Konzentrationskontrolle im privaten Fernsehen, ZUM 2000, S. 105–114.

Renck-Laufke, Martha, Was ist und was kann die KEK?, ZUM 2000, S. 369–375.

Reuters Institute Digital News Report 2014, Tracking the Future of News, edited by *Newman, Nic/Levy, David A. L.*, Reuters Institute for the Study of Journalism, Dept. Of Politics and International Relations, University of Oxford, abrufbar unter https://reutersinstitute.politics.ox.ac.uk/sites/default/files/Reuters%20Institute%20Digital%20News%20Report%202014.pdf (zuletzt geprüft am 11.03.2016), zitiert als: Reuters Institute Digital News Report 2014.

Ring, Wolf-Dieter/Gummer, Andreas, Medienrechtliche Einordnung neuer Angebote über neue Übertragungswege (z. B. IP-TV, Mobil-TV etc.), ZUM 2007, S. 433–439.

Rodenhausen, Anselm, Die Kontrolle von Medienkonglomeraten mittels des GWB, Köln 2009.

Rößß, Simon, Die Unabhängigkeit des Rundfunks als Vielfaltssicherung. Rundfunkkonzentrationsrecht als rechtliche Grenze struktureller Kopplung zwischen Wirtschaft und Rundfunk, AfP 2010, S. 521–530.

Schaarschmidt, Ulrich, Cross-Promotion durch Medienkonglomerate. Schranken des Kartell- und Medienrechts, Münster 2005.

Schäferkordt, Anke, Sechs Fragen zur Reform des Medienkonzentrationsrechts, in: Krautscheid, Andreas/Schwartmann, Rolf (Hrsg.), Fesseln für die Vielfalt?, Heidelberg 2010, S. 65–70.

Schlette, Volker, Die Einrichtung eines Fensterprogramms gem. §§ 26 Abs. 5, 31 Rundfunkstaatsvertrag als Mittel zur Vielfaltssicherung im privaten Fernsehen, ZUM 1999, S. 802–811.

Schmid, Tobias/Kitz, Volker, Von der Begriffs- zur Gefährdungsregulierung im Medienrecht. Möglichkeiten und Grenzen von Fiktionen in einer modernen Medienordnung, ZUM 2009, S. 739–744.

Schoenbach, Klaus/Waal, Ester de/Lauf, Edmund, Research Note: Online and Print Newspaper, Their Impact on the Extent of the Perceived Public Agenda, EJC 2005, S. 245–258.

Schulz, Wolfgang/Held, Thorsten, Die Zukunft der Kontrolle der Medienmacht. Gutachten im Auftrag der Friedrich-Ebert-Stiftung, Berlin 2006.

Schütz, Raimund, Rundfunkbegriff: Neutralität der Inhalte oder der Übertragung? Konvergenz und Innovation, MMR 2009, S. 228–232.

Schwartmann, Rolf, Ein neues Medienkonzentrationsrecht für Nordrhein-Westfalen, ZUM 2009, S. 842–851.

Schwartmann, Rolf, Konvergentes Konzentrationsrecht für konvergente Medien, in: Krautscheid, Andreas/Schwartmann, Rolf (Hrsg.), Fesseln für die Vielfalt?, Heidelberg 2010, S. 11–26.

Sjurts, Insa, Crossmediale Perspektive. Medienkonzentrationsrecht: Eine Erwiderung auf Eberhard Sinner, Funkkorrespondenz 2009, S. 6–12.

Sjurts, Insa, Strategien in der Medienbranche, Grundlagen und Fallbeispiele, 3. Auflage, Wiesbaden 2005.

Sjurts, Insa/Malzanini, Bernd, Medienrelevante verwandte Märkte, Medienwirtschaft 2007, S. 42–46.

Sokoll, Karen, Der verfassungsrechtliche Rahmen für ein neues Medienkonzentrationsrecht, Friedrich-Ebert-Stiftung, Medien Kurzanalysen, April 2009, abrufbar unter http://library.fes.de/pdf-files/stabsabteilung/06295.pdf (zuletzt geprüft am 15.04.2016).

Spindler, Gerald/Schuster Fabian, Recht der elektronischen Medien, Kommentar, 3. Auflage, München 2015, zitiert als: *Bearbeiter*, in: Spindler/Schuster, Recht der elektronischen Medien).

Sprenger, Regine, Optionen zur Regulierung des publizistischen Wettbewerbs, Eine Konzeptionelle Untersuchung des Kartellrechts und des medienspezifischen Konzentrationsrechts in Bezug auf die Verhinderung vorherrschender Meinungsmacht, Frankfurt am Main 2013.

Steger, Jens, Konglomerate Medienzusammenschlüsse in der deutschen Fusionskontrolle – unter besonderer Berücksichtigung der Entscheidung Axel Springer/ProSiebenSat.1, WuW 2010, S. 282–291.

Steiner, Peter O., Program patterns and preferences, and the workability of competition in radio broadcasting, Quarterly Journal of Economics 66 (1952), S. 194–223.

Stettner, Rupert, Ist die Kommission zur Ermittlung der Konzentration im Medienbereich (KEK) bei der Verlängerung von Sendegenehmigungen und ähnlichen Fällen einer Veränderung des Anbieterstatus bei gleichbleibender Vielfaltsrelevanz einzuschalten?, ZUM 2003, S. 891–904.

Stock, Martin, Konzentrationskontrolle in Deutschland nach der Neufassung des Rundfunkstaatsvertrages (1996), in: Stock, Martin/Röper, Horst/Holznagel, Bernd (Hrsg.), Medienmarkt und Meinungsmacht, Zur Neuregelung der Konzentrationskontrolle in Deutschland und Grossbritannien, Berlin 1997, S. 1–78.

Stockmann, Kurt/Zigelski, Sabine, Novellierung des Rundfunkstaatsvertrages. Anmerkungen zur Konzentrationskontrolle im Rundfunk aus wettbewerblicher Sicht, ZUM 1995, S. 537–552.

Theurer, Markus, Bild, Bams und Glotze, FAZ v. 5.08.2005, Nr. 181, S. 11.

TNS Infratest GmbH, Beurteilung der Rechenmethode der KEK zur Bestimmung von Meinungsmacht als Grundlage für die Ablehnung der Übernahme der ProSiebenSat.1 Media AG durch die Axel Springer AG, Gutachterliche Stellungnahme erstellt durch die TNS Infratest GmbH – MediaResearch – im Auftrag der Bayerischen Landeszentrale für neue Medien, München, 25. Januar 2006, abrufbar unter https://www.blm.de/files/pdf1/gutachten_rechenmethode_kek.pdf (zuletzt geprüft am 15.04.2016), zitiert als: *TNS-Infratest,* Gutachten.

Trafkowski, Armin, Medienkartellrecht, Die Sicherung des Wettbewerbs auf den Märkten der elektronischen Medien, München 2002.

Trappel, Josef/Meier, Werner A./Schrape, Klaus/Wölk, Michaela, Die gesellschaftlichen Folgen der Medienkonzentration, Veränderungen in den demokratischen und kulturellen Grundlagen der Gesellschaft, Opladen 2002.

Ulbrich, Martin, Konvergenz der Medien auf europäischer Ebene. Das Grünbuch der Europäischen Kommission, K&R 1998, S. 100–105.

v. Danwitz, Thomas, Die Sicherung der Meinungsvielfalt im Privatfernsehen nach der Kirch-Pleite, ZUM 2002, S. 769–777.

Wulff, Carsten, Abschied vom "one man/one show"-Prinzip in der Diskussion um die Medienkonzentrationskontrolle?, ZUM 1997, S. 543–553.

Zagouras, Georgios, Konvergenz und Kartellrecht, München 2001.

Zimmer, Anja/Büchner, Wolfgang, Konvergenz der Netze – Konvergenz des Rechts? Das Nebeneinander von rundfunkstaatsvertraglichen, telekommunikations- und kartellrechtlichen Regelungen beim Zugang zum Breitbandkabel, CR 2001, S. 164–1

Entscheidungsverzeichnis

Europäischer Gerichtshof

EuGH, Urteil v. 15.02.2005, Rs. C-12/03 P (*Tetra Laval*)

EuGH, Urteil v. 2.06.2005, Rs. C-89/04 (*Mediakabel BV ./. Commissariaat voor de Media*)

EuGH, Urteil v. 10.07.2008, Rs. C-413/06 P (*Impala*)

Bundesverfassungsgericht

BVerfG, Urteil v. 28.02.1961 (*Deutschland-Fernsehen*), BVerfGE 12, 205

BVerfG Urteil v. 5.08.1966 (*Spiegel*), BVerfGE 20, 162

BVerfG, Urteil v. 16.06.1981 (*FRAG*), BVerfGE 57, 295

BVerfG, Urteil v. 4.11.1986 (*Niedersachsen*), BVerfGE 73, 118

BVerfG, Beschluss v. 24.03.1987 (*Baden-Württemberg-Beschluss*), BVerfGE 74, 297

BVerfG, Urteil v. 30.11.1993 (*Rundfunkgebühr*), BVerfGE 90, 60

BVerfG, Urteil v. 17.02.1998 (*Kurzberichterstattung*), BVerfGE 97, 228

BVerfG, Urteil v. 20.02.1998 (*Extra Radio Hof*), BVerfGE 97, 298

BVerfG, Urteil v. 11.09.2007 (*Rundfunkgebühren II*), BVerfGE 119, 181

BVerfG, Urteil v. 13.03.2008 (*Parteibeteiligung an Rundfunkunternehmen*), BVerfGE 121, 30

BVerfG, Urteil vom 25.03.2014, Az. 1 BvF 1/11 und 4/11 (*ZDF-Staatsvertrag*)

Bundesgerichtshof

BGH, Beschluss v. 21.02.1978, Az. KVR 4/77 (*Kfz-Kupplungen*), BGHZ 71, 102

BGH, Beschluss v. 25.06.1985, Az.: KVR 3/84 (*Edelstahlbestecke*)

BGH, Beschluss v. 27.05.1986 KVR 7/84 (KG) (*SZ/Donau-Kurier*)

BGH, Beschluss v. 22.09.1987, Az.: KVR 5/86 (*Gruner + Jahr/Zeit II*)

BGH, Beschluss v. 8.06.2010, Az. KVR 4/09 (*Axel Springer/ProSiebenSat.1*)

BGH, Beschluss v. 19.06.2012, Az. KVR 15/11 (*Haller Tagblatt*)

BGH, Beschluss v. 23.09.2014 – KVZ 82/13 (*H+H/Xella*)

BGH, Beschluss v. 21.12.2014, Az. KVR 26/03 (*Deutsche Post/trans-o-flex*)

Bundesverwaltungsgericht

BVerwG, Urteil v. 24.11.2010, Az. 6 C 16.09 (*Axel Springer/ProSiebenSat.1*)

BVerwG, Urteil v. 29.01.2014, Az. 6 C 2.13 (*Axel Springer/ProSiebenSat.1*)

Andere Gerichte

VG München, Urteil v. 8.11.2007, Az. M 17 K 06.2675

OLG Düsseldorf, Beschluss v. 08.08.2012, Az. VI-Kart 4/11 (V) (*Amazonas*)

OLG Düsseldorf, Beschluss v. 25.4.2013, Az. VI Kart 4/12 (V)

Andere Entscheidungsinstanzen

Bundeskartellamt

BKartA, Beschluss v. 29.05.2002, Az. B4-171/01 (*Getinge/Heareus*)

BKartA, Beschluss v. 19.01.2006, Az. B6-103/05 (*Axel Springer/ProSiebenSat.1*)

BKartA, Beschluss v. 11.04.2006, Az: B 6-142/05 (*RTL/n-tv*)

BKartA, Beschluss v. 17.03.2011, Az.: B6-94/10 (*Amazonas*)

BKartA, Beschluss v. 21.12.2012, Az. B3-113/12 (*Becton Dickinson/Safety Syringes*)

BKartA, Beschluss v. 22.02.2013, Az. B7-70/12 (*Kabel Deutschland/Tele Columbus*)

BKartA, Beschluss v. 25.04.2014, Az. B6-98/13 (*Funke/Springer-Programmzeitschriften*)

BKartA, Fallbericht v. 22.07.2014 zur Entscheidung v. 03.12.2013 (*Funke/Springer-Frauenzeitschriften*), Az. B6-97/13 (der Beschluss wurde nicht veröffentlicht)

BKartA, Beschluss v. 11.06.2015, Az. B6-22/15 (*Media-Impact*)

KDLM

KDLM Beschluss v. 7.11.1998 (*Discovery Channel*) = ZUM 1998, S. 1054–1058.

KEK

KEK v. 26.01.1999 (*Premiere*), KEK 026

KEK v. 26.01.1999 (*ProSieben*), KEK 07/029

KEK v. 21.09.1999 (*RTL*), KEK 040

KEK v. 11.03.2003 (*n-tv*), KEK 156-2

KEK v. 13.05.2003 (*Sat.1*), KEK 173-1
KEK v. 10.01.2006 (*Axel Springer/ProSiebenSat.1*), KEK 293-1 bis -5
KEK v. 08.05.2006 (*n-tv*), KEK 309
KEK v. 13.11.2012 (*RTL*), KEK 711
KEK v. 11.02.2014 (*N24 GmbH*) – KEK 767

Studien zum deutschen und europäischen Medienrecht

Herausgegeben von Dieter Dörr und Udo Fink
mit Unterstützung der Dr. Feldbausch Stiftung

Band 1 Peter Charissé: Die Rundfunkveranstaltungsfreiheit und das Zulassungsregime der Rundfunk- und Mediengesetze. Eine verfassungs- und europarechtliche Untersuchung der subjektiv-rechtlichen Stellung privater Rundfunkveranstalter. 1999.

Band 2 Dieter Dörr: Umfang und Grenzen der Rechtsaufsicht über die Deutsche Welle. 2000.

Band 3 Claudia Braml: Das Teleshopping und die Rundfunkfreiheit. Eine verfassungs- und europarechtliche Untersuchung im Hinblick auf den Rundfunkstaatsvertrag, den Mediendienste-Staatsvertrag, das Teledienstegesetz und die EG-Fernsehrichtlinie. 2000.

Band 4 Dieter Dörr, unter Mitarbeit von Mark D. Cole: *Big Brother* und die Menschenwürde. Die Menschenwürde und die Programmfreiheit am Beispiel eines neuen Sendeformats. 2000.

Band 5 Martin Stock: Medienfreiheit in der EU-Grundrechtscharta: Art. 10 EMRK ergänzen und modernisieren! 2000.

Band 6 Wolfgang Lent: Rundfunk-, Medien-, Teledienste. Eine verfassungsrechtliche Untersuchung des Rundfunkbegriffs und der Gewährleistungsbereiche öffentlich-rechtlicher Rundfunkanstalten unter Berücksichtigung einfachrechtlicher Abgrenzungsfragen zwischen Rundfunkstaatsvertrag, Mediendienstestaatsvertrag und Teledienstegesetz. 2001.

Band 7 Torsten Schreier: Das Selbstverwaltungsrecht der öffentlich-rechtlichen Rundfunkanstalten. 2001.

Band 8 Dieter Dörr: Sport im Fernsehen. Die Funktionen des öffentlich-rechtlichen Rundfunks bei der Sportberichterstattung. 2000.

Band 9 Dieter Dörr (Hrsg.): www.otello.de. Klassik nur noch im Internet oder per pay? Symposium aus Anlass des 85. Geburtstages von Professor Dr. Heinz Hübner. 2000.

Band 10 Markus Nauheim: Die Rechtmäßigkeit des Must-Carry-Prinzips im Bereich des digitalisierten Kabelfernsehens in der Bundesrepublik Deutschland. Illustriert anhand des Vierten Rundfunkänderungsstaatsvertrages. 2001.

Band 11 Stefan Sporn: Die Ländermedienanstalt. Zur Zukunft der Aufsicht über den privaten Rundfunk in Deutschland und Europa. 2001.

Band 12 Christian Ebsen: Fensterprogramme im Privatrundfunk als Mittel zur Sicherung von Meinungsvielfalt. 2003.

Band 13 Dieter Dörr / Stephanie Schiedermair: Rundfunk und Datenschutz. Die Stellung des Datenschutzbeauftragten des Norddeutschen Rundfunks. Eine Untersuchung unter besonderer Berücksichtigung der verfassungsrechtlichen und europarechtlichen Vorgaben. 2002.

Band 14 Dieter Dörr (Hrsg.): Rundfunk über Gebühr. Die Finanzierung des öffentlich-rechtlichen Rundfunks im Zeitalter der technischen Konvergenz. 3. Mainzer Mediengespräch. 2003.

Band 15 Dieter Dörr / Stephanie Schiedermair: Die Deutsche Welle. Die Funktion, der Auftrag, die Aufgaben und die Finanzierung heute. 2003.

Band 16 Frauke Blechschmidt: Das Instrumentarium audiovisueller Politik der Europäischen Gemeinschaft aus kompetenzrechtlicher Sicht. 2003.

Band 17 Christine Jury: Die Maßgeblichkeit von Art. 49 EG für nationale rundfunkpolitische Ordnungsentscheidungen unter besonderer Berücksichtigung von Art. 151 EG. Eine Untersuchung am Beispiel öffentlich-rechtlicher Spartenkanäle. 2005.

Band 18 Sabine Groh: Die Bonusregelungen des § 26 Abs. 2 S. 3 des Rundfunkstaatsvertrages. 2005.

Band 19 Sylke Wagner: Das *Websurfen* und der Datenschutz. Ein Rechtsvergleich unter besonderer Berücksichtigung der Zulässigkeit sogenannter *Cookies* und *Web Bugs* am Beispiel des deutschen und U.S.-amerikanischen Rechts. 2006.

Band 20 Stephanie Reese: Der Funktionsauftrag des öffentlich-rechtlichen Rundfunks vor dem Hintergrund der Digitalisierung. Zur Konkretisierung des Funktionsauftrages in § 11 Rundfunkstaatsvertrag. 2006.

Band 21 Henrike Maaß: Der Dokumentarfilm – Bürgerlichrechtliche und urheberrechtliche Grundlagen der Produktion. 2006.

Band 22 Dorit Bosch: Die „Regulierte Selbstregulierung“ im Jugendmedienschutz-Staatsvertrag. Eine Bewertung des neuen Aufsichtsmodells anhand verfassungs- und europarechtlicher Vorgaben. 2007.

Band 23 Johannes Gerhard Reitzel: Arbeitsrechtliche Aspekte der Arbeitnehmerähnlichen im Rundfunk. 2007.

Band 24 Ulf Böge / Jürgen Doetz / Dieter Dörr / Rolf Schwartmann: Wieviel Macht verträgt die Vielfalt? Möglichkeiten und Grenzen von Medienfusionen. 2007.

Band 25 Valérie Schüller: Die Auftragsdefinition für den öffentlich-rechtlichen Rundfunk nach dem 7. und 8. Rundfunkänderungsstaatsvertrag. 2007.

Band 26 Simone Naumann: Die arbeitnehmerähnliche Person in Fernsehunternehmen. 2007.

Band 27 Nathalie Hellmuth: ARTE – Europa auf Sendung. Verfassungsrechtliche Rahmenbedingungen für die Beteiligung von ARD und ZDF an supranationalen Gemeinschaftssendern am Beispiel des Europäischen Kulturkanals ARTE. 2007.

Band 28 Dieter Dörr / Stephanie Schiedermair: Ein kohärentes Konzentrationsrecht für die Medienlandschaft in Deutschland. 2007.

Band 29 Dieter Dörr / Simone Sanftenberg / Rolf Schwartmann (Hrsg.): Medienherausforderungen der Zukunft. Seminar zum nationalen und internationalen Medienrecht. Vom 06.–10. Dezember 2006 in Lech am Arlberg (Österreich). 2008.

Band 30 Nina Nicole Hütt: Zur Frage der Existenz von Hörfunkrechten des Sportveranstalters unter besonderer Berücksichtigung der Fußball-Bundesliga. 2008.

Band 31 Hans-Martin Schmidt: Rundfunkgebührenfinanzierung unter dem GATS. 2008.

Band 32 Julia Niebler: Die Stärkung der Regionalfensterprogramme im Privaten Rundfunk als Mittel zur Sicherung der Meinungsvielfalt durch den Achten Rundfunkänderungsstaatsvertrag. 2009.

Band 33 Jörg Michael Voß: Pluraler Rundfunk in Europa – ein duales System für Europa? Rahmenbedingungen für den öffentlich-rechtlichen Rundfunk in einer europäischen dualen Rundfunkordnung. Unter Berücksichtigung der Anforderungen der europäischen Meinungs- und Medienfreiheit. 2008.

Band 34 Nina Knorre: Die Abwicklung des Arbeitsverhältnisses nach erfolgreicher Statusklage im Rundfunk. 2008.

Band 35 Kai Friedrich Zentara: Medienordnung und Öffentlicher Diskurs. Die Pflicht des Staates zur Gewährleistung der Funktionstüchtigkeit des Öffentlichen Diskurses. 2009.

Band 36 Daniel Rudolph: Erhalt von Vielfalt im Pressewesen. Unter besonderer Berücksichtigung des publizistischen Wettbewerbs. 2009.

Band 37 Felix Heimann: Der Pressekodex im Spannungsfeld zwischen Medienrecht und Medienethik. 2009.

Band 38 Christine Scheunert: Europäischer Jugendschutz für das Fernsehen.Bestimmungen eines kohärenten Harmonisierungsgrades unter Berücksichtigung der Jugendschutzsysteme in Großbritannien, den Niederlanden, Deutschland und Polen. 2009.

Band 39 Kristoff M. Ritlewski: Pluralismus als Strukturprinzip im Rundfunk. Anforderungen aus dem Funktionsauftrag und Regelungen zur Sicherung in Deutschland und Polen. 2009.

Band 40 Carola Drechsler: Europäische Förderung audiovisueller Medien zwischen Welthandel und Anspruch auf kulturelle Vielfalt. Unter besonderer Berücksichtigung der Kulturkompetenz der Europäischen Gemeinschaft. 2009.

Band 41 Marco Rau: Der internationale Schutz von Domainnamen und Markenrechten im Internet. Analyse unter Berücksichtigung deutschen Rechts. 2010.

Band 42 Caroline Hahn: Die Aufsicht des öffentlich-rechtlichen Rundfunks. Bestandsaufnahme und Zukunftsperspektiven. 2010.

Band 43 Harald Bretschneider: Bewertung crossmedialer Verflechtungen im Medienkonzentrationsrecht. Eine rechtsvergleichende Untersuchung unter besonderer Berücksichtigung Deutschlands, Großbritanniens sowie der Entwicklung in der EU. 2010.

Band 44 Rolf Schwartmann: Die Beteiligung von Presseunternehmen am Rundfunk. Rechtsgutachten zur Novellierung des § 33 Abs. 3 LMG NRW. 2010.

Band 45 Christopher Wolf: Der Kulturauftrag des öffentlich-rechtlichen Rundfunks in der Rechtsprechung des Bundesverfassungsgerichts. 2010.

Band 46 Dieter Dörr (Hrsg.): Die Medienordnung der Zukunft. Zum 10jährigen Bestehen des Mainzer Medieninstituts. 2011.

Band 47 Laura Johanna Reinlein: Medienfreiheit und Medienvielfalt. Kontrolle crossmedialer Konzentration in Zeiten der Konvergenz. 2011.

Band 48 Eva Ellen Wagner: Abkehr von der geräteabhängigen Rundfunkgebühr. Die Neuordnung der Rundfunkfinanzierung. 2011.

Band 49 Dieter Dörr (Hrsg.): Die Macht der Medien. Medienrechtliches Kolloquium zum 75. Geburtstag von Hartmut Schiedermair. 2011.

Band 50 Christine Seehaus: Das Pornographieverbot im Rundfunk und in den elektronischen Medien. 2011.

Band 51 Eva Aernecke: Der Schutz elektronischer Daten im Verfassungsrecht. Bedrohungen durch neue Ermittlungsmethoden. 2012.

Band 52 Armin Kühne: Haftung von Suchmaschinenbetreibern. 2012.

Band 53 Christian Gehweiler: Immaterialgüterrechtliche Vorbenutzungsrechte. 2012.

Band 54 Philipp Karl Julius Mohr: Legitimationsdefizite bei der Bestimmung der Höhe der Rundfunkgebühr. Eine verfassungsrechtliche Untersuchung zu dem Spannungsverhältnis zwischen Rundfunkfreiheit und Demokratieprinzip. 2012.

Band 55 Giselle Camargos Becker: Massenkommunikation in Brasilien. Regulierung und Praxis. 2013.

Band 56 Cora Brunner: Melodienschutz im Urheberrecht. 2013.

Band 57 Regine Sprenger: Optionen zur Regulierung des publizistischen Wettbewerbs. Eine konzeptionelle Untersuchung des Kartellrechts und des medienspezifischen Konzentrationsrechts in Bezug auf die Verhinderung vorherrschender Meinungsmacht. 2013.

Band 58 Christian Strieder: Der Bestand von Fußballübertragungsrechten in der Insolvenz und deren Ertragssicherung durch Hedging. 2014.

Band 59 Jessica Sänger: Mediale Verwertung von Sportveranstaltungen. Zivilrechtliche Grundlagen der Verwertung und kartellrechtliche Analyse der Einkaufsgemeinschaft der EBU. 2015.

Band 60 Freya Gräfin Kerssenbrock: Die Legitimation der Medien nach dem Grundgesetz. Zur verfassungsrechtlichen Stellung von Rundfunk und Presse im Zeitalter von Social Media. 2015.

Band 61 Liane Vollmer-Gärtner: Das kostenlose periodische Druckwerk. Struktur, presse- und wettbewerbsrechtliche Problematik von Anzeigenblättern. 2016.

Band 62 Dieter Dörr / Bernd Holznagel / Arnold Picot: Legitimation und Auftrag des öffentlich-rechtlichen Fernsehens in Zeiten der Cloud. 2016.

Band 63 Alexander Natt: Meinungsmacht in einer konvergenten Medienwelt. Erfassung medialen Einflusspotentials und seine rechtliche Bewertung. 2016.

Band 64 Nadine Fiedler: Cross-mediale Zusammenschlüsse. Eine Analyse des Rechtsrahmens der Rundfunkkonzentrationskontrolle nach dem RStV und des Rechtsrahmens der kartellrechtlichen Zusammenschlusskontrolle nach dem GWB im Hinblick auf cross-mediale Zusammenschlüsse unter Beteiligung des privaten Rundfunks. 2017.

www.peterlang.com

www.ingramcontent.com/pod-product-compliance
Ingram Content Group UK Ltd.
Pitfield, Milton Keynes, MK11 3LW, UK
UKHW021126041026
8980IPUK00026B/739

9 783631 725030